本書出版得到國家古籍整理出版專項經費資助

銀雀山漢墓竹簡

〔貳〕

銀雀山漢墓竹簡整理小組　編

文物出版社

封面設計：周小瑋
責任印製：陸　聯
責任編輯：張慶玲

圖書在版編目（CIP）數據

銀雀山漢墓竹簡〔貳〕/銀雀山漢墓竹簡整理小組編. —北京：文物出版社，2010.1
ISBN 978-7-5010-1740-9

Ⅰ. 銀…　Ⅱ. 銀…　Ⅲ. 銀雀山漢墓竹簡－匯編
Ⅳ. K877.5

中國版本圖書館 CIP 數據核字（2005）第 040396 號

銀雀山漢墓竹簡〔貳〕

銀雀山漢墓竹簡整理小組　編

出版發行　文物出版社
（北京市東直門内北小街二號樓）
http://www.wenwu.com
E-mail:web@wenwu.com
印刷　北京達利天成印刷有限責任公司
經銷　新華書店
二〇一〇年一月　第一版
二〇一〇年一月　第一次印刷

定價：六八〇圓

787×1092　1/8　印張：43.75
ISBN 978-7-5010-1740-9

出版説明

一九七二年四月，山東省博物館和臨沂文物組在臨沂銀雀山一號和二號漢墓裏，發掘出大批竹簡。其中包括《孫子兵法》、《孫臏兵法》、《六韜》、《尉繚子》、《晏子》等先秦古籍以及西漢武帝時的《元光元年曆譜》等。這一大批竹簡的出土，特别是失傳了近兩千年的《孫臏兵法》古佚書的重新發現，引起了國内外學者的廣泛注意。這批竹簡對於研究我國先秦和漢初的歷史、研究我國古代哲學和軍事學等方面，提供了重要的新資料。

一號漢墓是在基本建設施工過程中發現的。竹簡長期浸在泥水中，有的已經和淤泥膠結在一起，朽壞殘斷情況嚴重，出土時又受到一些損傷。竹簡出土後，由文物保護科學技術研究所、山東省博物館和故宫博物院的同志進行了清洗、編號、照相等工作。一九七二年至一九七四年，羅福頤、顧鐵符、吴九龍三位同志對這批竹簡進行考釋研究，爲以後的整理工作打下了良好的基礎。一九七四年成立了銀雀山漢墓竹簡整理組。首先從事《孫子兵法》和《孫臏兵法》二書的整理。參加過這兩部書初稿本編輯工作的有中華書局楊伯峻、魏連科、劉起釪，中國歷史博物館史樹青，中山大學商承祚、曾憲通，故宫博物院羅福頤、顧鐵符，歷史研究所張政烺，北京大學朱德熙、孫貫文、裘錫圭，山東省博物館吴九龍，湖北省沙市文化館李家浩等同志。其中部分同志還參加了《孫臏兵法》普及本的註釋工作。現在整理組已將全部銀雀山竹簡整理完畢，編成《銀雀山漢墓竹簡》一書，分三輯出版。第一輯包括《孫子兵法》、《孫臏兵法》、《尉繚子》、《晏子》、《六韜》及《守法守令等十三篇》；第二輯爲《佚書叢殘》；第三輯包括全部散碎竹簡、篇題木牘及《元光元年曆譜》。整理組成員中參加第一、二兩輯工作並始終其事的有朱德熙、裘錫圭、李家浩、吴九龍。參加過《孫子兵法》和《尉繚子》整理註釋工作的有曾憲通，參加過《六韜》和《晏子》整理註釋工作的有北京大學實習學生李均明、駢宇騫。第三輯的全部整理考釋工作是由吴九龍擔任的。此外，傅熹年同志爲本書第一、二輯摹寫簡文，張守中同志摹寫了第二輯的一部分；周祖謨同志書寫釋文，商承祚同志擔任摹本的校字工作。謹向他們四位表示感謝。對於這批竹簡的保護和整理，當時還得到了常惠、啓功、宿白、謝元璐、楊子範等同志的積極支持，在此一併表示謝意。

我們水平有限，又由於竹簡原來保存情況不好，在竹簡的綴合、繫聯和簡文的考訂、註釋方面，肯定有不少錯誤，敬請讀者批評指正。

銀雀山漢墓竹簡總目

附録

銀雀山漢墓竹簡情況簡介

一　關於竹簡的時代

銀雀山一號及二號漢墓是漢武帝初年的墓葬（見《山東臨沂西漢墓發現〈孫子兵法〉和〈孫臏兵法〉等竹簡的簡報》，《文物》一九七四年第二期），所出竹書的字體屬於早期隸書，估計是文、景至武帝初期這段時間内抄寫成的。西漢時期避諱不嚴，這批竹簡有時似避「邦」字諱，有時又不避（《孫臏兵法・陳忌問壘》有「晉邦之將」語）。「盈」（惠帝名）、「恒」（文帝名）、「徹」（武帝名）[註]諸字，竹簡常見，「雉」（呂后名）、「啓」（景帝名）二字不如以上諸字常用，但在竹簡中也都出現過，所以我們無法根據避諱對竹簡的抄寫年代作進一步的推斷。

二　關於簡册的形制

銀雀山竹簡主要出於一號墓。此墓所出竹簡共編七千五百餘號，整簡數量不多，大部分是殘片，有不少僅殘存一兩字。竹簡原分長、短兩種。長簡全長二十七・五厘米左右，寬度多數爲〇・五—〇・七厘米，厚〇・一—〇・二厘米，絶大部分竹書都是用長簡書寫的。用短簡書寫的，似乎只有關於「天地、八風、五行、客主、五音」的占書一種。此類簡全部殘斷，其整簡長度估計爲十八厘米左右，寬度爲〇・五厘米左右。按漢初尺度折算，長簡似爲當時的一尺二寸簡，短簡似爲當時的八寸簡。竹簡原來用繩分編成册，因編繩年久朽斷，出土時順序已經錯亂。長簡大部分有三道編繩，兩端各一道，上下留一—二厘米的天地頭，另一道編繩在簡中部。一部分只有兩道編繩，大致將全簡劃爲三等份，簡文頂行，不留天地頭。短簡爲兩道編繩，兩端各留近二厘米的天地頭（本書圖版中竹簡上下端比較顯著、整齊的白色痕迹，是整理竹簡時繫在固定竹簡的玻璃條上的絲綫，不是竹簡原來的編繩）。二號墓出土《元光元年曆譜》三十二簡，大部分完整。簡長六十九厘米左右，寬一厘米，厚〇・二厘米；三道編繩。此類簡應爲當時的三尺簡。

一號墓竹書非一人一時所寫，因此書體和行款也不盡一致。拿書體來説，可以分爲規整和草率兩大類，每一類中又各包含多種不同的類型。拿行款來説，大部分都是每行三十餘字，但最密的有超過四十字的，最疏的每行只有二十餘字。有時候，一種書裏也包含幾種不同的書體和行款。

竹書的篇題，有的寫在篇首第一簡簡背，有的單獨寫在一簡上，有的寫在篇尾。據武威所出簡本《儀禮》等漢代簡册來看，簡册寫就後，一般以最末一簡爲軸，自左向右捲起，有字的一面朝內，簡背朝外。全卷捲好以後，顯露在最外邊的是開頭幾簡的簡背，所以古人往往在一卷的第一簡簡背寫上標題以便檢尋。竹書可以是一篇一卷，也可以是數篇一卷。如果一卷不止一篇，大概只有第一篇才會在首簡的背面寫篇題。銀雀山竹書中有些短篇的篇題同時寫在第一簡簡背和篇尾，另外一些又只有篇尾篇題而無簡背篇題。前者當是一卷的首篇，後者很可能是首篇之外的某篇。例如《孫臏兵法》的《八陣》和《地葆》兩篇，書體和行款都很相似，《八陣》篇第一簡簡背和篇尾都有篇題，當是一卷的第一篇，《地葆》只有篇尾篇題而無簡背篇題，大概是編在《八陣》之後的一篇。銀雀山竹書中，篇題單獨寫在一簡上的各篇都未發現有簡背篇題或篇尾篇題，例如下文將要提到的《守法》等十三篇，從目前已發現的部分看，就是如此。大概銀雀山竹書中有單簡篇題的各篇和有簡背篇題的各篇是不編在同一卷之中的。

一號墓除竹簡外，還出了一些抄列竹書篇題的木牘。大部分木牘已殘碎，完整的只有一方，上面抄列《守法》、《要言》、《庫法》、《王兵》、《市法》、《守令》、《李法》、《王法》、《委法》、《田法》、《兵令》及《上篇》、《下篇》等十三個篇題，腰部尚有殘存的繫繩（見《銀雀山漢墓竹簡・壹》摹本第一二二頁）。這種木牘疑是捆在簡册書帙外面的題簽。

三　關於竹書內容

二號墓僅出元光元年曆譜一種。一號墓所出竹書，一部分是現在還有傳本的古書，大部分是佚書。前者主要有《孫子》、《尉繚子》、《六韜》、《晏子》等書（《孫子》和《六韜》中都包括一些佚篇）。其中除《孫子》的「十三篇」外，似乎原來都不是足本。上引篇題木牘中的《王兵》篇，其內容錯見於今本《管子》的《參患》、《七法》、《地圖》等篇中，此篇與《管子》的關係有待進一步研究。此外尚有一殘篇，其內容似與《周書・王佩》相合。佚書主要有：一、《孫臏兵法》，《漢書・藝文志》稱《齊孫子》，簡本不全。二、見於《漢書・藝文志》兵陰陽家下的《地典》。三、唐勒、宋玉論馭賦（疑爲宋玉賦佚篇）。四、上引篇題木牘所列諸篇中的絶大部分。五、論政和論兵的文章多篇，篇名有：《十官》、《五議》、《務過》、《爲國之過》、《起師》等。這些文章彼此之間的關係如何，尚有待進一步研究。六、有關陰陽、時令、占候之書，如《曹氏陰陽》等。七、相狗書、作醬法等雜書。關於這些竹書的詳細情況可參看本書各輯前的編輯説明。

〔註〕　竹書「徹」字均寫作「徹」，加「力」旁並不是避武帝諱，馬王堆漢墓出土的武帝以前的西漢早期帛書中「徹」字就多寫作「徹」。

凡例

一　本書分三輯，第一輯分圖版、摹本及釋文三部分。釋文後附校註或簡單註釋。第二輯在圖版、釋文、釋文校註或簡單註釋後附有部分摹本。第三輯所收散簡省去摹本。

二　竹簡按本書中的編排順序編號。幾枚殘簡綴合爲一枚，只編一個號，但在圖版和摹本中分别於各段殘簡旁加註字母。書末附竹簡順序號與田野登録號對照表。釋文中於每簡最後一字下旁註簡號。

三　圖版中，殘簡的上下位置根據簡形（如簡頭、簡尾）、編組痕迹或殘簡與前後簡文的關係確定。位置不能確定的殘簡，上端與整簡第一字取齊，圖版和摹本中在此類殘簡上加△號作標誌。第三輯所收散簡，除一小部分按字體及内容分組編排外，大部分基本上按簡的長短排列，後一部分殘簡不再考慮其原來的上下位置，一律頂行排列。

四　凡文字相連的簡文（包括其間雖有缺字、缺簡而確知其同屬一段文字的情况），釋文都連寫。原簡文提行分段時，釋文也分段。

五　有的簡不能確定它在篇中的先後位置，有的簡很像是屬於某篇的，但又不能完全肯定。這些簡都附列各篇之後，在釋文中用星號把它們和各篇本文隔開。

六　有些篇，由於殘損情况嚴重或其他原因，全篇結構不明，簡文的先後次序難以確定。這些篇的釋文，除確知其文字彼此相連的簡仍然連寫外，每簡都提行寫。如《孫子兵法》下編的《地形二》，《孫臏兵法》的《殺士》等。

七　每篇前標出的篇題，有的是簡文原有的，有的是整理小組擬加的。後一種篇題外加【　】號以示區别。《孫子》十三篇中據傳本補出的篇題也加【　】號。

八　原簡上的符號，釋文中只保留標誌段落的黑圓點和横道，標題簡頂端的黑方塊、黑横道和簡文中的句讀號一概略去。釋文另加標點符號。如簡文中引語的開頭或結尾正好在竹簡的殘缺部分，釋文就只標下引號或上引號。

九　簡文的重文號，釋文一律改寫成所重的字。有些帶有合文性質的重文號，也同樣處理，如「夫＝」寫作「大夫」，「伊＝」寫作「伊尹」。

一〇　簡文中殘泐不能辨識的字，釋文用□號表示。由於竹簡殘斷而缺去的字，字數在五個以下時也用□號表示，但外加【　】號，以與前一種情況區別。由於簡文字體大小和行款疏密常有變化，所補殘字或缺字數不一定都準確。有傳本可比勘之篇（如《孫子》十三篇、《尉繚子》等）的缺字數，有時完全是據今本推定的，與實際情況不符的可能性更大。簡文缺文字數超過五個或無法確定時（包括中間缺整簡的情況），改用……號。

一一　釋文中根據上下文補出的缺文，外加【　】號。凡有傳本可比勘之篇，一般不補缺文，只補因重文號殘去而缺的字。

一二　簡文明顯的誤字，釋文中隨文註出正字，外加〈　〉號。個別極常見的誤字，如「昜」寫作「易」之類，釋文逕寫正字，不再加註。

一三　簡文的古體字、異體字，釋文很多都已改成通行字體。如簡文「亂」字作「乿」、「乳」、「乨」等形，「望」皆作「朢」（《說文》二字有別），「智」皆作「𣉻」，「飲」皆作「㱃」，「微」皆作「㣲」，「采」作「采」（《說文》以「采」爲「穗」），「體」作「體」，從「重」聲之字如「動」、「種」、「踵」等皆從「童」（《說文》「種」、「穜」有別），「勇」或作「男」，「筍」或作「筍」，「陰」多作「陰」，「蜂」字作「蠭」、「蠭」、「𧊜」，「猶」字作「猶」、「猷」等形（意義無別），「掇」作「𢱭」，「機」或作「𣛭」，「静」或作「精」，「獨」或作「獸」，釋文都改成通行字體。假借字和古體字一般隨文註明，用來註釋的字外加（　）號。簡文「亓」、「其」並用，「亓」字出現次數極多，爲印刷方便，釋文一律寫作「其」。第一輯摹本附有手寫釋文，這種釋文較多地照顧了簡文的原來寫法。

銀雀山漢墓竹簡〔貳〕目次

叁　其他

叁　其他

附：摹本……二五九

編輯說明

銀雀山一號漢墓所出竹書，除已編入第一輯者外，其餘部分分編爲第二、第三兩輯。凡成篇的，或雖不成篇但殘簡數量較多、篇義比較明白的，都編入本輯。簡數雖然不多但仍保存標題之篇，以及未找出本文的游離的標題簡，也都編入本輯。此外的散簡都編入第三輯。一號墓所出標題木牘和二號墓所出歷譜附於第三輯之末。

第二輯所收各篇原來編次情況大都已不可知，根據内容分編爲「論政論兵之類」、「陰陽、時令、占候之類」和「其他」三部分。

第一部分共收五十篇。第一至十二篇，篇題見於一號墓所出的殘碎篇題木牘。十二篇之外各篇字體分爲兩組。第四五至五〇各篇字體帶有草意，第十三至四四各篇都是正體。各組之中，論兵之篇列前，論政之篇列後。論兵之篇中，有不少篇過去曾編入《孫臏兵法》下編，但是都缺乏確屬孫臏書的證據。其中「將敗」、「兵之恒失」二篇，篇名與「王道」等論政之篇同見於一塊標題木牘，其非孫臏書尤爲明顯。所以現在把這些篇全都改收入本輯。

第二部分各篇大體按照陰陽、時令、占候的次序分類編排。這一部分的「曹氏陰陽」、「三十時」、「天地八風五行客主五音之居」和「占書」等篇以及第一部分的「君臣問答」篇，篇幅很長，按照古代的標準，似應看成獨立的書。爲了減少層次，姑且與單篇文章同樣處理。

第三部分收第一、第二部分不能包括的竹書，有「唐勒論御」賦、相狗方、作醬法和算書（？）等殘篇，内容比較龐雜。第六篇以下每篇只有一條標題簡，由於篇義不明，姑且附在這部分裏。

本輯所收各篇中，壹・二三「將過」篇的文字基本上與《六韜・論將》論將之十過一段相合，壹・三六・（五）文王問太公「何謂止道起道」一段與《六韜・明傳》相近。但是二者的字體和簡的編連方式都與第一輯所收《六韜》諸篇截然不同，所以没有把它們編在《六韜》裏。《北堂書鈔》卷一一五「將有十過」條引《黄帝出軍訣》，其文字也與《六韜·論將》基本相合。可能這一段文字曾爲好幾種古書所采用。

壹·四四「德在民利」篇的文字，基本上與《周書·王佩》相合。但二者似乎不是同一篇文章。在傳世古書裏，《尉繚子·十二陵》的文字與《王佩》也很相近。「德在民利」篇殘文裏有「威在不變」一句，爲《王佩》所無，而《十二陵》正有「威在於不變」之語。看來，這三篇文章應該是由同一個來源演變出來的。壹·三「兵之恒失」篇也有一部分文字與《王佩》很相似。在戰國秦漢時代，與《王佩》相類的作品大概是相當多的。（《王佩》有「見善而怠，時至而疑，亡正處邪，是弗能居」等語，《六韜·明傳》也有類似文字，參看壹·三六·（五）註）。

明郎瑛《七修類稿》卷二十三「秦漢書多同」條舉出了很多戰國秦漢時代古書内容相重的現象，並分析其原因説：「……立言之士皆賢聖之流，一時義理所同，彼此先後傳聞，其書原無刻本，故於立言之時，因其事理之同，遂取人之善以爲善，或呈之於君父，或成之爲私書，未必欲布之人人也。後世各得而傳焉，遂見其同似。於諸子百家偶有數句數百言之同者，正是如此耳，此又不能盡述。」由此可知古書内容重復是很普遍的現象。我們不能因爲竹書某篇的文字與古書某篇相似，就認爲二者一定是同一部書的同一篇章。

第一輯的《王兵》篇與《管子》有密切關係。在第二輯裏，貳·六「四時令」篇的文字與《管子·五行》的後半篇相似。貳·四「三十時」篇的十二日爲一時，一年爲三十時，與《管子·幼官》相合。貳·三「禁」篇、貳·五「迎四時」篇的内容，也與《管子》的某些篇章有相關之處（參看各篇註釋）。這些竹書都是研究《管子》書源流的重要資料。

叁·一「唐勒」篇可能是宋玉佚賦，文字與《淮南子·覽冥》論御馬一段相似。壹·一八「奇正」篇也有不少文句與《淮南子·兵略》相似。這兩篇很可能都是編寫《淮南子》時所根據的資料。此外，在壹·一四「客主人分」、貳·四「三十時」、貳·七「五令」、貳·一二「占書」等篇裏，與《淮南子》相似的文句也時有所見（參看各篇註釋）。

貳·五「迎四時」篇的文字與明黄佐《六藝流别》卷十七《五行篇》所引《尚書大傳》相似，壹·二「將失」篇的某些文句與《尉繚子·兵教下》相近，貳·一二「占書」篇的某些文句與《開元占經》所引《天鏡》等書相近，這些也都是很可注意的現象。

壹・一三「地典」篇應該就是《漢書・藝文志》兵陰陽家所著録的《地典》，但可能不是全本。本輯所收其他各篇兵書，有一些可能也是采自《藝文志》所著録的兵書的。《武經總要前集》卷八「裴子法」提到「孫子之方陣」、「孫子之圓陣」、「孫子之雁行陣」。這三種陣都見於壹・四五「十陣」篇。據「裴子法」，這幾種陣在孫子以外各家的系統裏都另有他名，如方陣爲黄帝五行之金陣、吴起之車厢陣。所以「十陣」篇有可能是《孫子》佚篇。壹・四六「十問」篇，字體與「十陣」如出一手，篇中「擊强衆之道」一段，文義與《通典》卷一五二「軍將驕敗」條所引吴子問孫武攻驕之道一段相合，文字也頗相近。這一篇也同樣有可能是《孫子》佚篇。當然，這兩篇也有可能采自孫子一派兵家所編寫的其他兵書。

有一點必須指出，本編所收兵書裏包含《齊孫子》（即孫臏書）遺篇在内的可能性是存在的。我們把過去曾編入《孫臏兵法》下編的各篇移入本輯，只是因爲没有確鑿的證據證明它們是孫臏書。這並不排除其中某些篇有屬於《齊孫子》的可能。

本輯竹書跟第一輯一樣，除了對於研究古書源流有重大意義以外，還提供了校勘有關古書的寶貴資料。例如據壹・三「兵之恒失」篇，可知《周書・王佩》「殃毒在信疑」句「毒」字爲「悔」字之誤（「殃」可能爲「多」字之誤）。據壹・一八「奇正」篇，可知《淮南子・兵略》「故勝而不屈」句「而」字爲衍文，《孫子・虚實》曹操註「不以一形之勝萬形」句「勝」字脱落重文。據貳・五「迎四時」篇，可知《六藝流别》所引《尚書大傳》「舞之以羽」句「羽」下脱「翟」字。據貳・六「四時令」篇，可知《管子・五行》的「内御」當讀爲「入御」，尹註釋「内御」爲「内侍之官」不可信。據叁・一「唐勒」篇，可知《淮南子・覽冥》的「體便輕畢」句「畢」字爲「車」字之誤，高註釋「畢」爲「疾」不可信（參看各篇註釋）。不過，本輯在這方面所做的工作是很初步的，一定還有很多可以用來校勘古書的資料被忽略過去了。

本輯竹書對於研究戰國秦漢時代的社會和科技知識，特别對於研究古代思想，是一批重要的資料，希望有關學科的研究能充分利用這批資料，進行專門的研究。

圖版

壹　論政論兵之類

一 將敗

九九一 九九二 九九三 九九四

二 【將失】

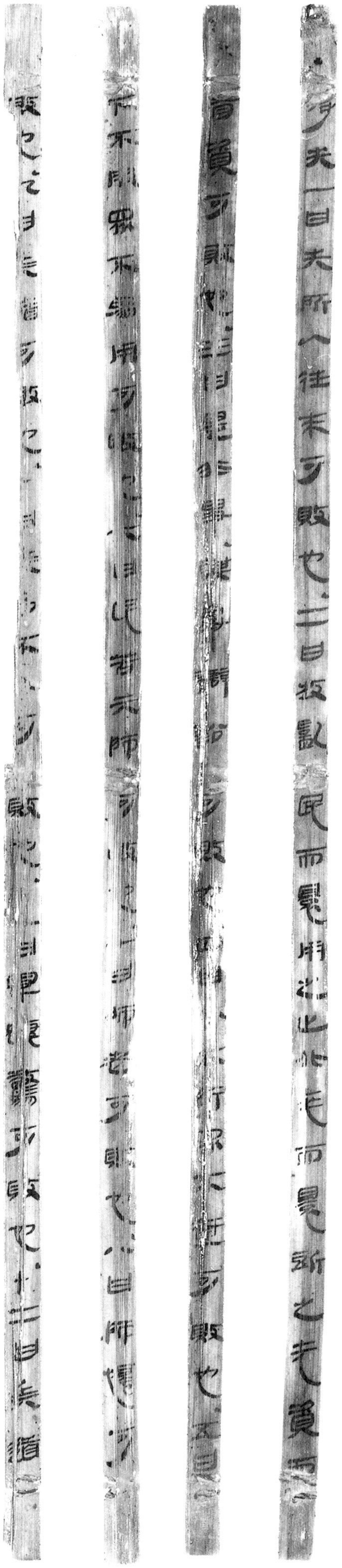

九九五 九九六 九九七 九九八

三　兵之恒失

一〇〇八　一〇〇七　一〇〇六　一〇〇五　一〇〇四　一〇〇三　一〇〇二　一〇〇一　一〇〇〇　九九九

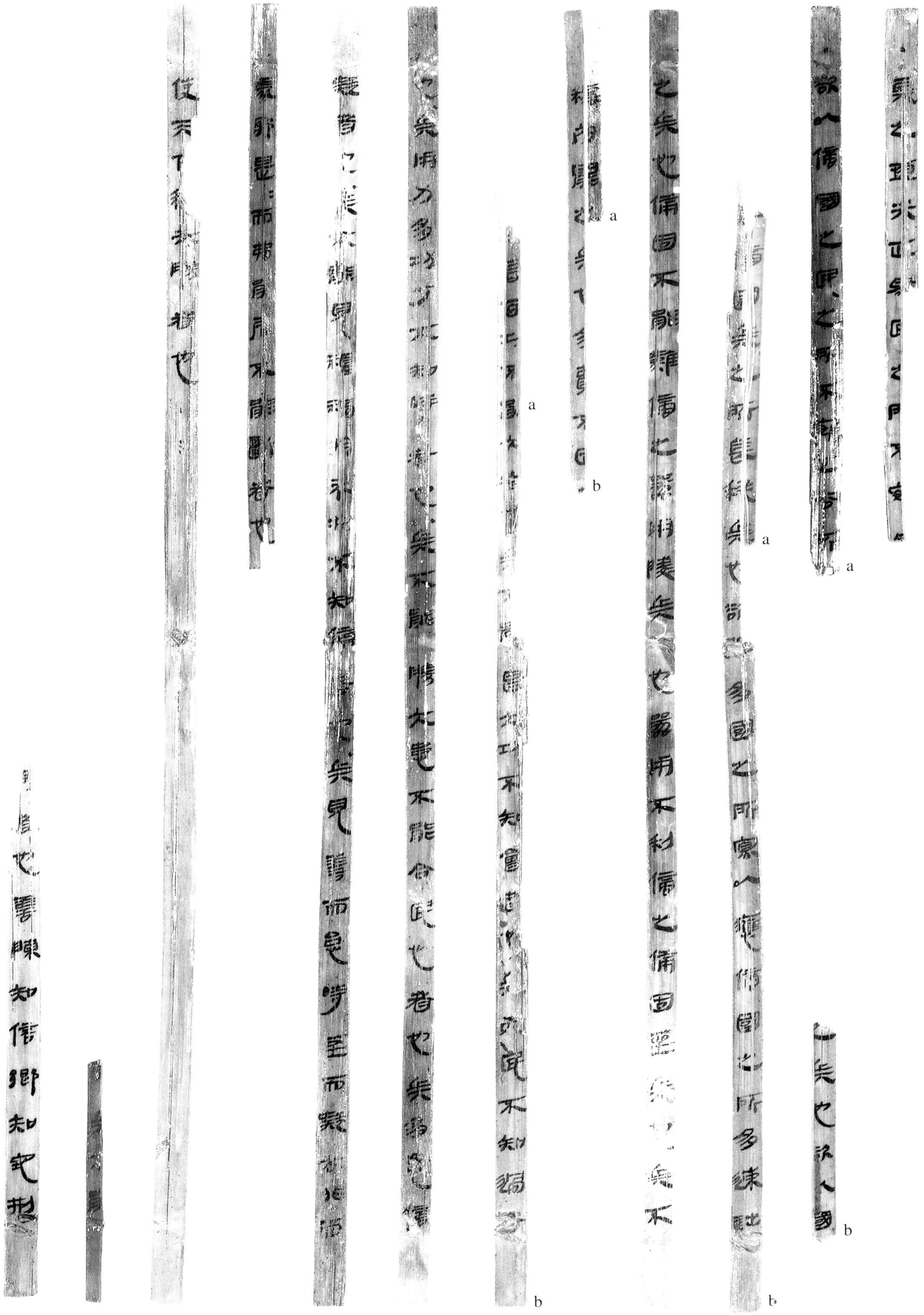

一〇〇九 一〇一〇 一〇一一 一〇一二 一〇一三 一〇一四 一〇一五 一〇一六 一〇一七 一〇一八 一〇一九 一〇二〇

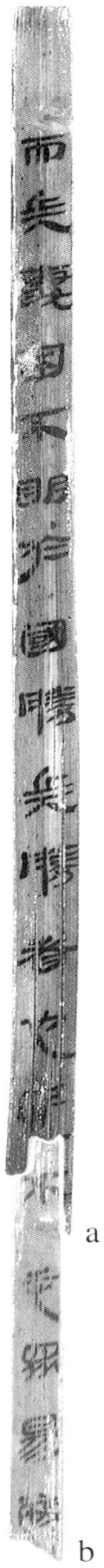

a b

一〇二一

a b

一〇二二

四 王道

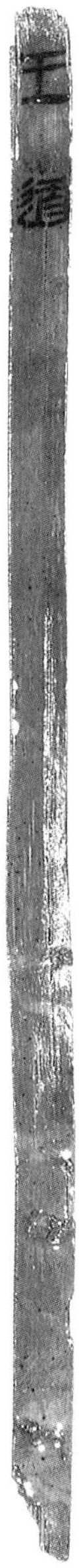

一〇二三

a b

一〇二四

a b c

一〇二五

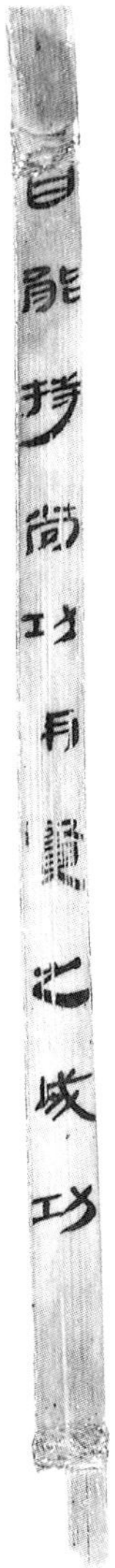

一〇二六

五 五議

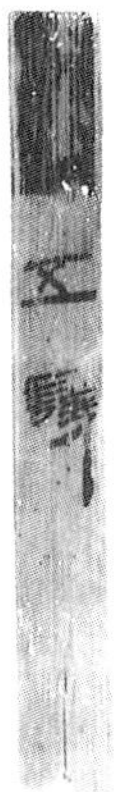

一〇二七

a b

一〇二八

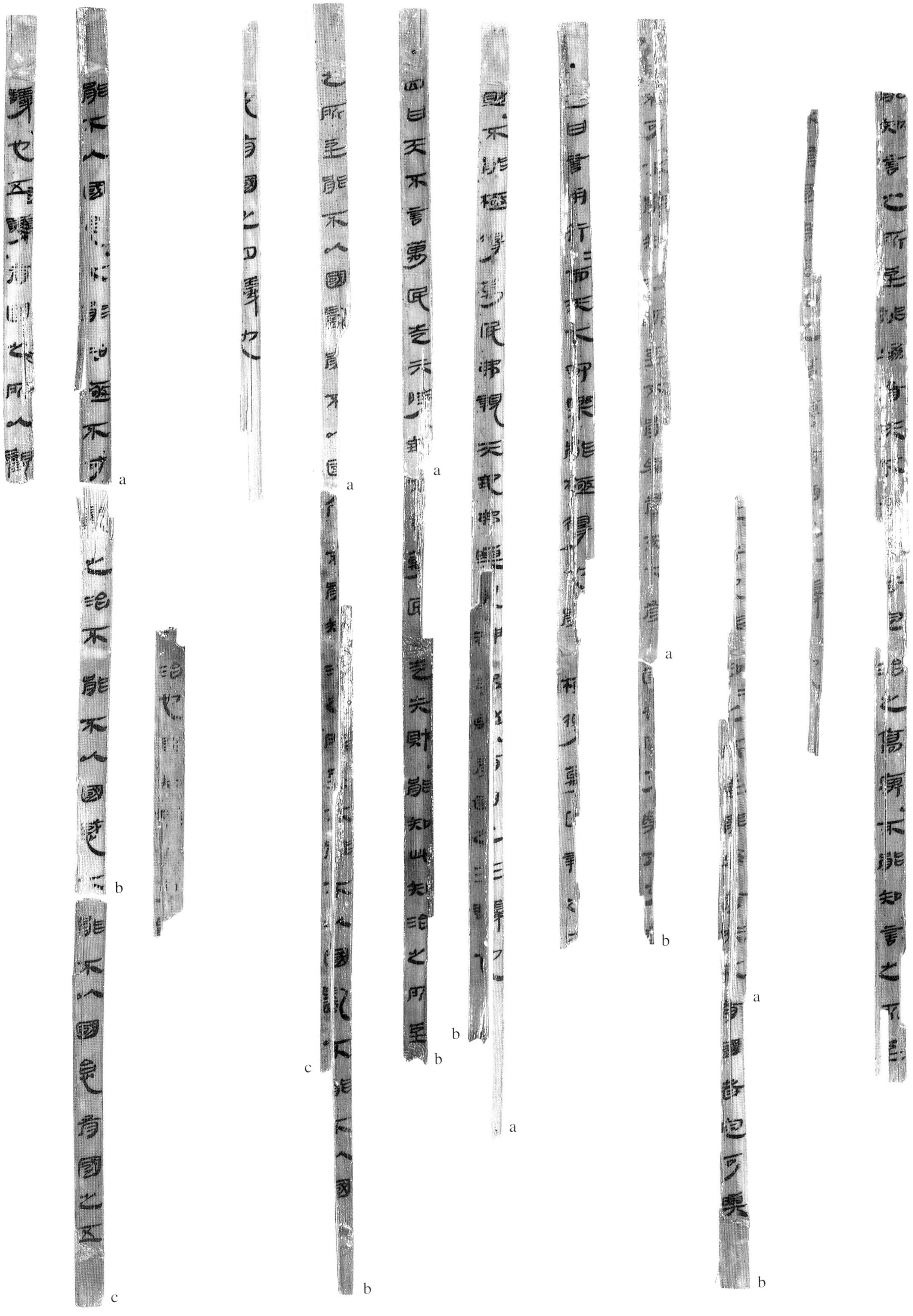

一〇四〇 一〇三九 一〇三八 一〇三七 一〇三六 一〇三五 一〇三四 一〇三三 一〇三二 一〇三一 一〇三〇 一〇二九

一〇四一

六 效賢

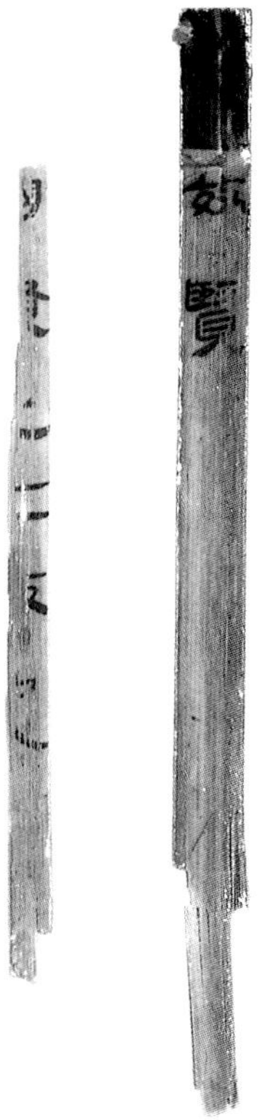

一〇四二 一〇四三

七 爲國之過

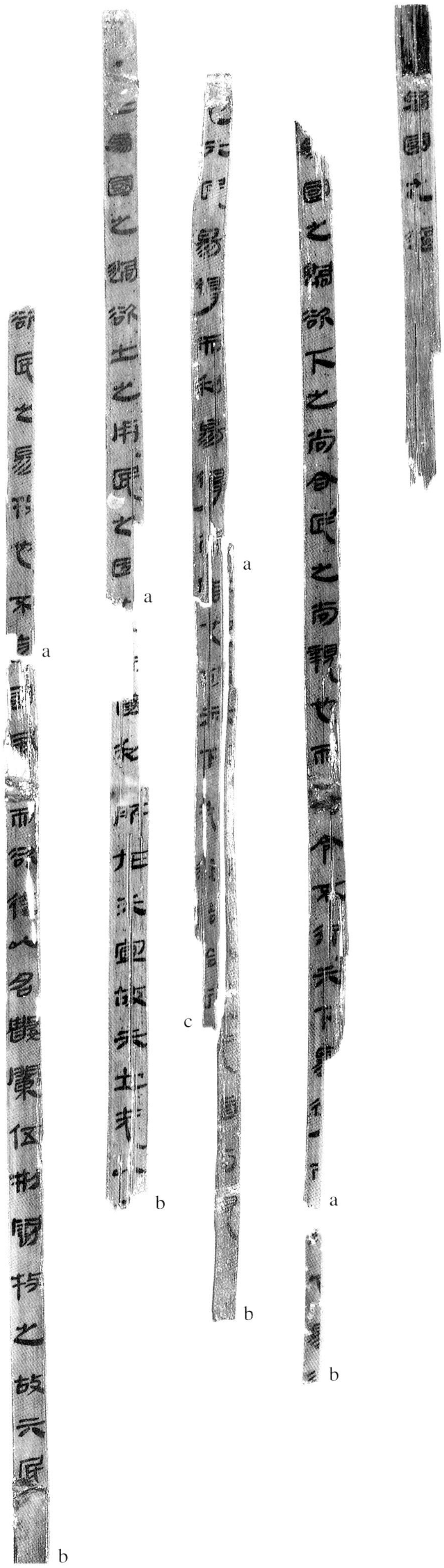

一〇四四 一〇四五 一〇四六 一〇四七 一〇四八

一〇四九　一〇五〇　一〇五一　一〇五二　一〇五三　一〇五四　一〇五五　一〇五六　一〇五七　一〇五八　一〇五九　一〇六〇

一〇六一 一〇六二 一〇六三 一〇六四 一〇六五 一〇六六 一〇六七 一〇六八 一〇六九 一〇七〇 一〇七一 一〇七二

一〇七三 一〇七四 一〇七五 一〇七六 一〇七七 一〇七八

八 務過

一〇七九 一〇八〇 一〇八一 一〇八二

九 觀庫

一〇八三　一〇八四　一〇八五　一〇八六　一〇八七　一〇八八

一〇 持盈……

一〇八九　一〇九〇

一一　分士

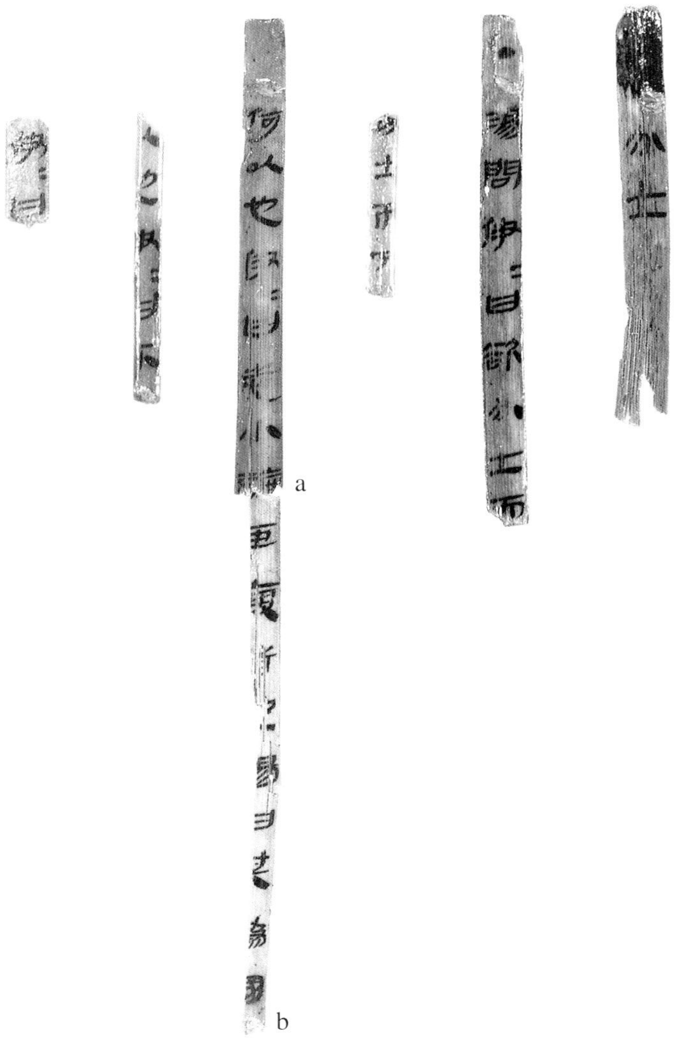
a
b

一〇九一　一〇九二　一〇九三　一〇九四　一〇九五　一〇九六

一二　三亂三危

一〇九七　一〇九八

一〇九九　一一〇〇　一一〇一　一一〇二　一一〇三　一一〇四

一三　地典

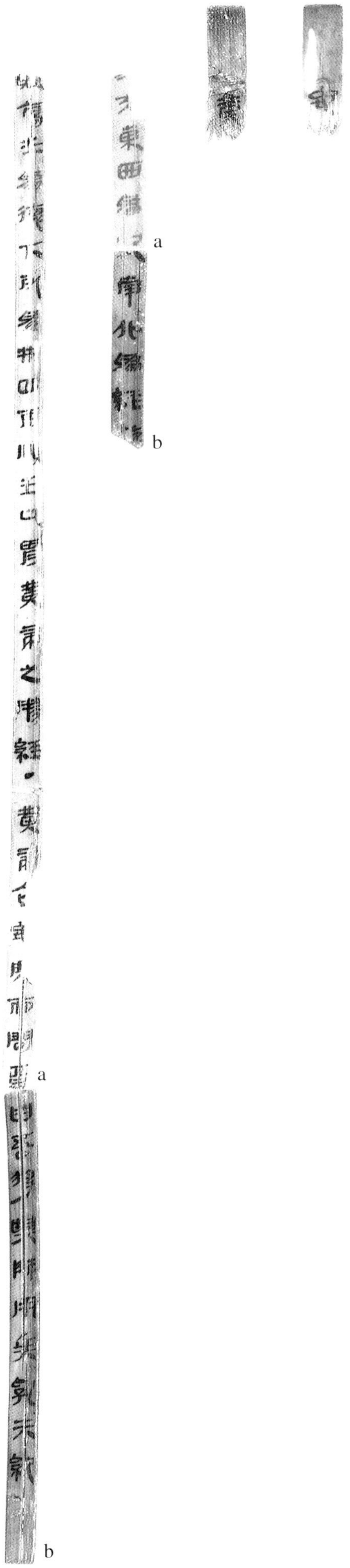

一一〇五背　一一〇五正　一一〇六　一一〇七

二〇八 二〇九 二一〇 二一一 二一二 二一三 二一四 二一五 二一六 二一七 二一八 二一九

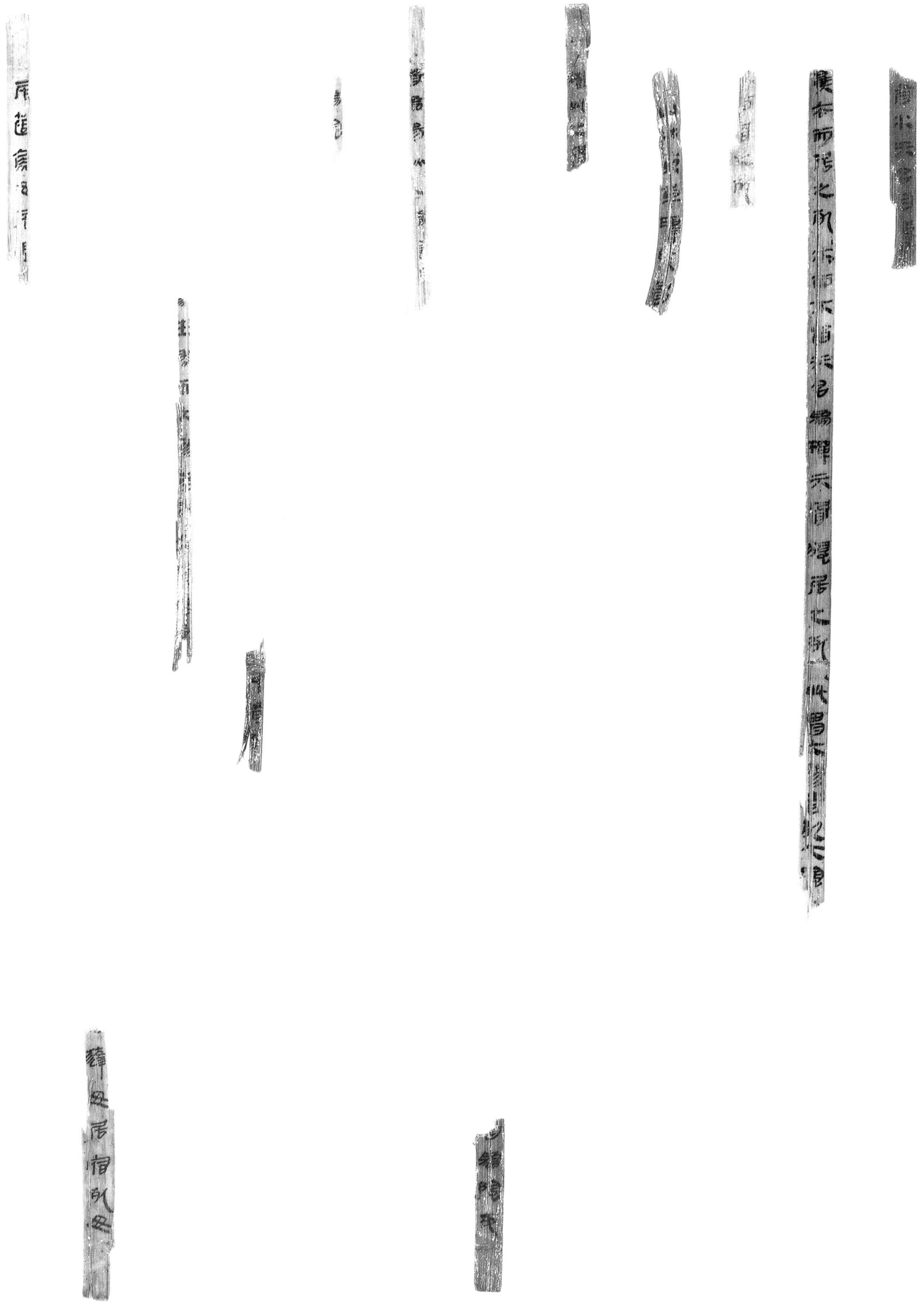

一二二〇　一二二一　一二二二　一二二三　一二二四　一二二五　一二二六　一二二七　一二二八　一二二九　一二三〇　一二三一

一四 客主人分

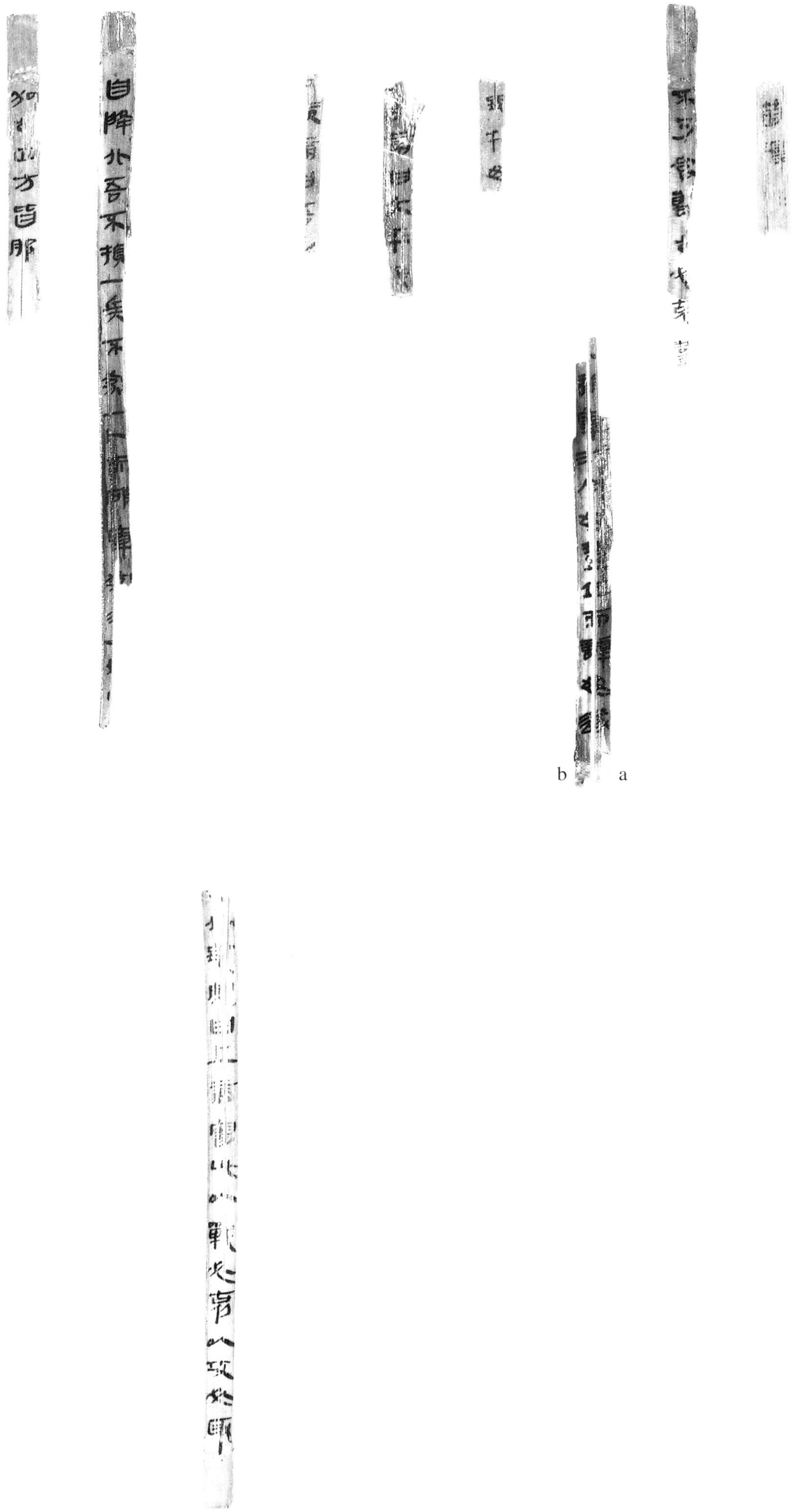

一二三二 一二三三 b a 一二三四 一二三五 一二三六 一二三七 一二三八 一二三九 一二四〇

一二四一背

二四一正 二四二 二四三 二四四 二四五 二四六 二四七 二四八 二四九 二五〇 二五一 二五二

一五 善者

a

b

一五三 一五四

a

b

一五五背 一五五正 一五六 一五七 一五八 一五九 一六〇 一六一

一二六二　一二六三

一六　五名五共

一二六四　一二六五　一二六六　一二六七　一二六八　一二六九

一七　起師

一八 奇正

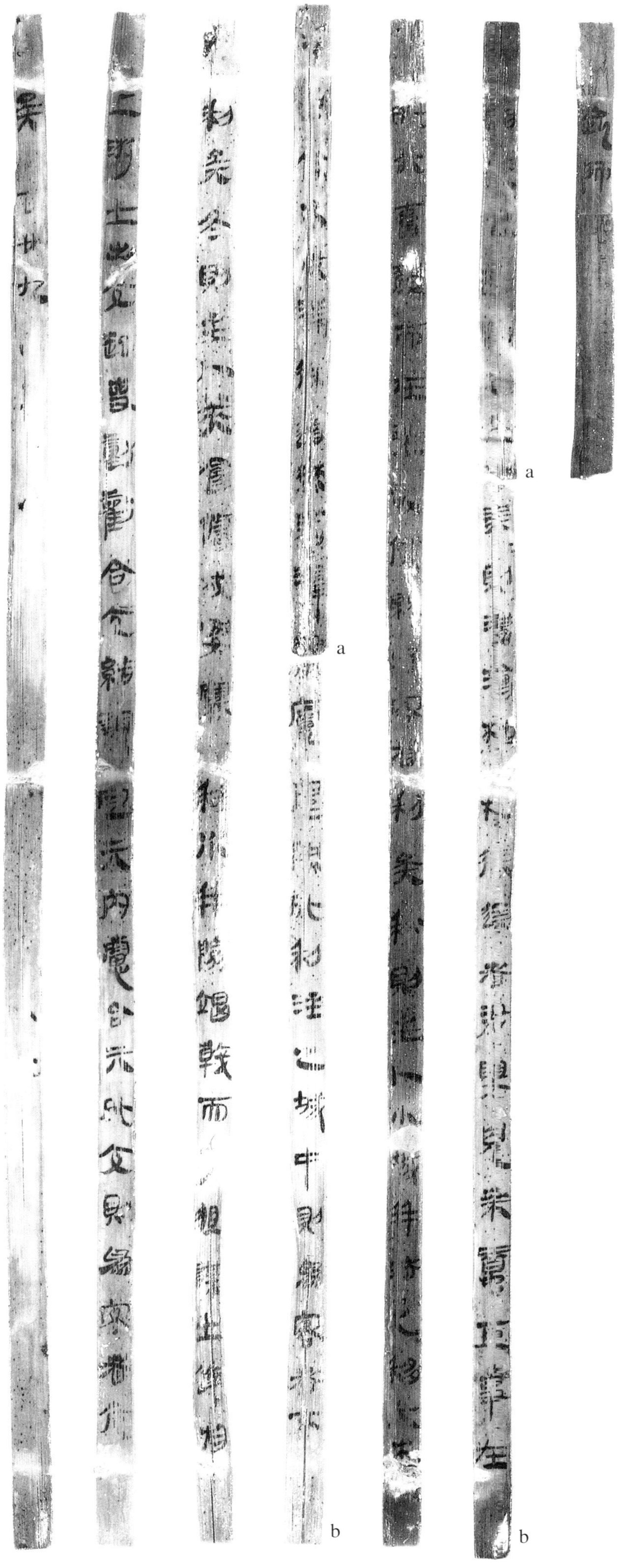

二七〇背 二七〇正 二七一 二七二 二七三 二七四 二七五

二七六 二七七 二七八

二七九 二八〇 二八一 二八二 二八三 二八四 二八五 二八六 二八七 二八八 二八九 二九〇

一九 將義

一九一 一九二 一九三

二〇 觀法

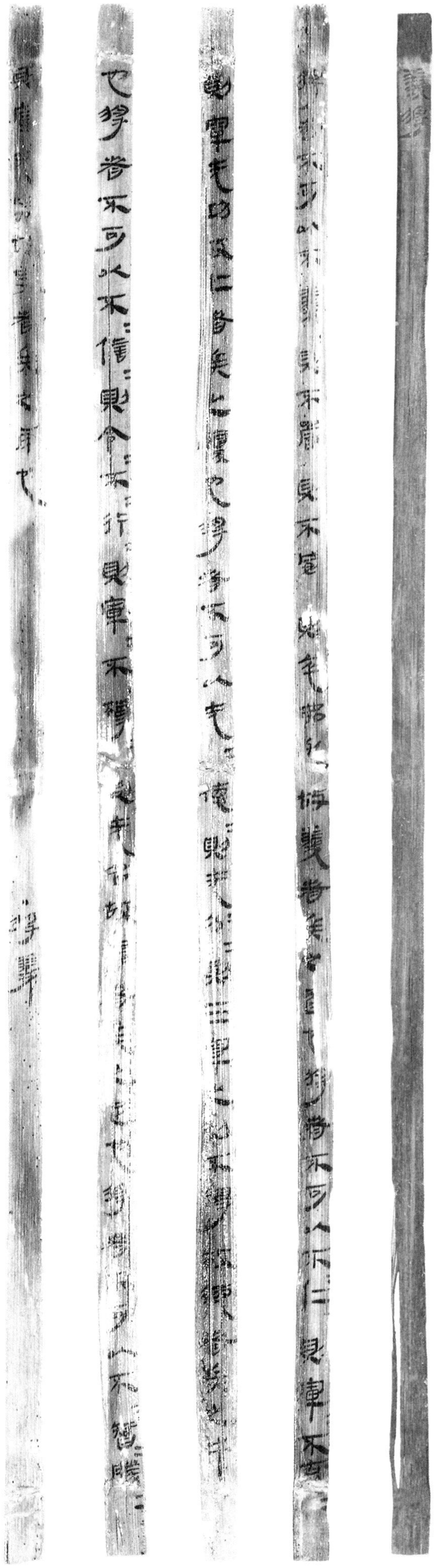

一九四背 一九四正 一九五 一九六 一九七

一九八背 一九八正 一九九

二一 程兵

二〇〇背 二〇〇正

二二 【將德】

二〇一 二〇二 二〇三

二三 【將過】

二〇四 二〇五 二〇六 二〇七 二〇八

二〇九 二一〇 二一一 二一二

二四 【曲將之法】

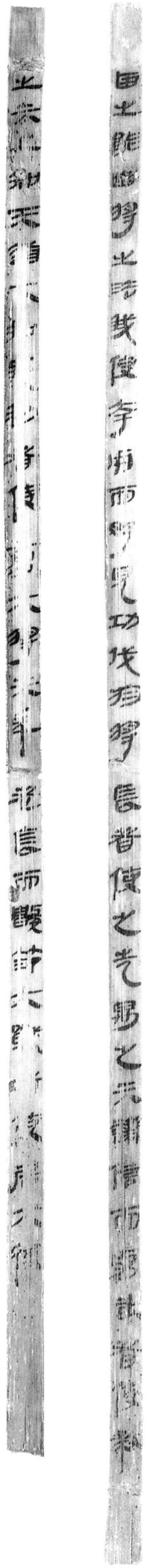

二二三　二二四

二五 【雄牝城】

a b

a b

a b c

a b

二二五　二二六　二二七　二二八　二二九

二六【五度九奪】

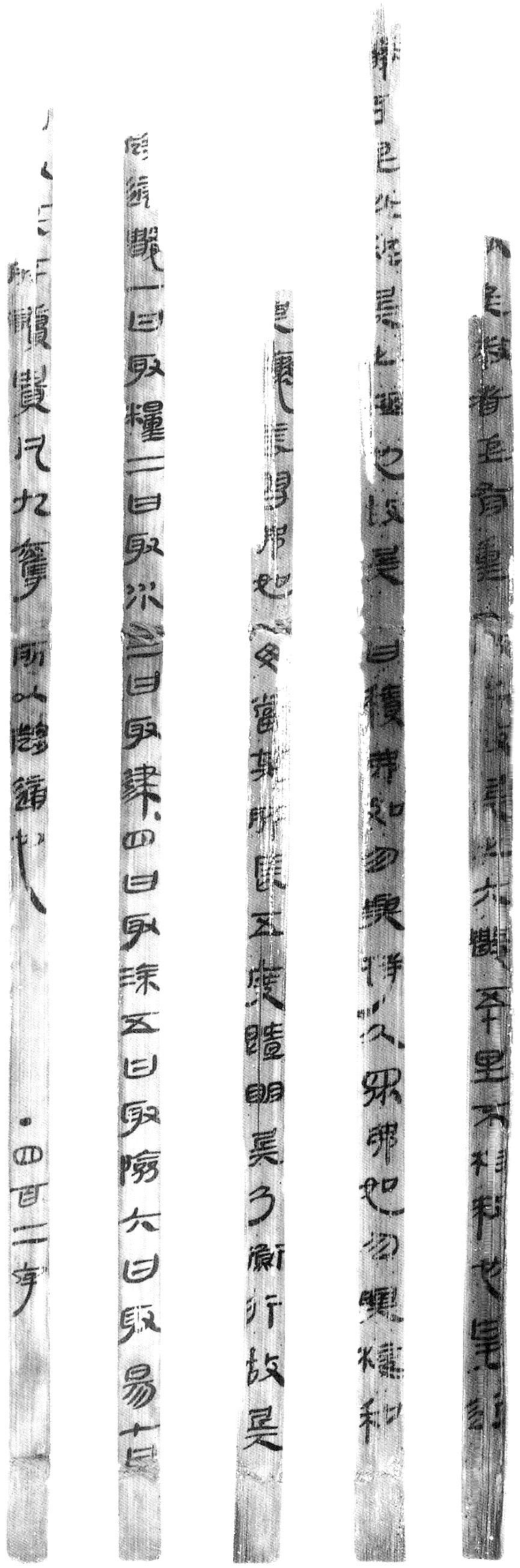

二三〇 二三一 二三二 二三三 二三四

二七【積疏】

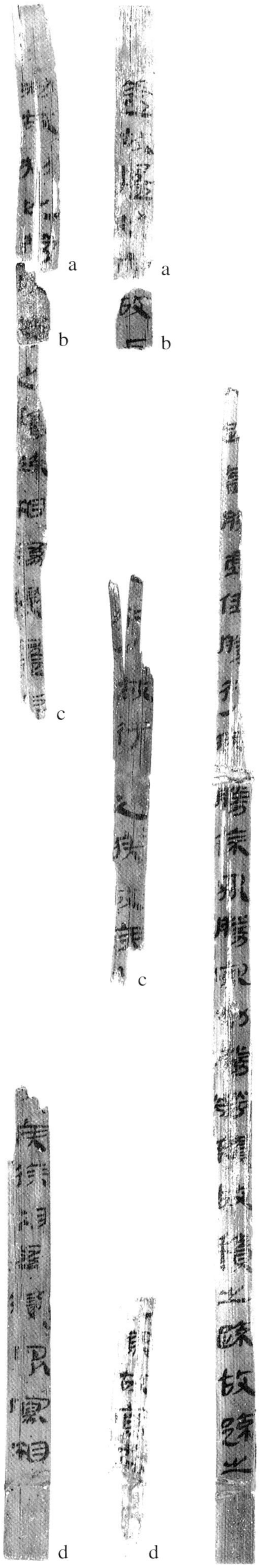

二三五 二三六 二三七

二二八　二二九　二三〇　二三一　二三二

二八　【選卒】

二三三　二三四　二三五　二三六　二三七

二九 有國務過

二三八 二三九 二四〇 二四一 二四二 二四三 二四四 二四五 二四六 二四七

三〇 十官

二四八 二四九 二五〇 二五一 二五二 二五三 二五四 二五五 二五六 二五七

二二五八背　二二五八正　二二五九背　二二五九正　二二六〇　二二六一　二二六二　二二六三　二二六四　二二六五　二二六六　二二六七

三一　患之……

二二六八　二二六九　二二七〇　二二七一　二二七二　二二七三　二二七四　二二七五　二二七六　二二七七

三二　六舉

二七八

二七九

二八〇

三三　四伐

二八一

二八二

b　a

二八三

二八四

三四　亡地

二二八五

二二八六

二二八七

三五　五議

二二八八

二二八九

三六　【君臣問答】

（一）堯與善卷、許由

二二九〇 二二九一 二二九二 二二九三 二二九四 二二九五 二二九六 二二九七 二二九八 二二九九

一三〇〇 一三〇一 一三〇二 一三〇三 一三〇四

（二一）舜與牟成犳

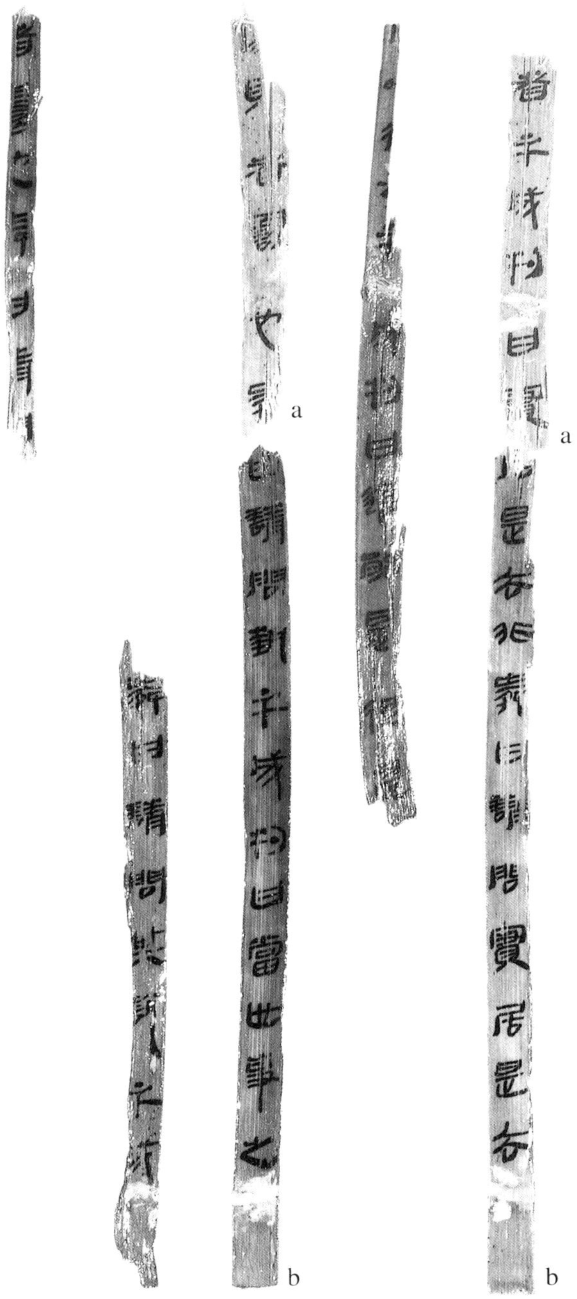

一三〇五 一三〇六 一三〇七 一三〇八 一三〇九

一三一〇　一三一一　一三一二　一三一三　一三一四　一三一五　一三一六　一三一七

（三）禹

一三一八

（四）湯與務光、伊尹

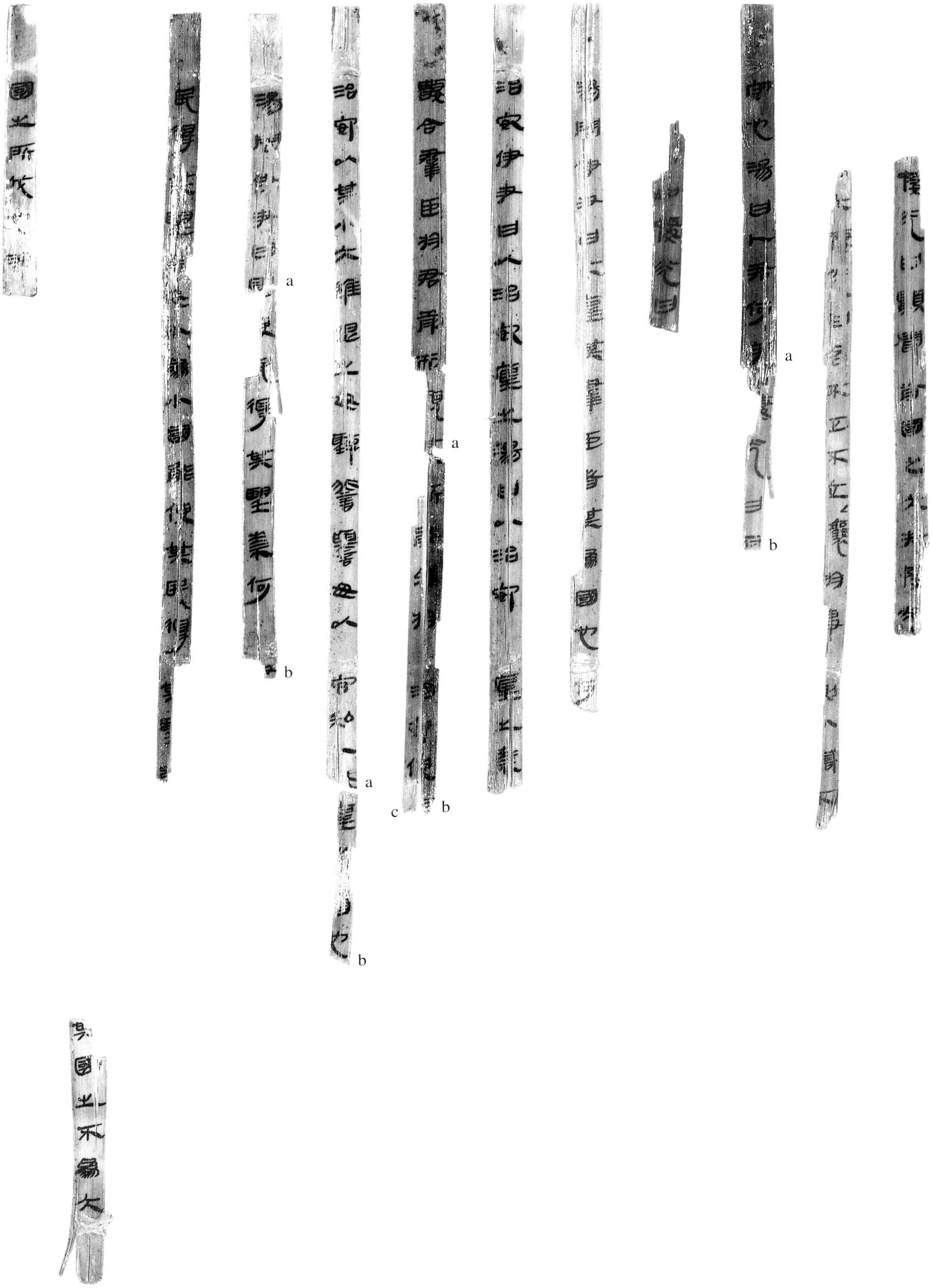

一三一九 一三二〇 一三二一 一三二二 一三二三 一三二四 一三二五 一三二六 一三二七 一三二八 一三二九 一三三〇

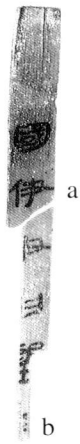

一三三一　一三三二　一三三三　一三三四　一三三五　一三三六　一三三七　一三三八　一三三九　一三四〇　一三四一　一三四二

（五）文王與太公

二三四三　二三四四　二三四五　二三四六　二三四七　二三四八　二三四九　二三五〇　二三五一　二三五二

一三五三 一三五四 一三五五 一三五六 一三五七 一三五八 一三五九 一三六〇 一三六一 一三六二 一三六三 一三六四

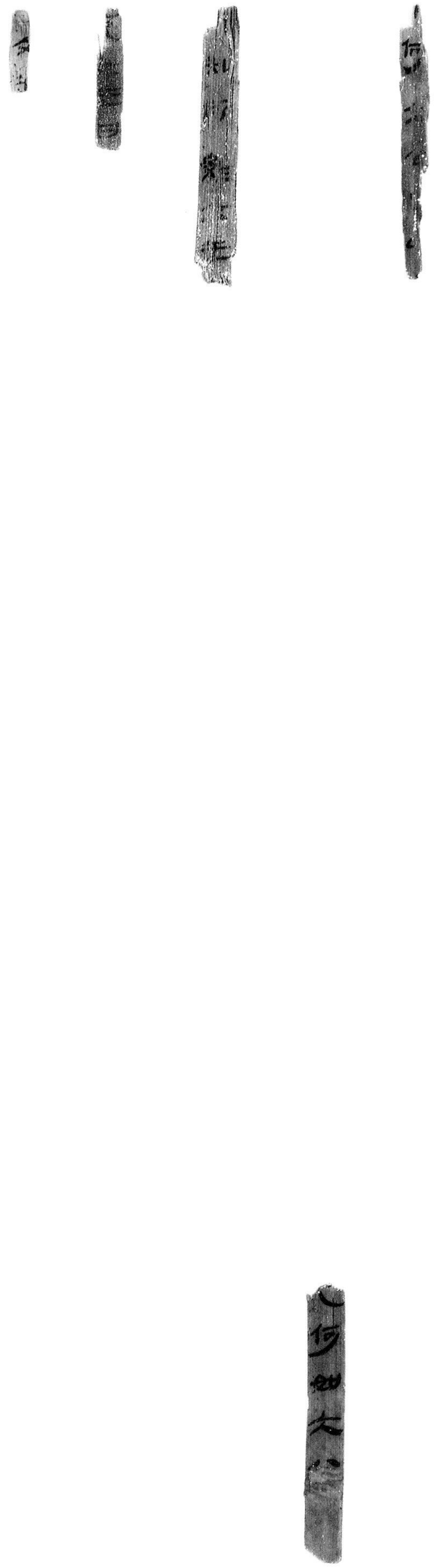

一三六五 一三六六 一三六七 一三六八 一三六九

（六）成王與周公旦

a b

一三七〇

（七）齊桓公與管子

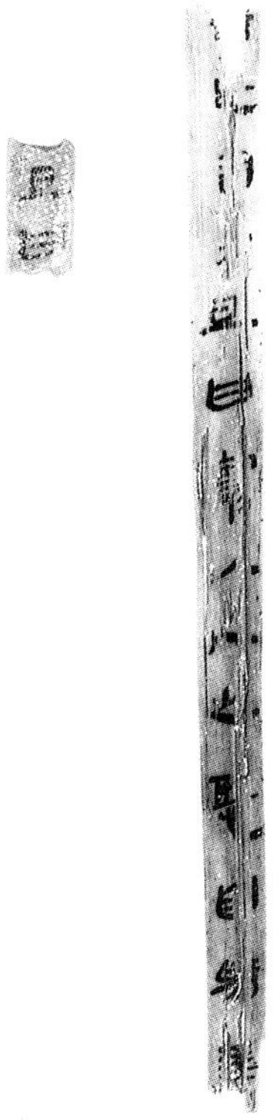

一三七一 一三七二

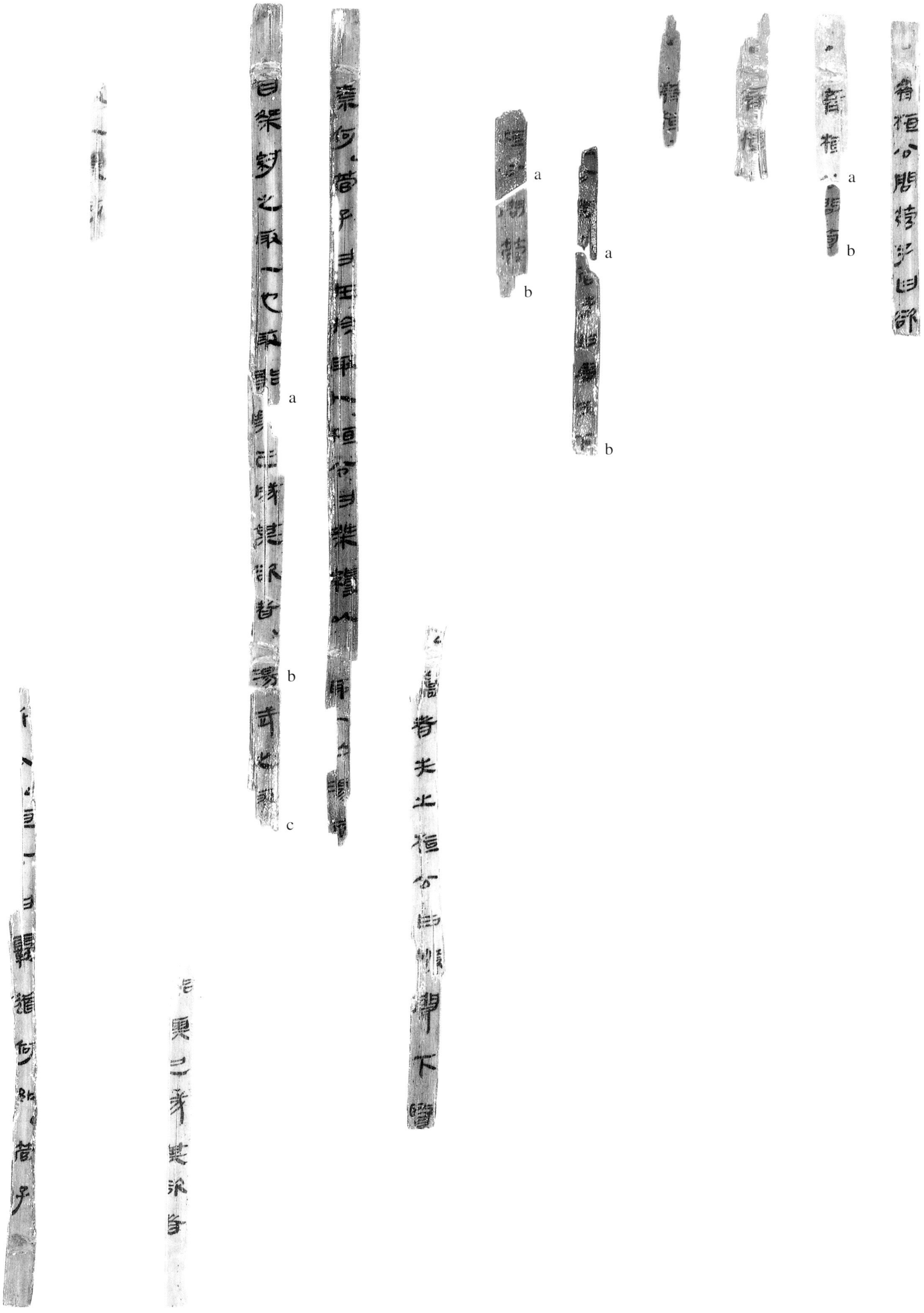

一三七三　一三七四　一三七五　一三七六　一三七七　一三七八　一三七九　一三八〇　一三八一　一三八二　一三八三　一三八四

一三八五 一三八六 一三八七 一三八八 一三八九 一三九〇 一三九一 一三九二 一三九三 一三九四 一三九五 一三九六

一三九七　一三九八　一三九九　一四〇〇　一四〇一　一四〇二　一四〇三

一四〇四

（八）秦穆公與百里奚

一四〇五　一四〇六

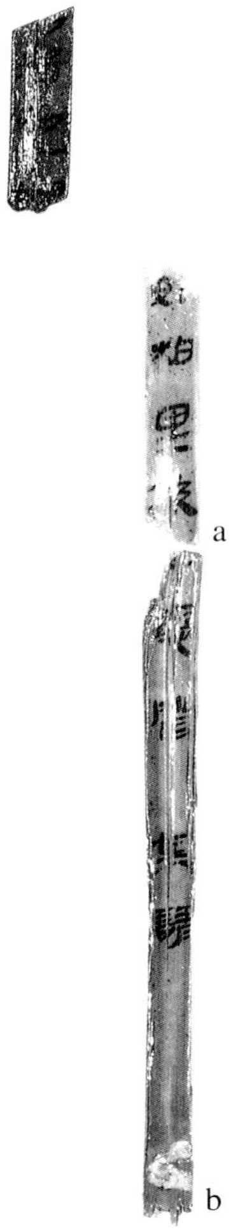

（九）晉文公與郭偃

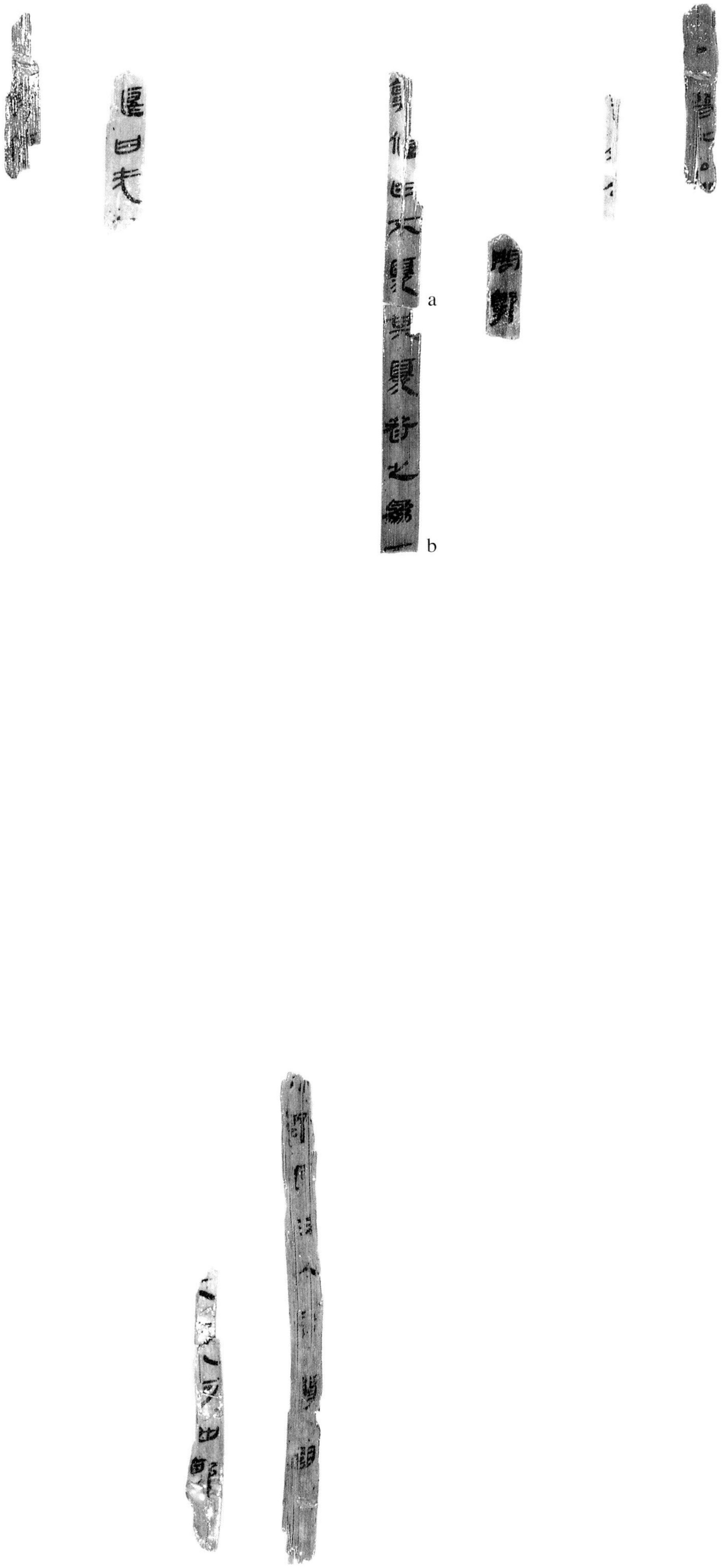

一四〇七 一四〇八 一四〇九 一四一〇 一四一一 一四一二 一四一三 一四一四 一四一五 一四一六

一四一七

（一〇）楚莊王與孫叔敖

一四一八 一四一九 一四二〇

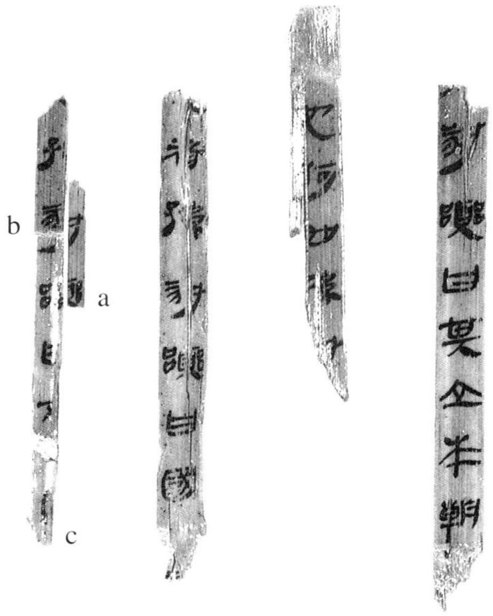

一四二一 一四二二 一四二三 一四二四

（一一）魏襄王與杜子

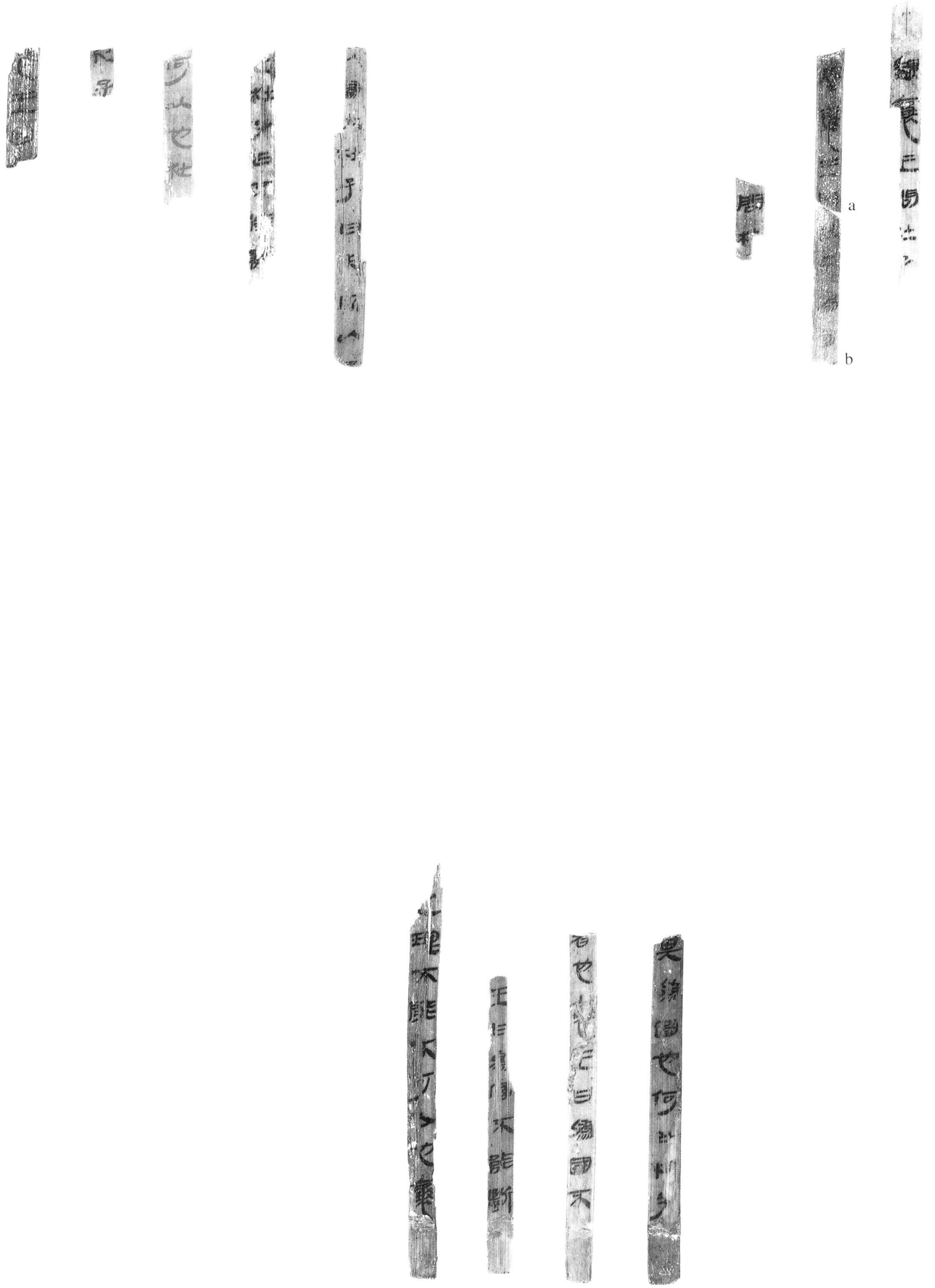

一四二五 一四二六 一四二七 一四二八 一四二九 一四三〇 一四三一 一四三二 一四三三 一四三四 一四三五 一四三六

三七 【郭偃論士】

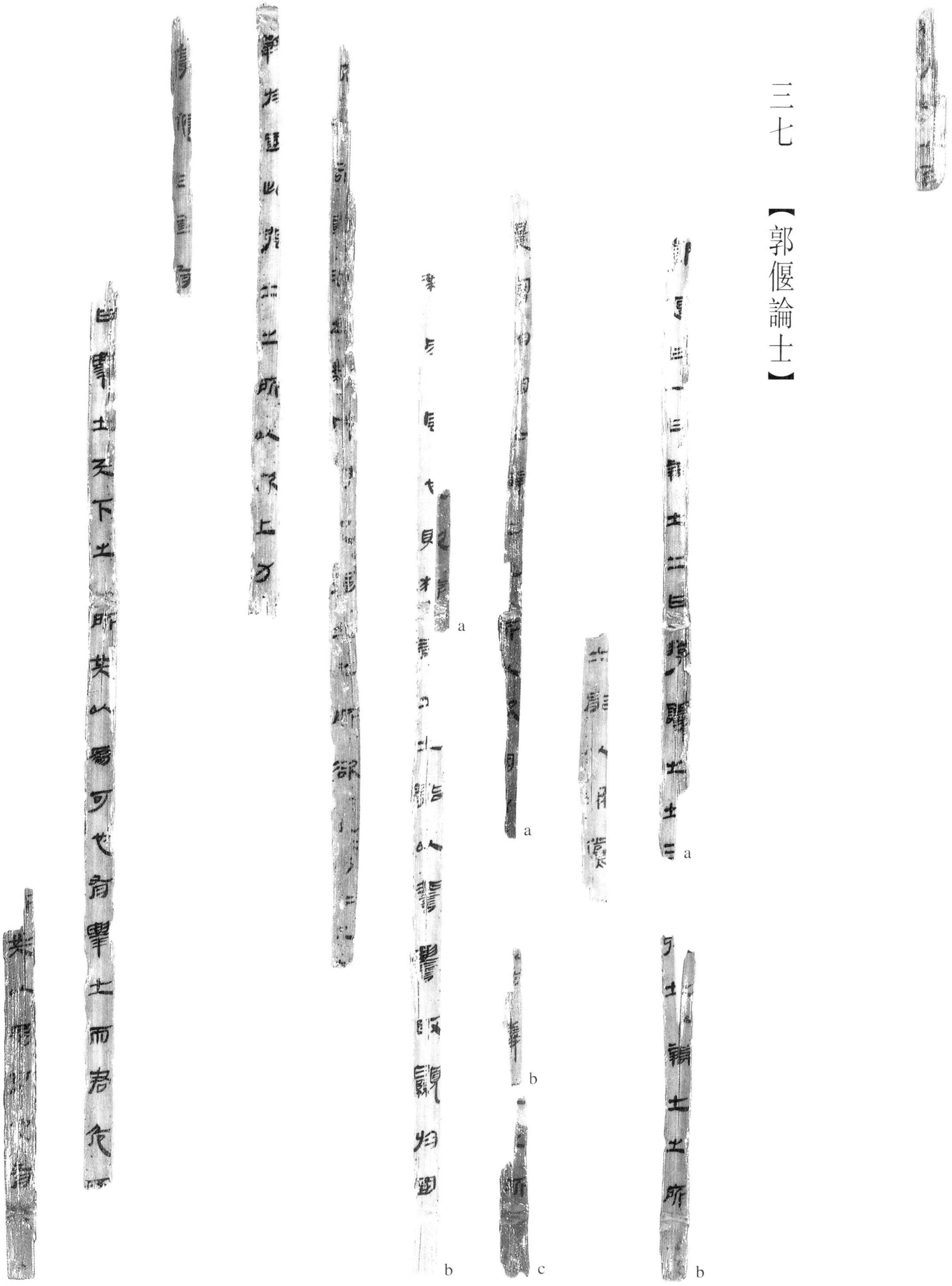

一四三七 一四三八 一四三九 一四四〇 一四四一 一四四二 一四四三 一四四四 一四四五 一四四六

一四四七　一四四八　一四四九　一四五〇　一四五一　一四五二

三八　【民之情】

一四五三　一四五四　一四五五　一四五六

三九

【有國之效】

a
b

一四五七　一四五八　一四五九　一四六〇　一四六一

一四六二　一四六三　一四六四　一四六五　一四六六

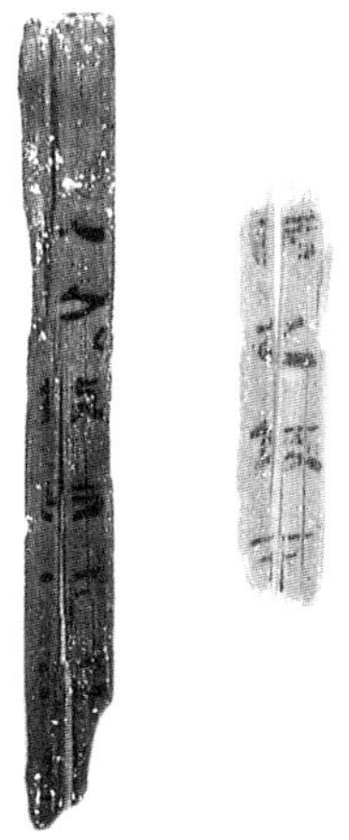

一四六七　一四六八

四〇　【有主以爲任者】

a　b　c

一四六九　一四七〇　一四七一　一四七二　一四七三　一四七四　一四七五　一四七六

四一 【自危自忘】

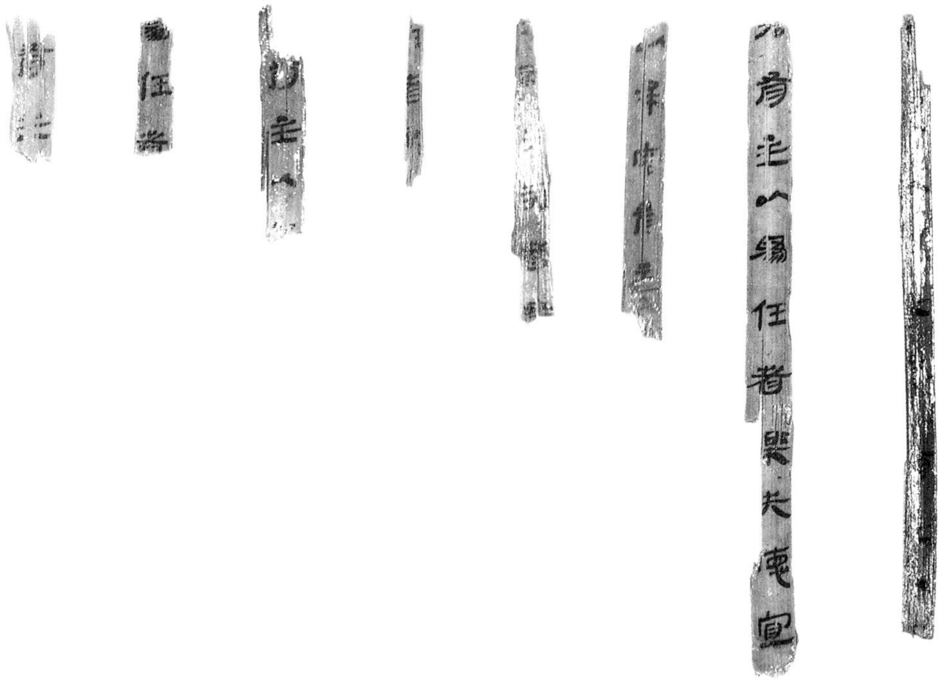

一四七七 一四七八 一四七九 一四八〇 一四八一 一四八二 一四八三 一四八四

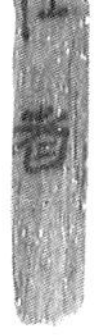

一四八五

一四八六

四二 【國法之荒】

一四八七 一四八八 一四八九 一四九〇 一四九一 一四九二 一四九三 一四九四 一四九五

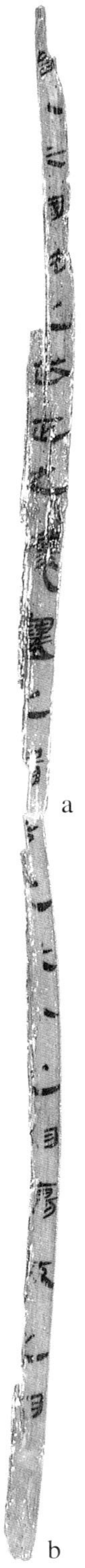

一四九六

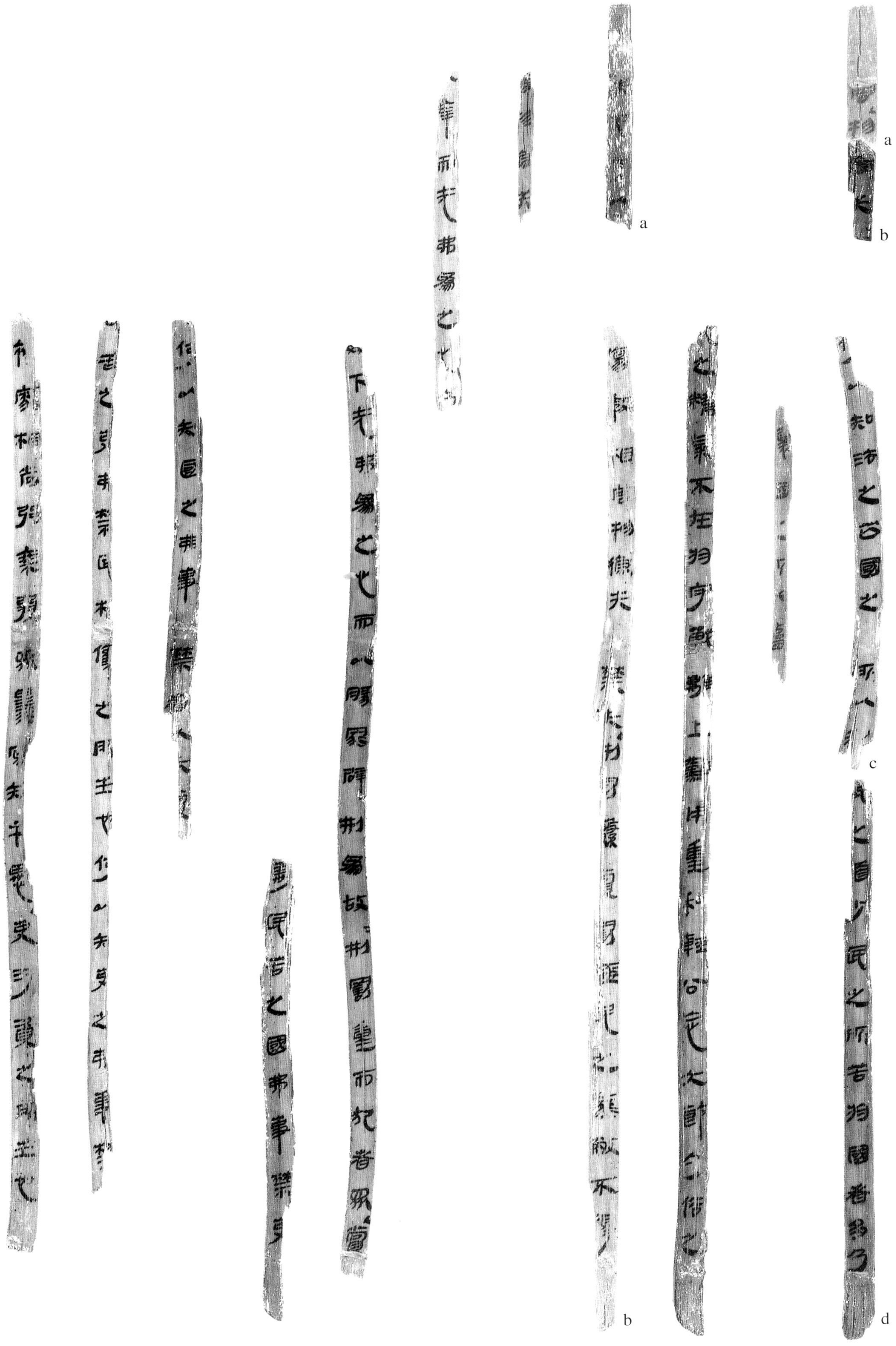

一四九七 一四九八 一四九九 一五〇〇 一五〇一 一五〇二 一五〇三 一五〇四 一五〇五 一五〇六 一五〇七

四三 【聽有五患】

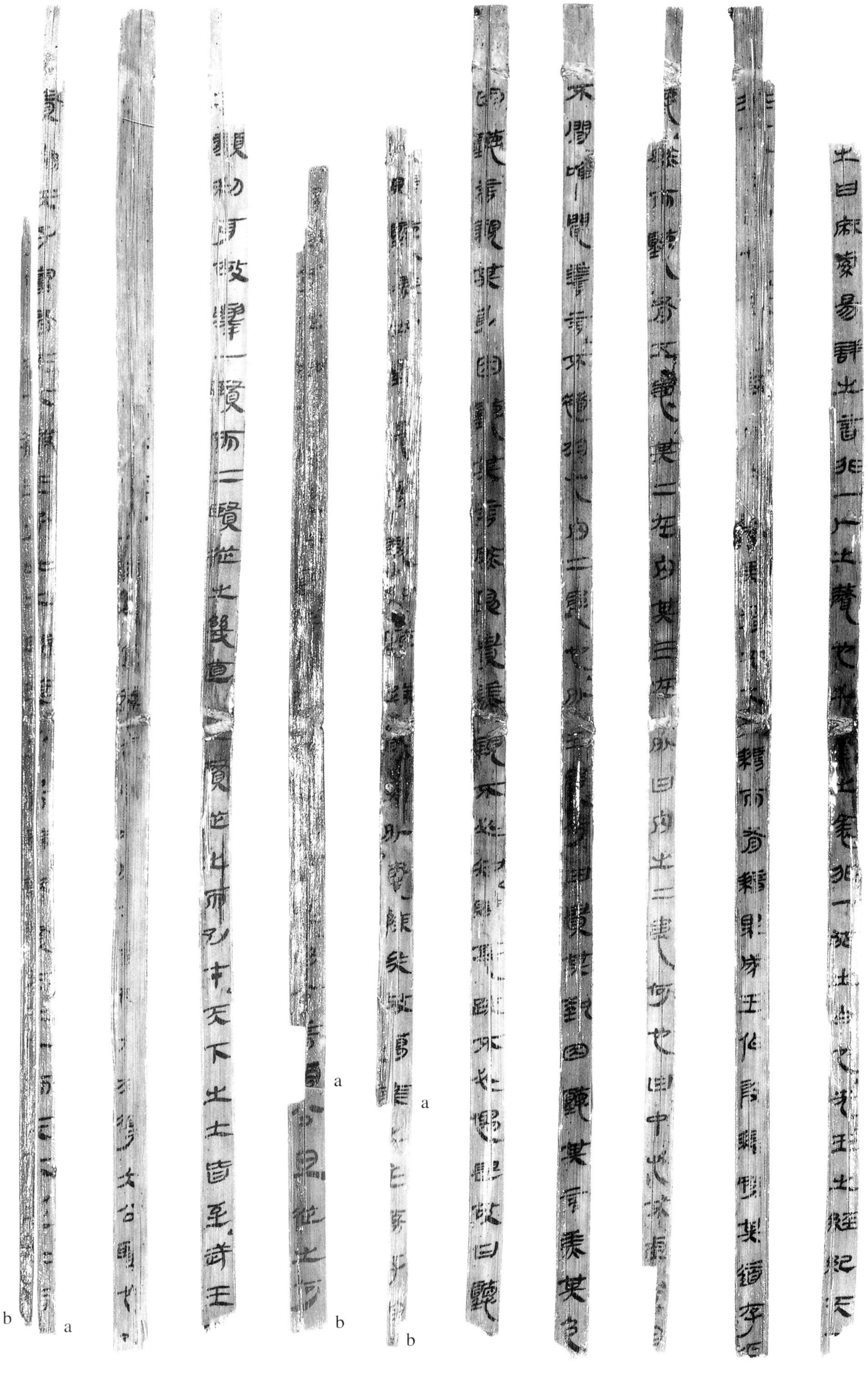

一五〇八 一五〇九 一五一〇 一五一一 一五一二 一五一三 一五一四 一五一五 一五一六 一五一七

一五一八　一五一九

四四　【德在民利】

一五二〇　一五二一　一五二二　一五二三　一五二四　一五二五　一五二六　一五二七

一五二八　一五二九　一五三〇

四五　十陣

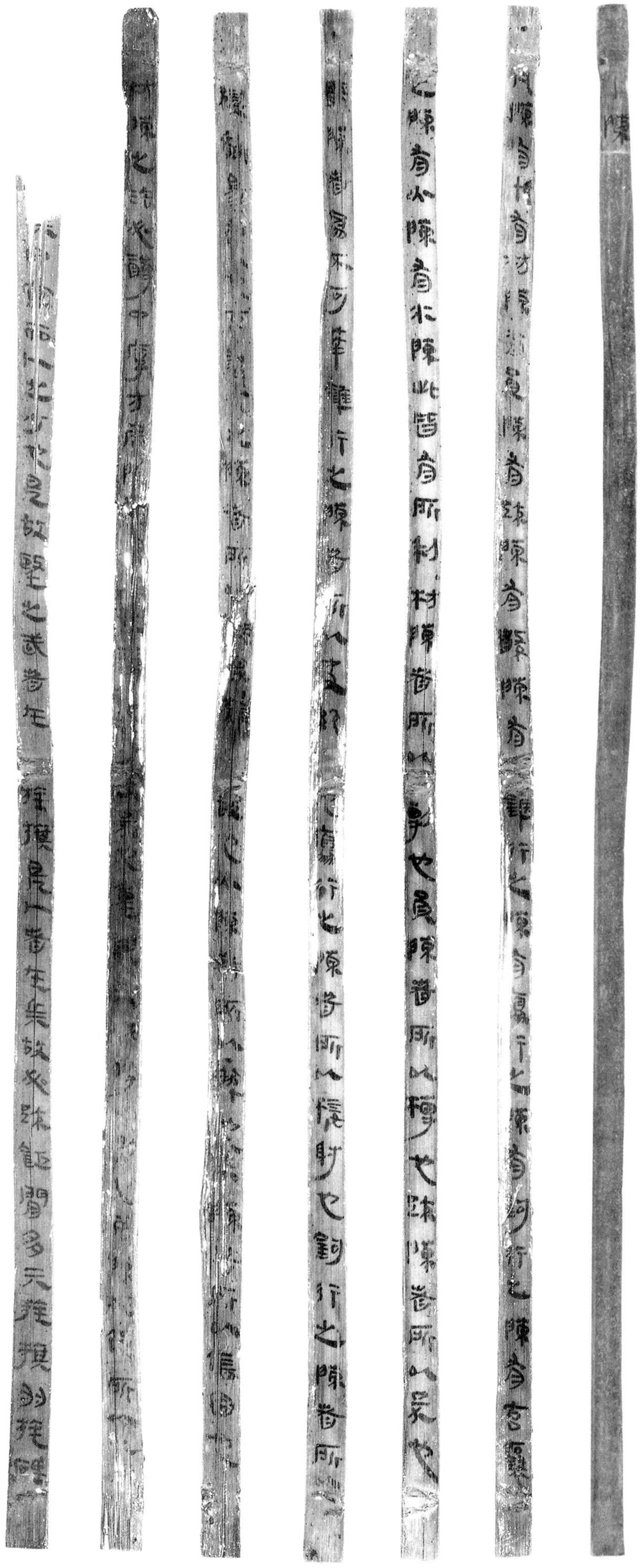

一五三一背　一五三一正　一五三二　一五三三　一五三四　一五三五　一五三六

一五四八 一五四七 一五四六 一五四五 一五四四 一五四三 一五四二 一五四一 一五四〇 一五三九 一五三八 一五三七

四六　十問

一五四九　一五五〇　一五五一　一五五二a　一五五二b　一五五三　一五五四　一五五五

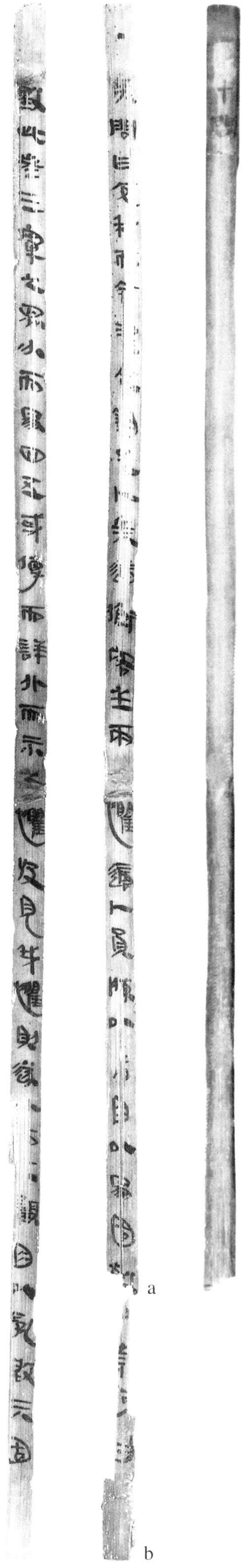

一五五六背　一五五六正a　一五五六正b　一五五七

一五五八 一五五九 一五六〇 一五六一 一五六二 一五六三 一五六四 一五六五 一五六六 一五六七 一五六八 一五六九

四七　略甲

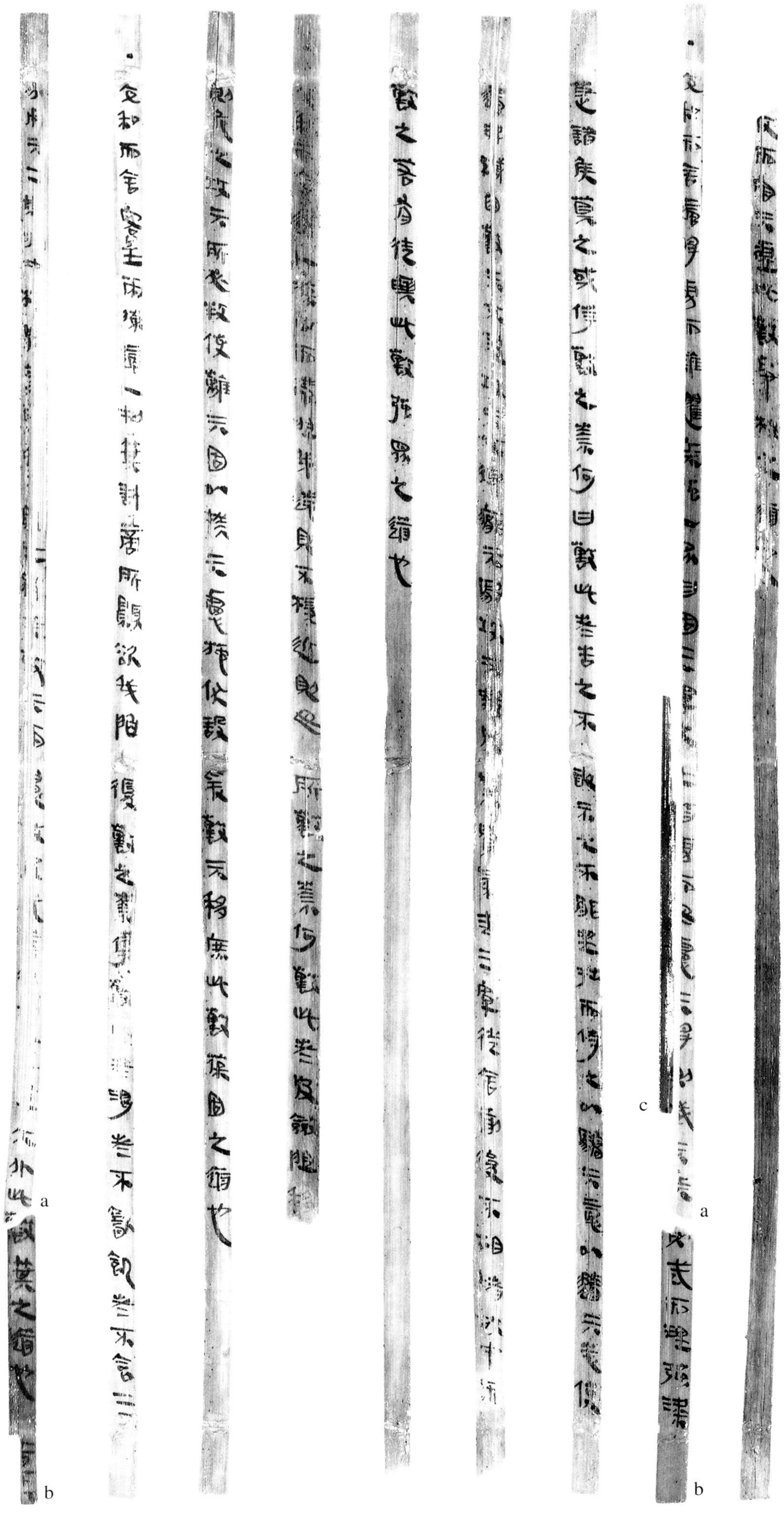

一五七〇　一五七一　一五七二　一五七三　一五七四　一五七五　一五七六　一五七七　一五七八

一五七九背

四八 萬乘

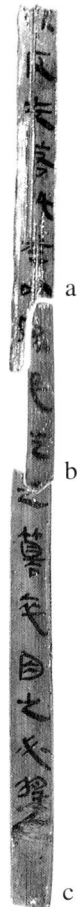

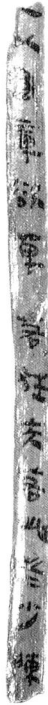

一五七九正 一五八〇 一五八一 一五八二 一五八三 一五八四 一五八五 一五八六 一五八七 一五八八

一五八九背　一五八九正　一五九〇　一五九一

四九　【富國】

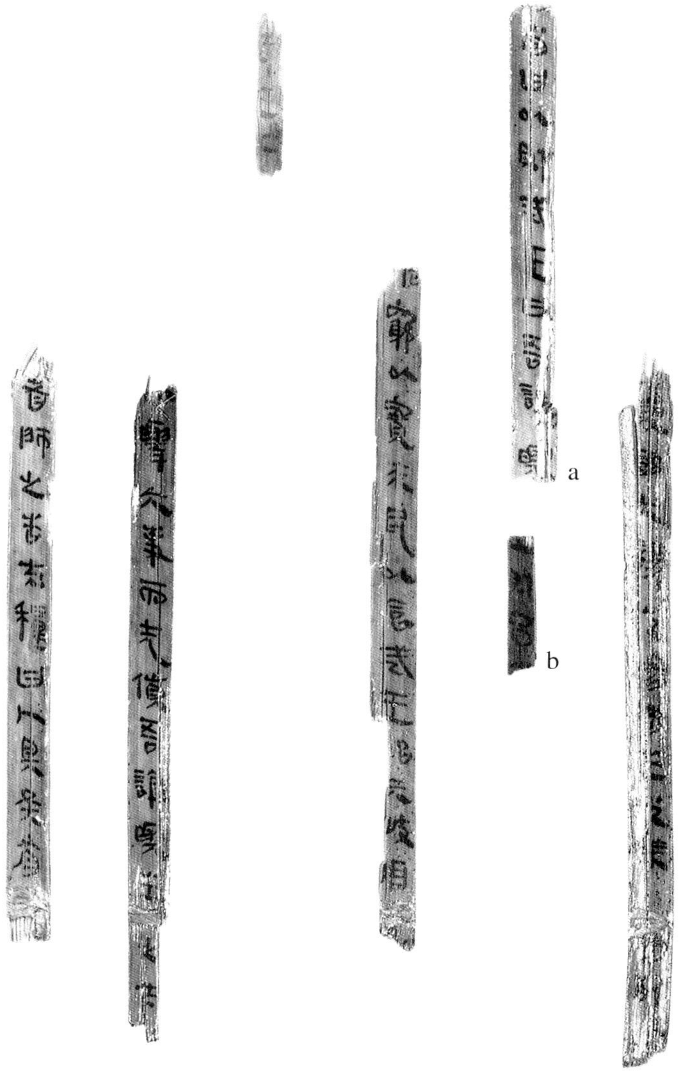

a　b

一五九二　一五九三　一五九四　一五九五　一五九六　一五九七

一五九八 一五九九 一六〇〇 一六〇一 一六〇二 一六〇三 一六〇四 一六〇五 一六〇六 一六〇七 一六〇八 一六〇九

五〇　【三算】

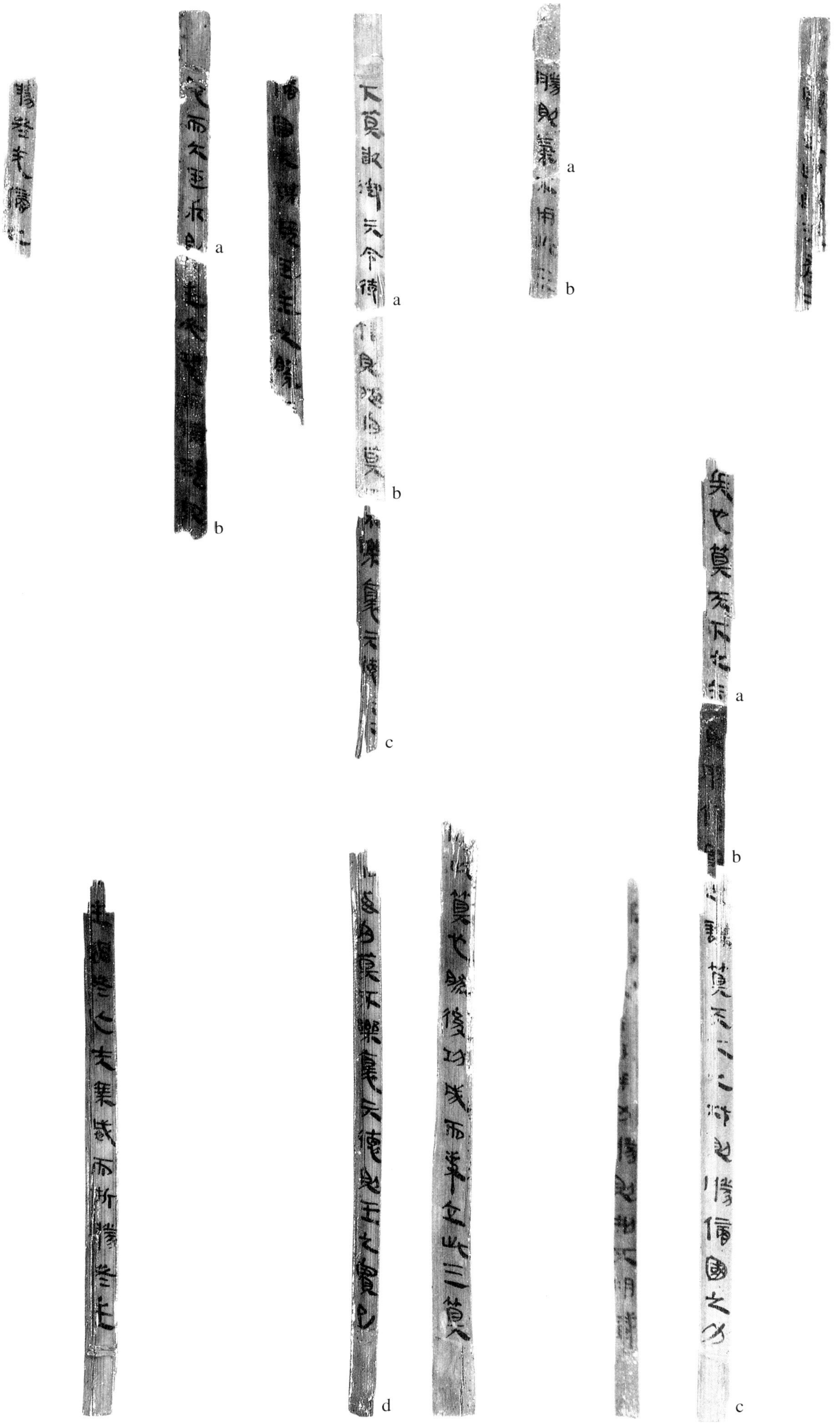

一六一〇　一六一一　一六一二　一六一三　一六一四　一六一五　一六一六　一六一七　一六一八　一六一九

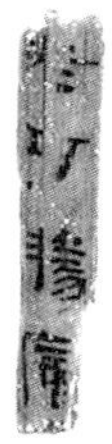

一六二〇

一六二一

貳　陰陽時令、占候之類

一 曹氏陰陽

一六二二 一六二三 一六二四 一六二五 一六二六 一六二七 一六二八 一六二九 一六三〇 一六三一

一六三二　一六三三　一六三四　一六三五　一六三六　一六三七　一六三八　一六三九　一六四〇　一六四一　一六四二　一六四三

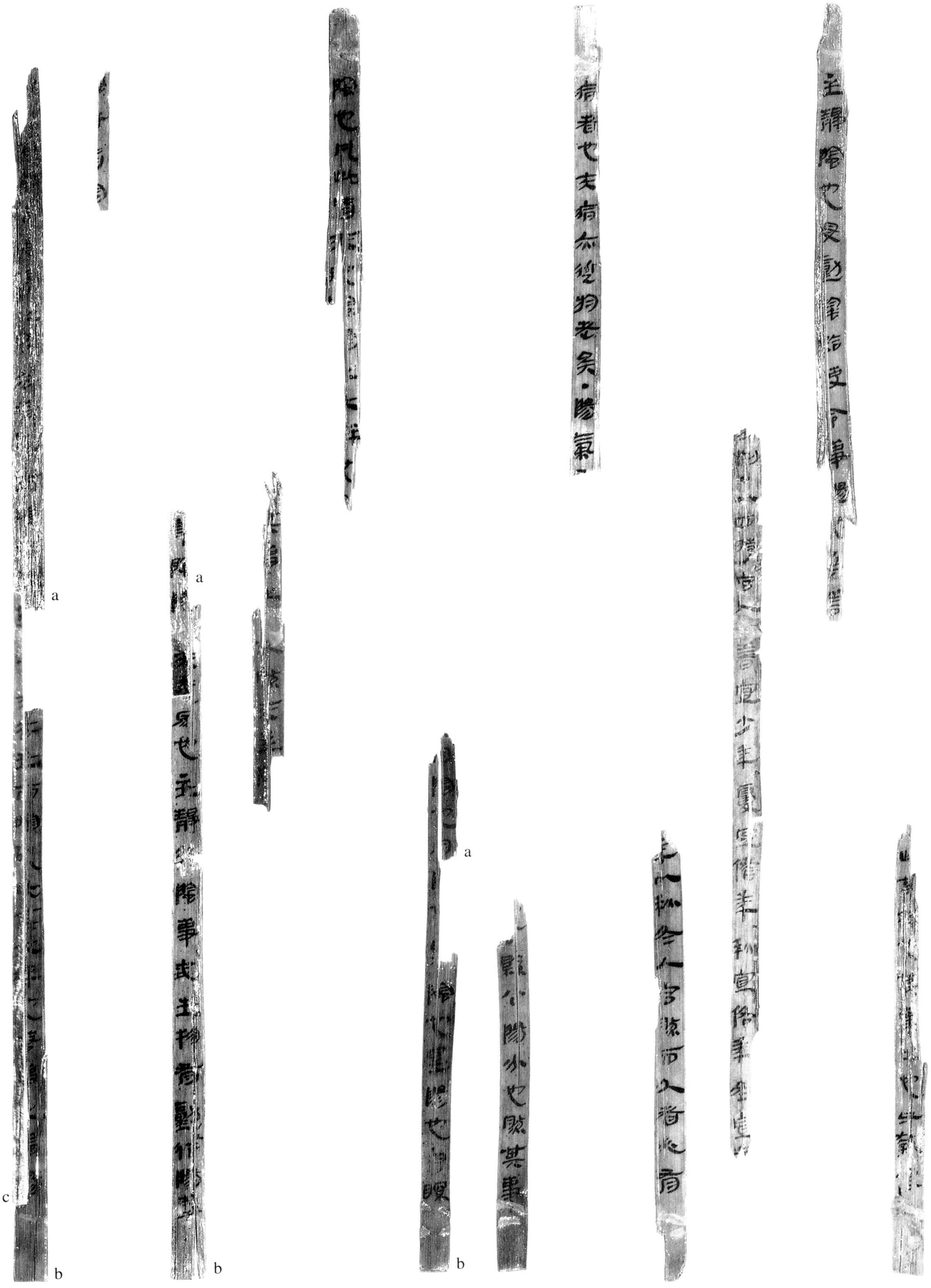

一六五五 一六五四 一六五三 一六五二 一六五一 一六五〇 一六四九 一六四八 一六四七 一六四六 一六四五 一六四四

一六五六　一六五七　一六五八　一六五九　一六六〇　一六六一　一六六二　一六六三　一六六四　一六六五　一六六六　一六六七

一六六八 一六六九 一六七〇 一六七一 一六七二 一六七三 一六七四 一六七五 一六七六 一六七七 一六七八 一六七九

一六八〇 一六八一 一六八二 一六八三 一六八四 一六八五 一六八六 一六八七 一六八八 一六八九 一六九〇 一六九一

一六九二 一六九三 一六九四

二 陰陽散

一六九五

三 禁

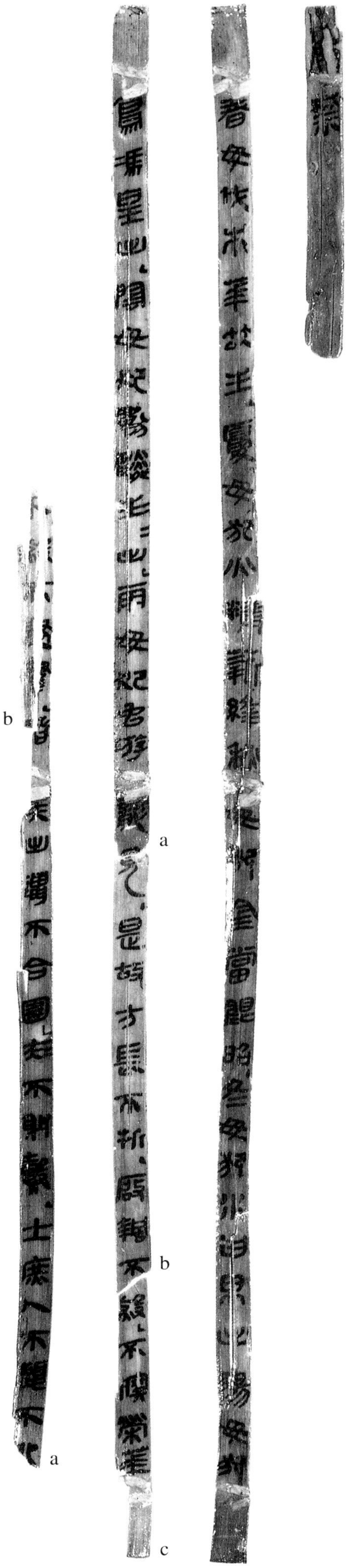

一六九六 一六九七 一六九八 一六九九

一七〇〇　一七〇一　一七〇二　一七〇三　一七〇四　一七〇五　一七〇六　一七〇七　一七〇八　一七〇九　一七一〇　一七一一

一七一二　一七一三　一七一四　一七一五　一七一六　一七一七　一七一八　一七一九　一七二〇　一七二一　一七二二　一七二三

四 【三十時】

一七二四

一七二五　一七二六　一七二七　一七二八　一七二九　一七三〇　一七三一　一七三二　一七三三

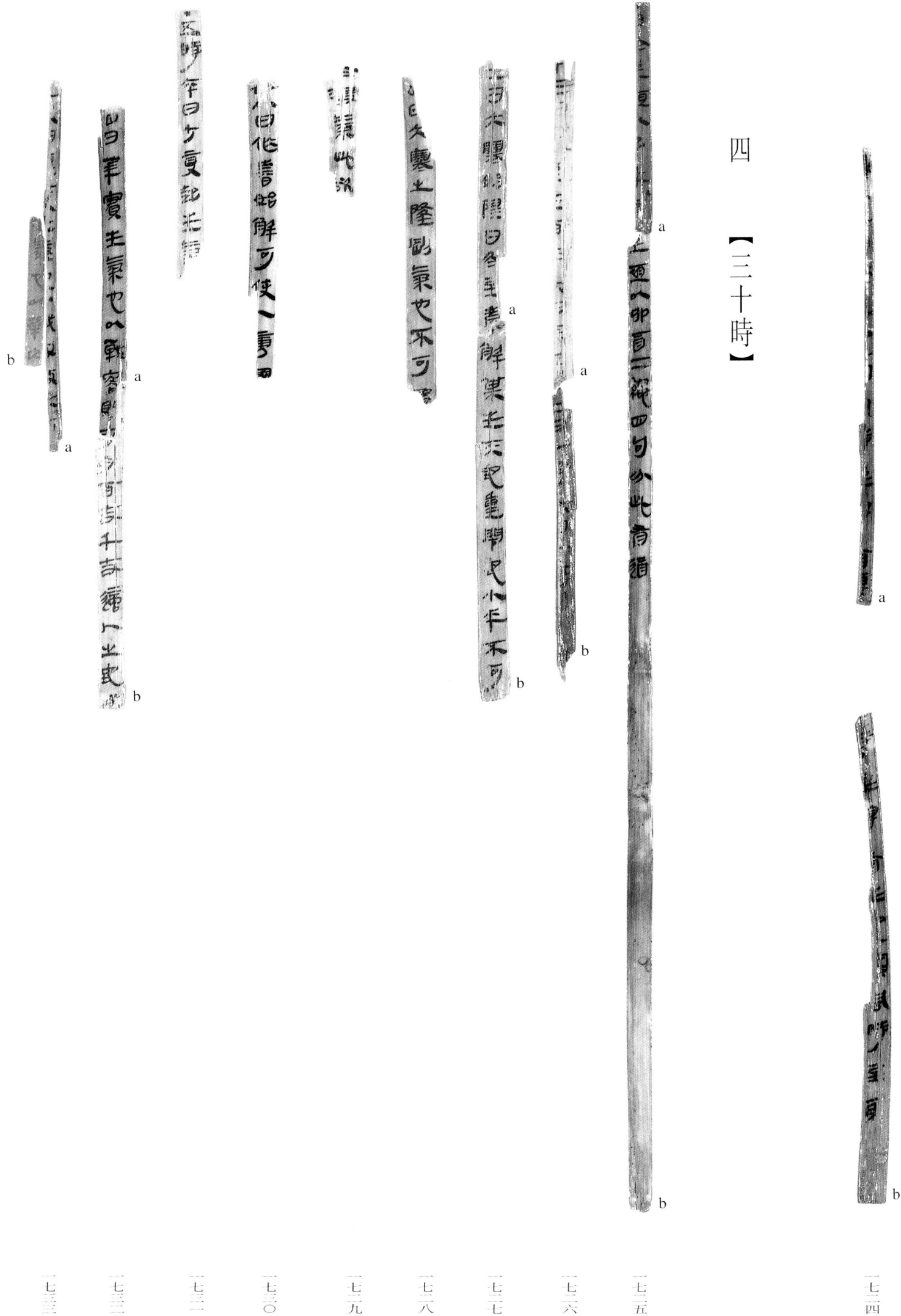

一七三四　一七三五　一七三六　一七三七　一七三八　一七三九　一七四〇　一七四一　一七四二　一七四三　一七四四　一七四五

一七四六 一七四七 一七四八 一七四九 一七五〇 一七五一 一七五二 一七五三 一七五四 一七五五 一七五六 一七五七

一七五八　一七五九　一七六〇　一七六一　一七六二　一七六三　一七六四　一七六五　一七六六　一七六七　一七六八　一七六九

一七七〇　一七七一　一七七二　一七七三　一七七四　一七七五　一七七六　一七七七　一七七八　一七七九　一七八〇　一七八一

一七八二 一七八三 一七八四 一七八五 一七八六 一七八七 一七八八 一七八九 一七九〇 一七九一 一七九二 一七九三

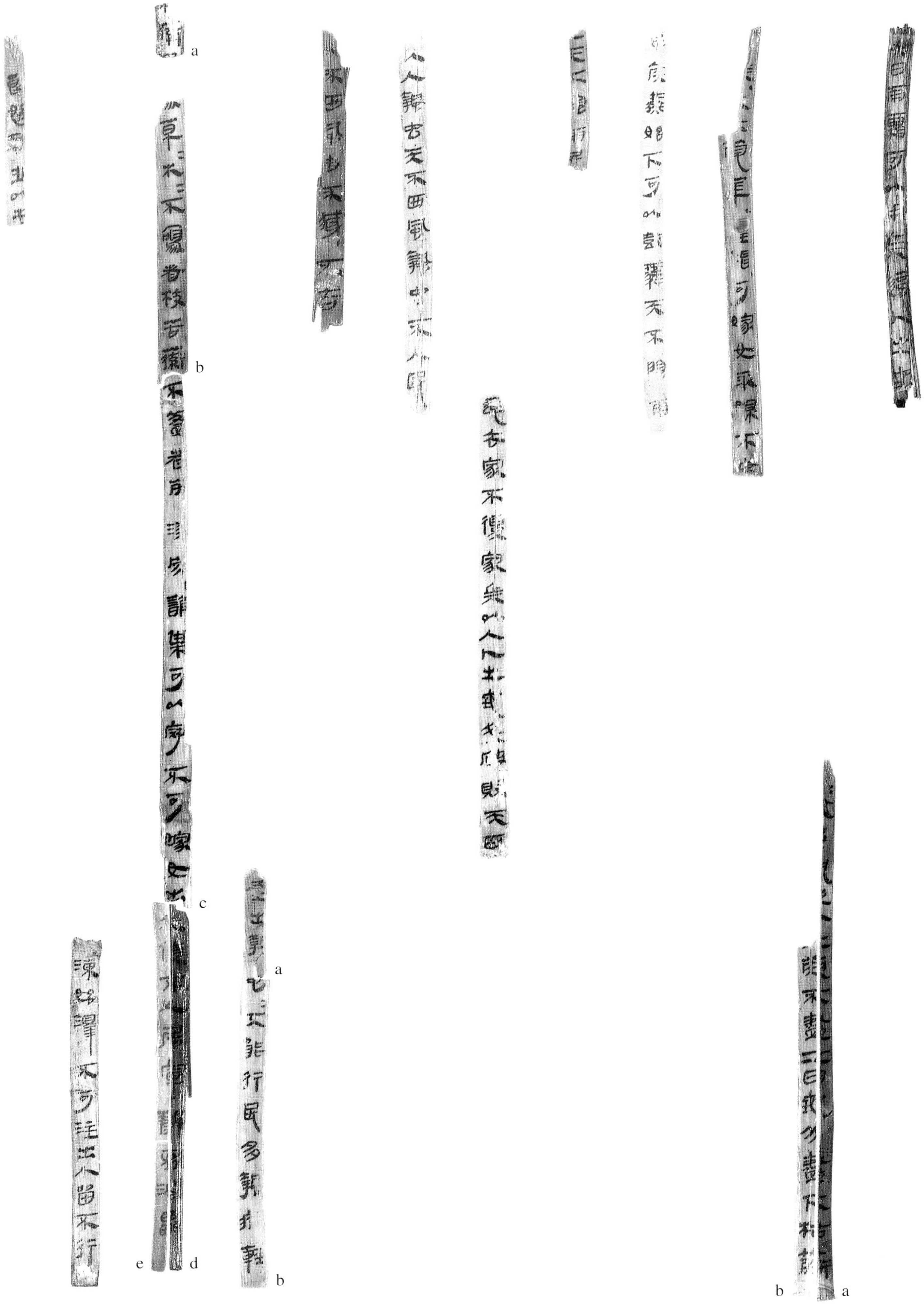

一七九四 一七九五 一七九六 一七九七 一七九八 一七九九 一八〇〇 一八〇一 一八〇二 一八〇三 一八〇四 一八〇五

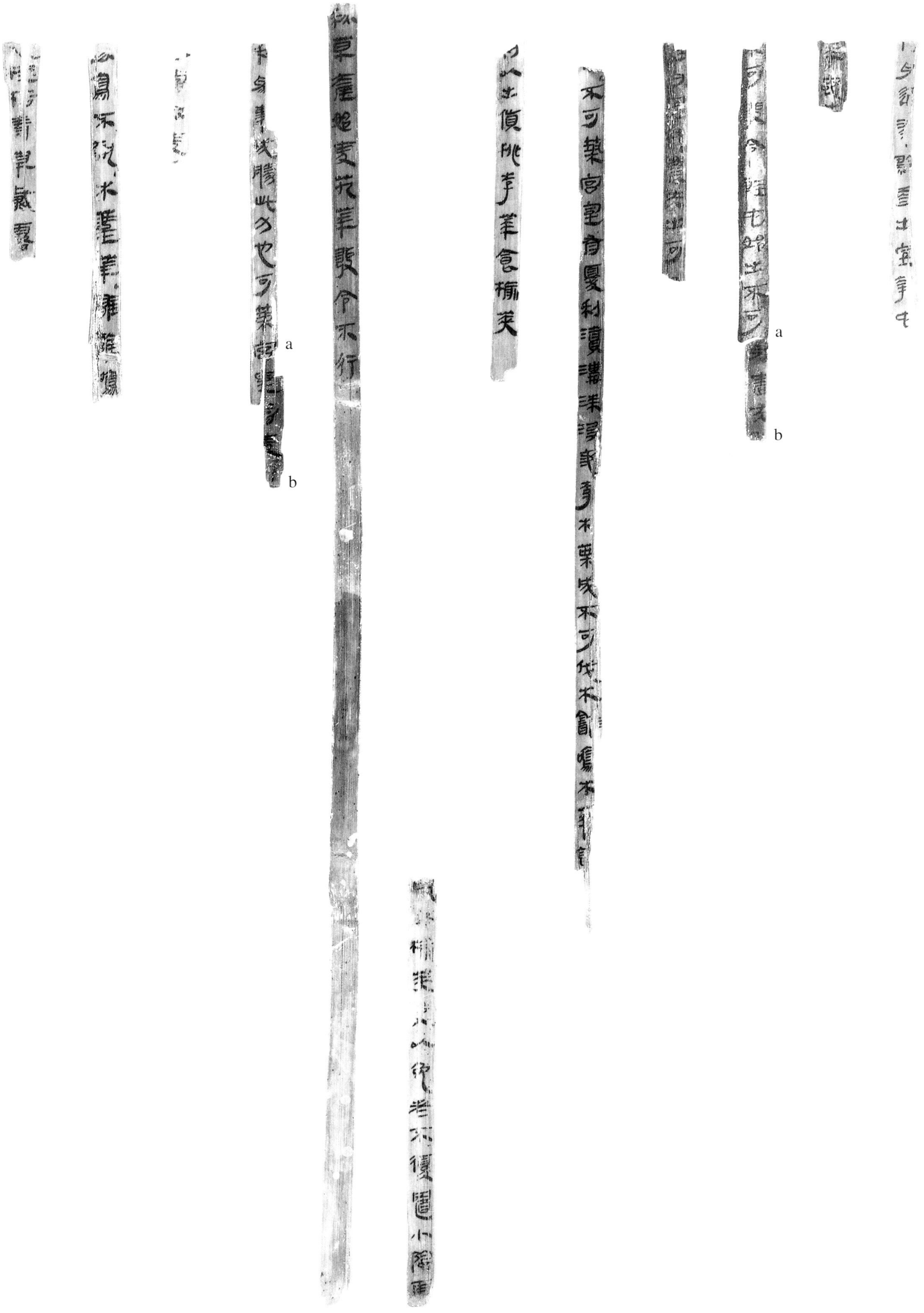

一八〇六　一八〇七　一八〇八（a、b）　一八〇九　一八一〇　一八一一　一八一二　一八一三　一八一四（a、b）　一八一五　一八一六　一八一七

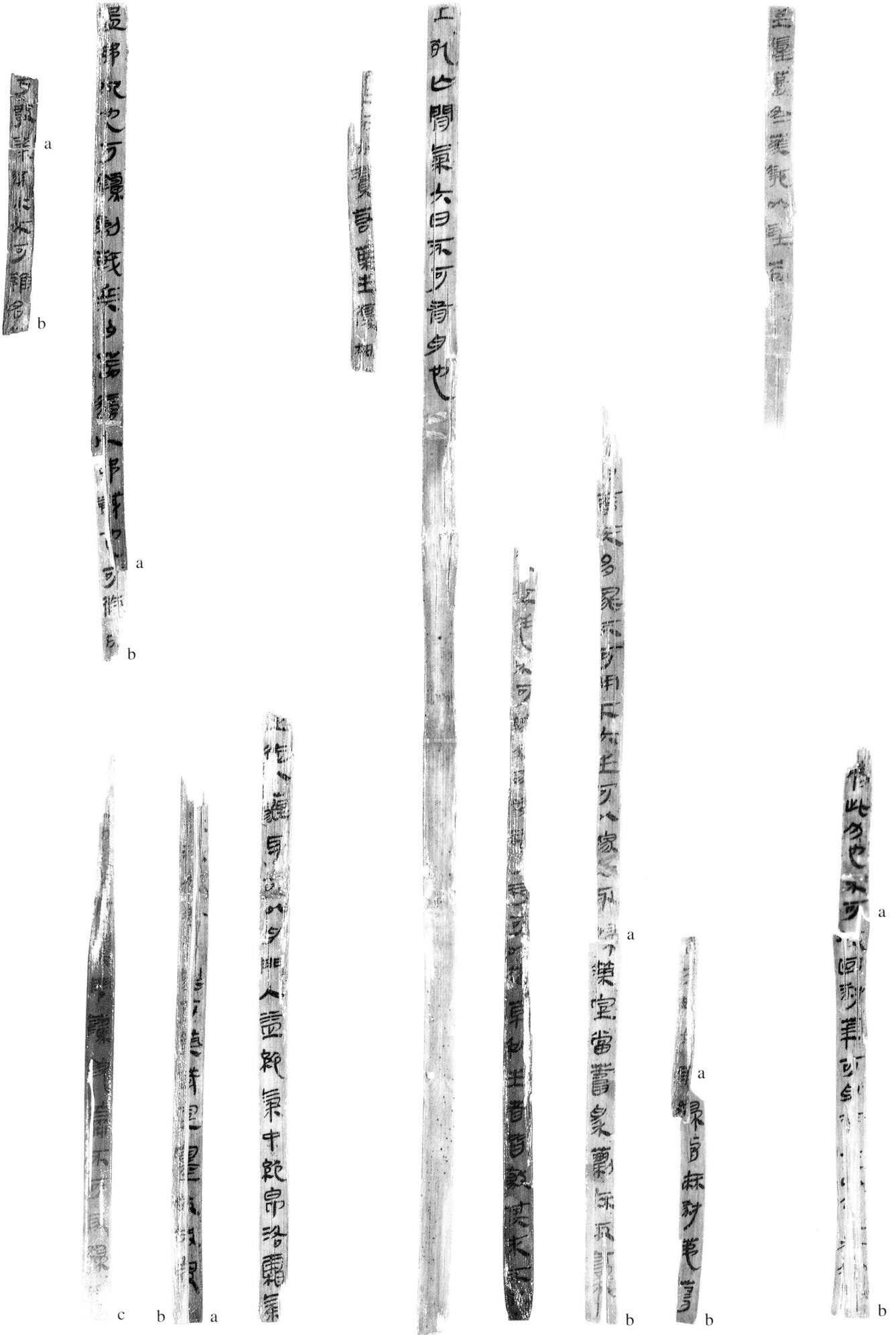

一八一八　一八一九　一八二〇　一八二一　一八二二　一八二三　一八二四　一八二五　一八二六　一八二七　一八二八　一八二九

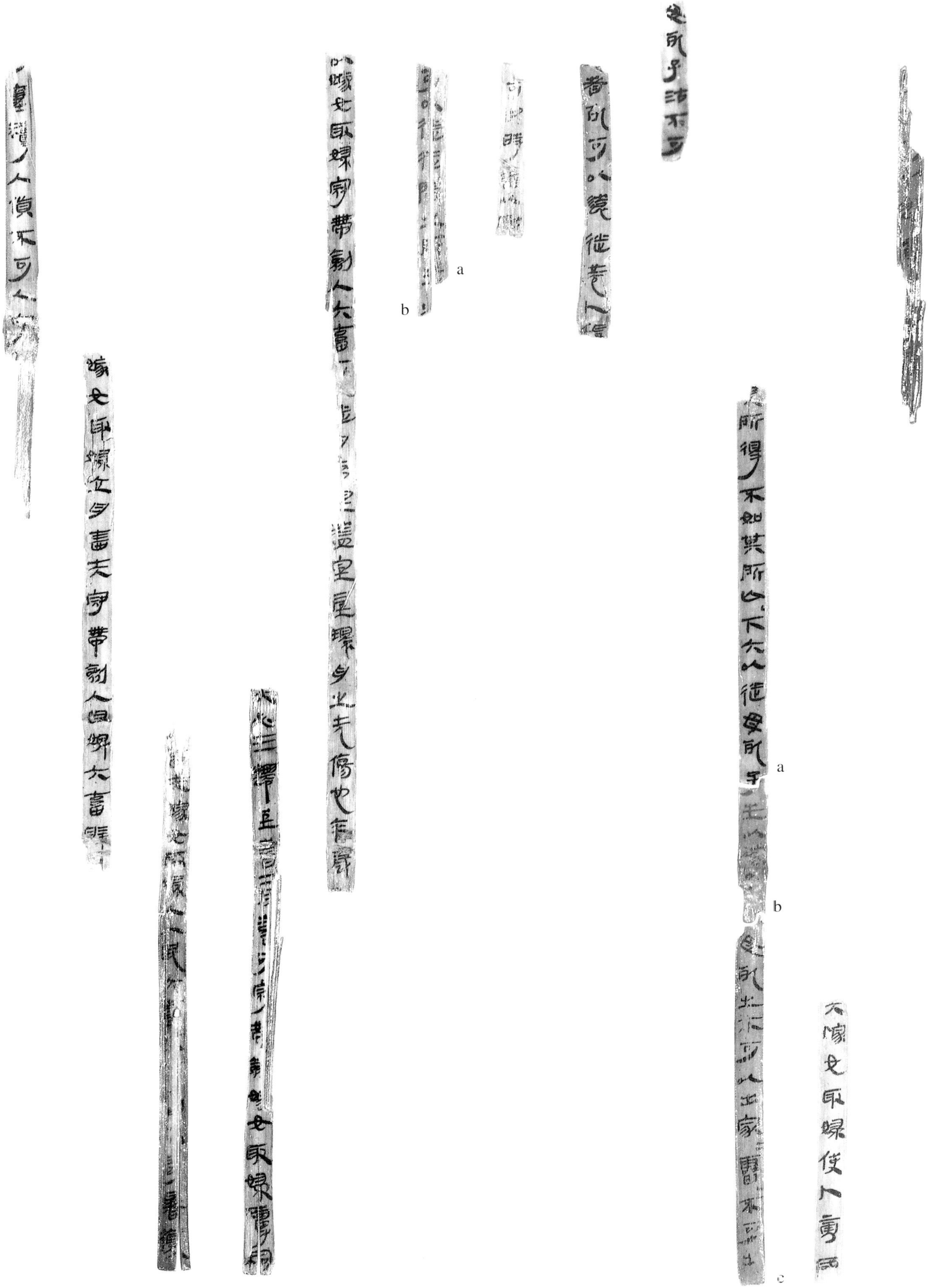

一八三〇 一八三一 一八三二 一八三三 一八三四 一八三五 一八三六 一八三七 一八三八 一八三九 一八四〇 一八四一

一八四二 一八四三 一八四四 一八四五 一八四六 一八四七 一八四八 一八四九 一八五〇 一八五一 一八五二 一八五三

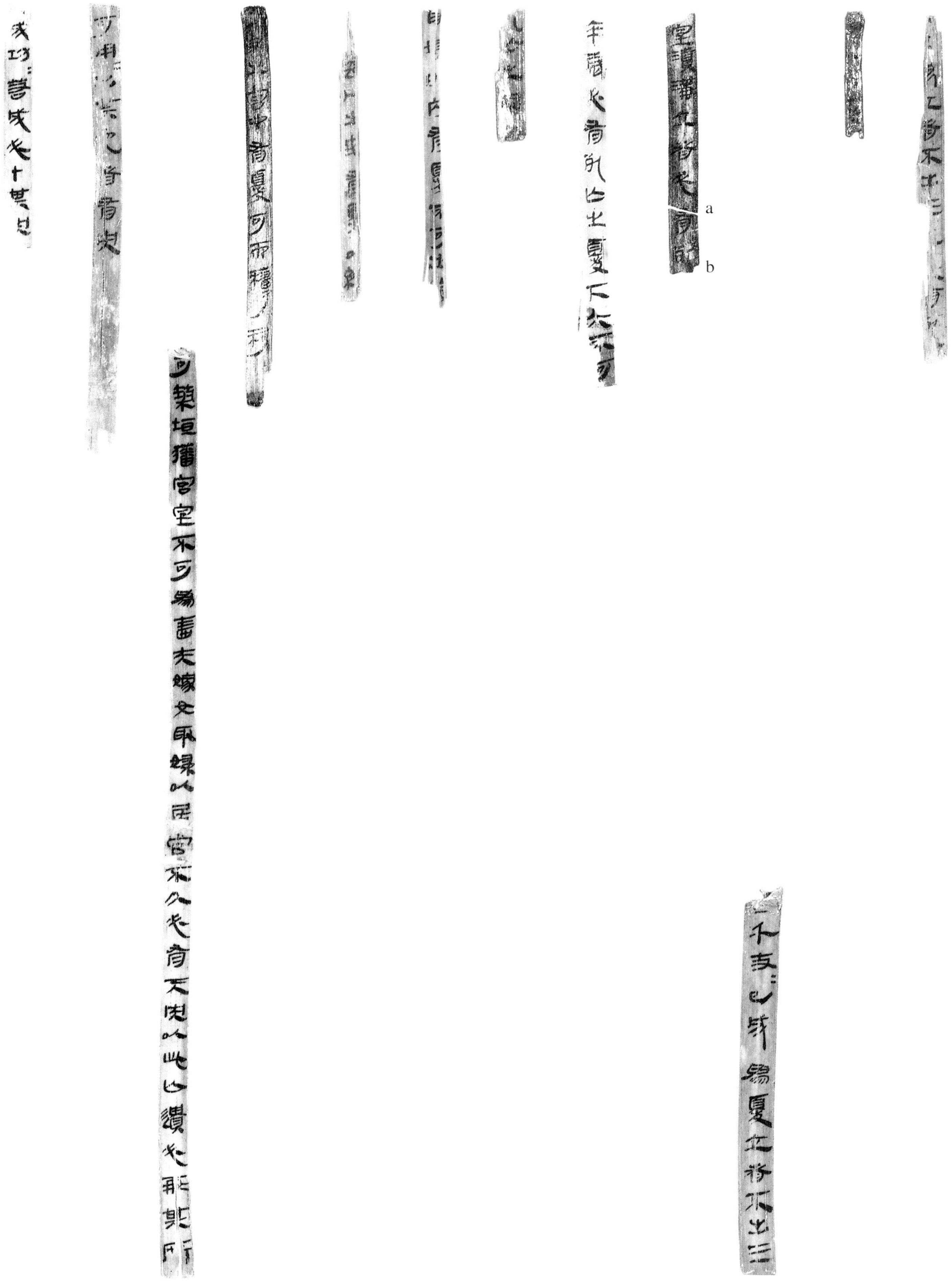

一八五四　一八五五　一八五六　一八五七　一八五八　一八五九　一八六〇　一八六一　一八六二　一八六三　一八六四　一八六五

一八六六　一八六七　一八六八　一八六九　一八七〇　一八七一　一八七二　一八七三　一八七四　一八七五　一八七六　一八七七

一八七八 一八七九

五

【迎四時】

一八八〇 一八八一 一八八二 一八八三 一八八四 一八八五 一八八六

六 【四時令】

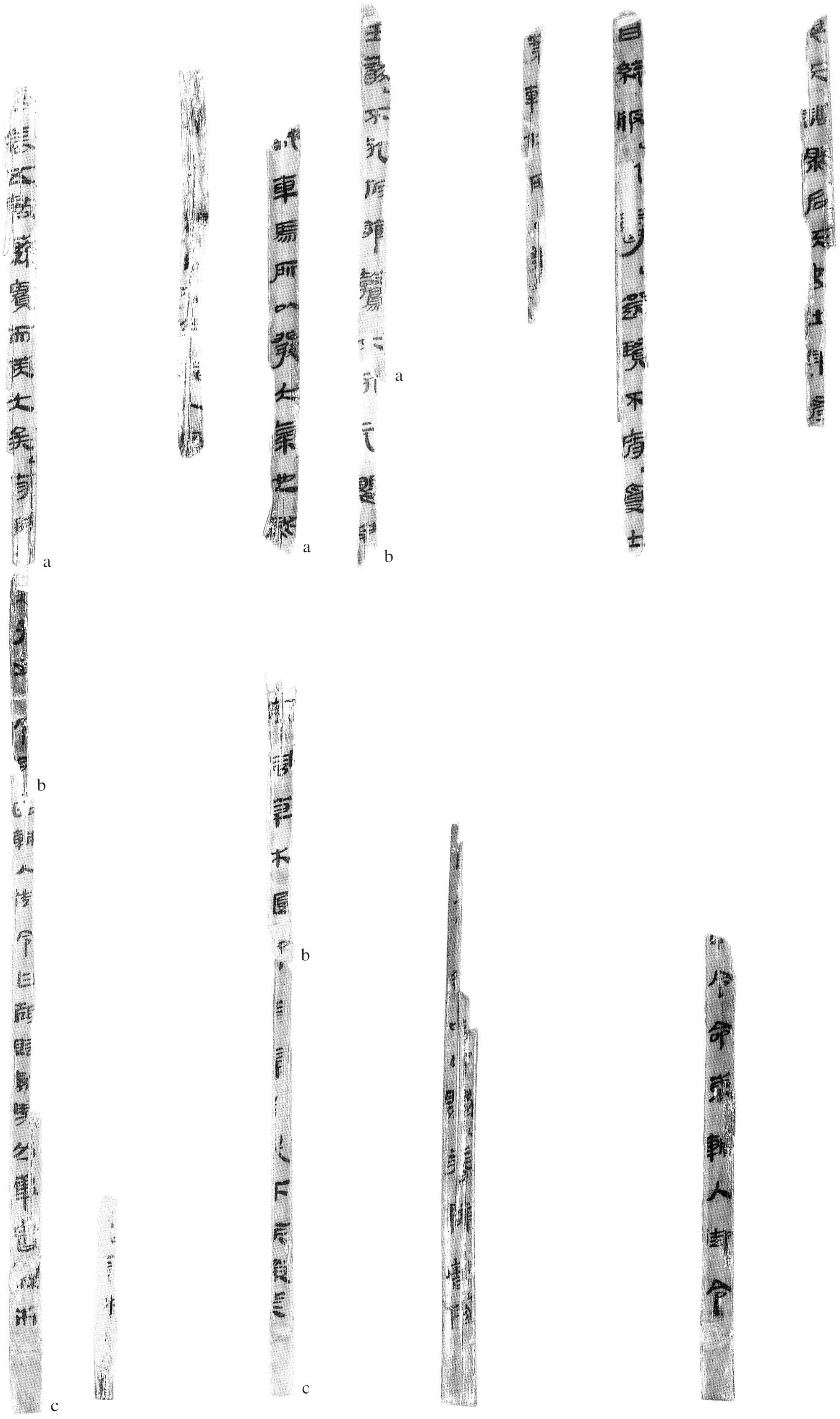

一八八七 一八八八 一八八九 一八九〇 一八九一 一八九二 一八九三 一八九四 一八九五 一八九六

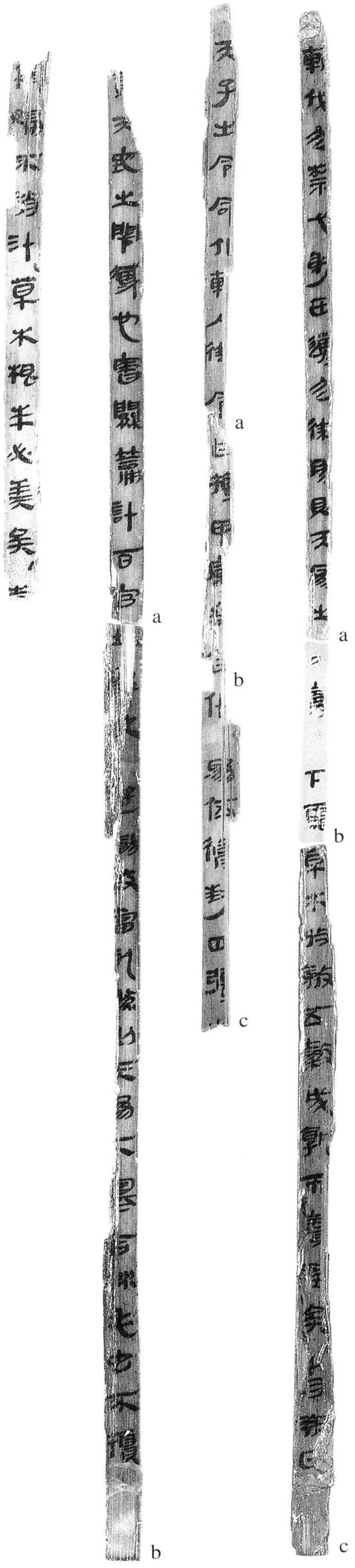

一八九七　一八九八　一八九九　一九〇〇

七【五令】

一九〇一　一九〇二　一九〇三　一九〇四　一九〇五　一九〇六

一九〇七 一九〇八 一九〇九 一九一〇 一九一一 一九一二 一九一三

八

【不時之應】

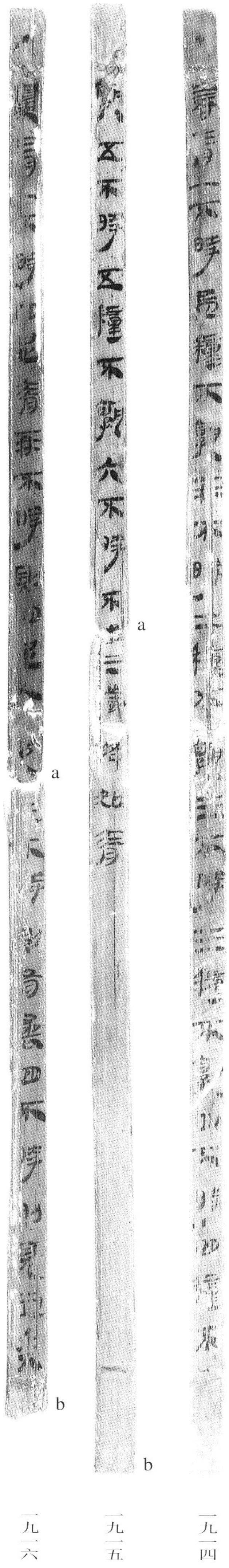

一九一四 一九一五 一九一六

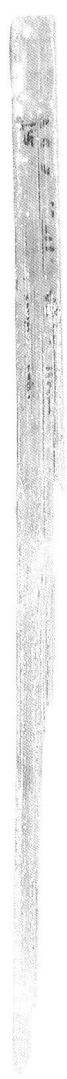

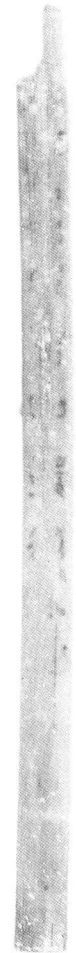

九 【爲政不善之應】

一九一七 一九一八 一九一九 一九二〇 一九二一

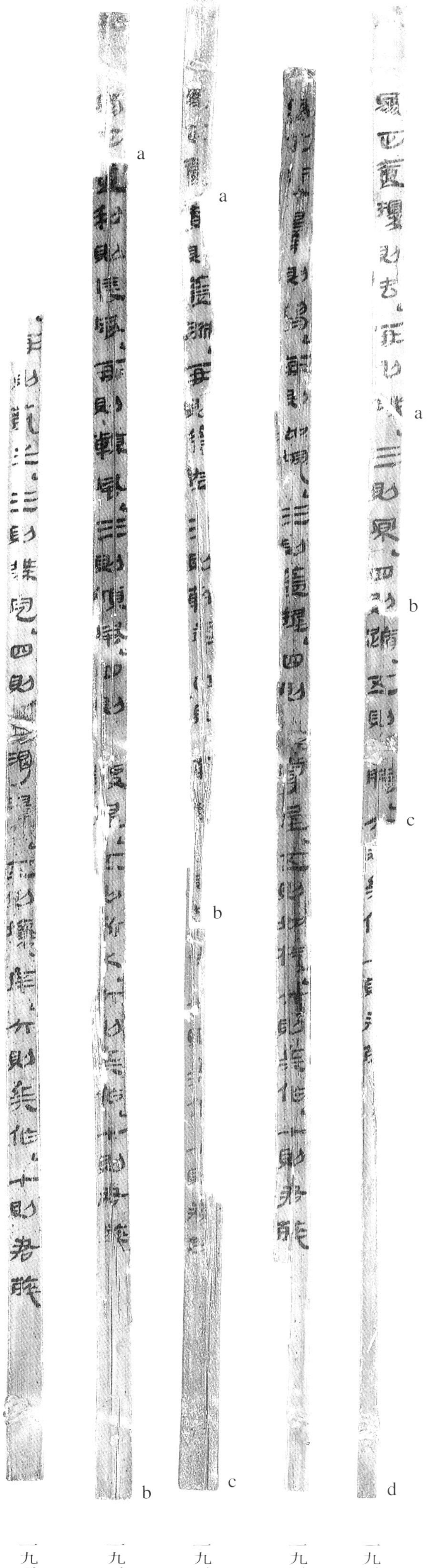

一九二二 一九二三 一九二四 一九二五 一九二六

一九二七 一九二八 一九二九 一九三〇 一九三一 一九三二

一〇 【人君不善之應】

一九三三 一九三四 一九三五 一九三六

一一　天地八風五行客主五音之居

（一）

一九三七　一九三八　一九三九　一九四〇　一九四一　一九四二　一九四三　一九四四

一九四五 一九四六 一九四七 一九四八 一九四九 一九五〇 一九五一 一九五二 一九五三 一九五四 一九五五 一九五六

一九五七 a b　一九五八　一九五九 a b　一九六〇　一九六一　一九六二　一九六三

（二）

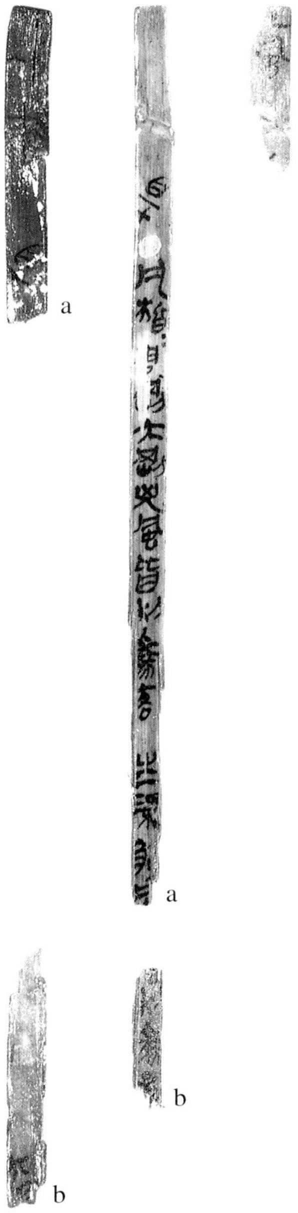

一九六四　一九六五 a b　一九六六 a b

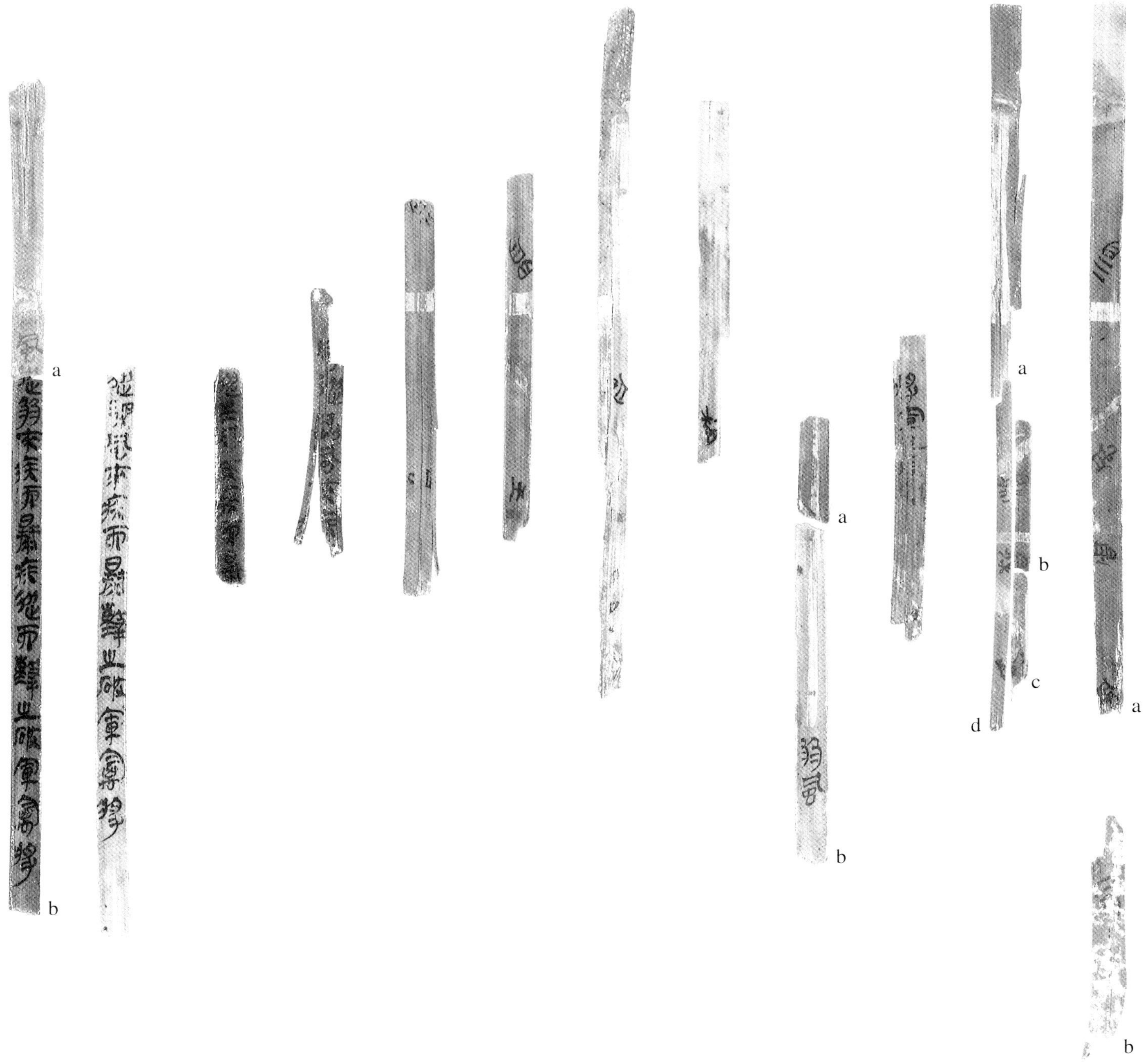

一九六七 一九六八 一九六九 一九七〇 一九七一 一九七二 一九七三 一九七四 一九七五 一九七六 一九七七 一九七八

（三）

一九七九 一九八〇 一九八一

（四）

一九八二 一九八三 一九八四 一九八五 一九八六

一九八七　一九八八　一九八九　一九九〇　一九九一　一九九二　一九九三　一九九四　一九九五　一九九六　一九九七　一九九八

（五）

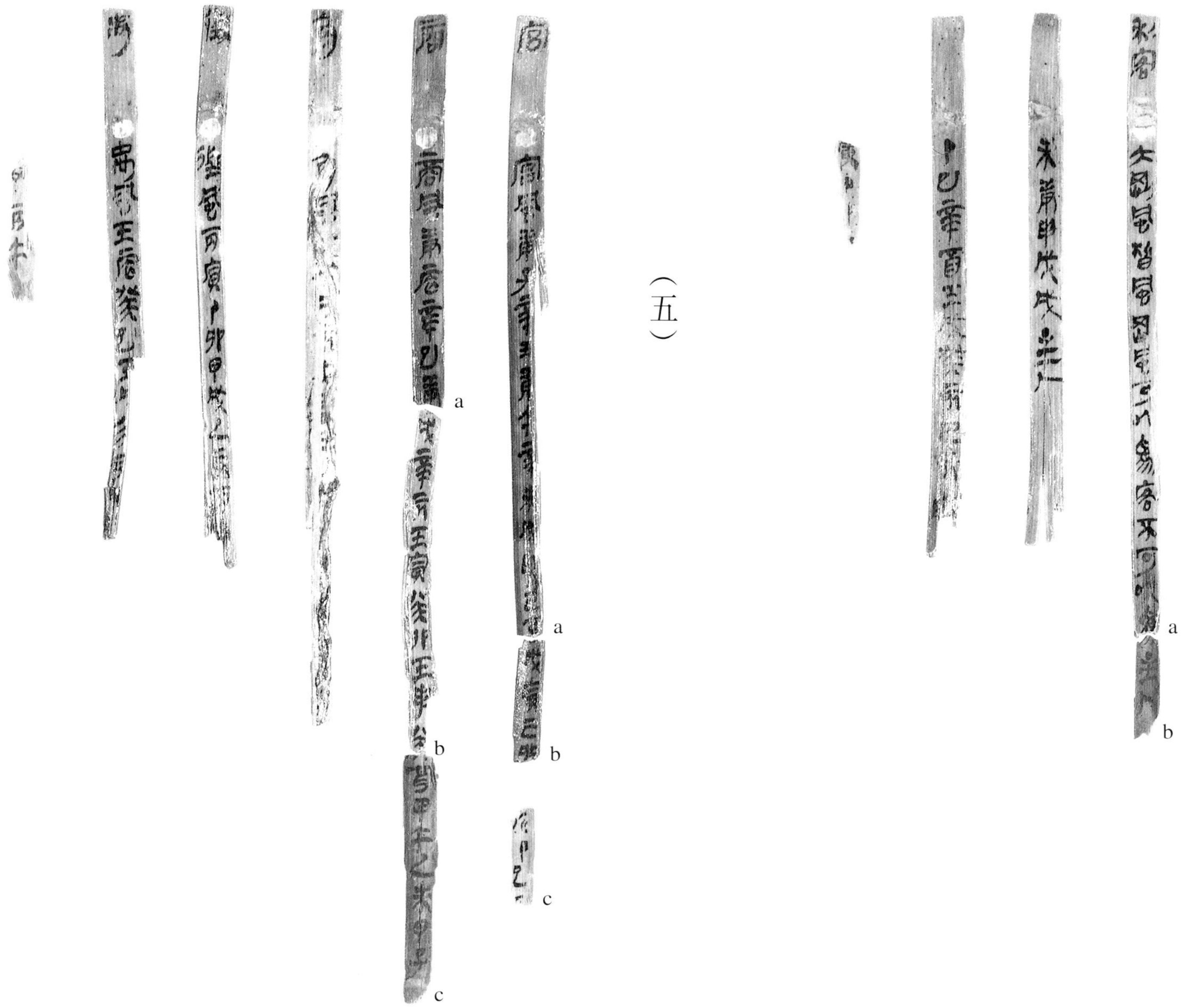

一九九九 二〇〇〇 二〇〇一 二〇〇二 二〇〇三 二〇〇四 二〇〇五 二〇〇六 二〇〇七 二〇〇八

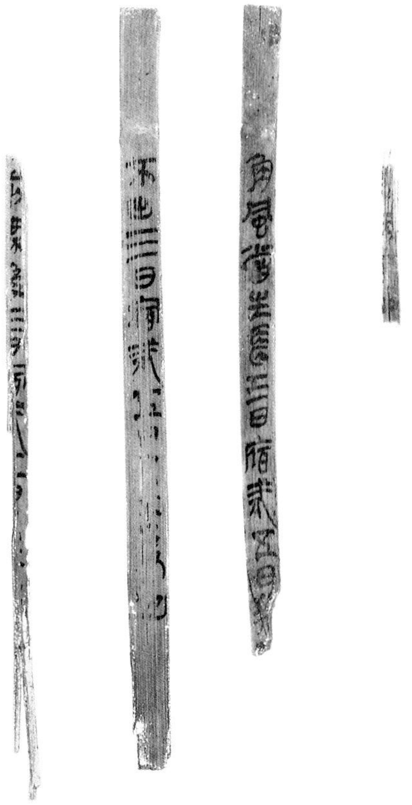

二〇〇九　二〇一〇　二〇一一　二〇一二

（六）

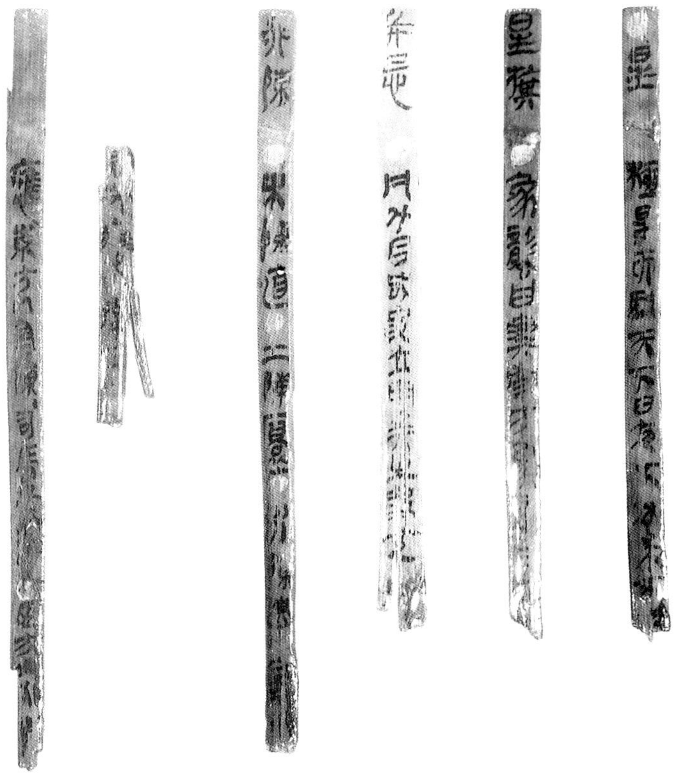

二〇一三　二〇一四　二〇一五　二〇一六　二〇一七　二〇一八

二○一九 二○二○ 二○二一 二○二二 二○二三 二○二四 二○二五 二○二六 二○二七 二○二八 二○二九 二○三○

二〇三一 二〇三二 二〇三三 二〇三四 二〇三五 二〇三六 二〇三七 二〇三八 二〇三九 二〇四〇 二〇四一 二〇四二

一二　【占書】

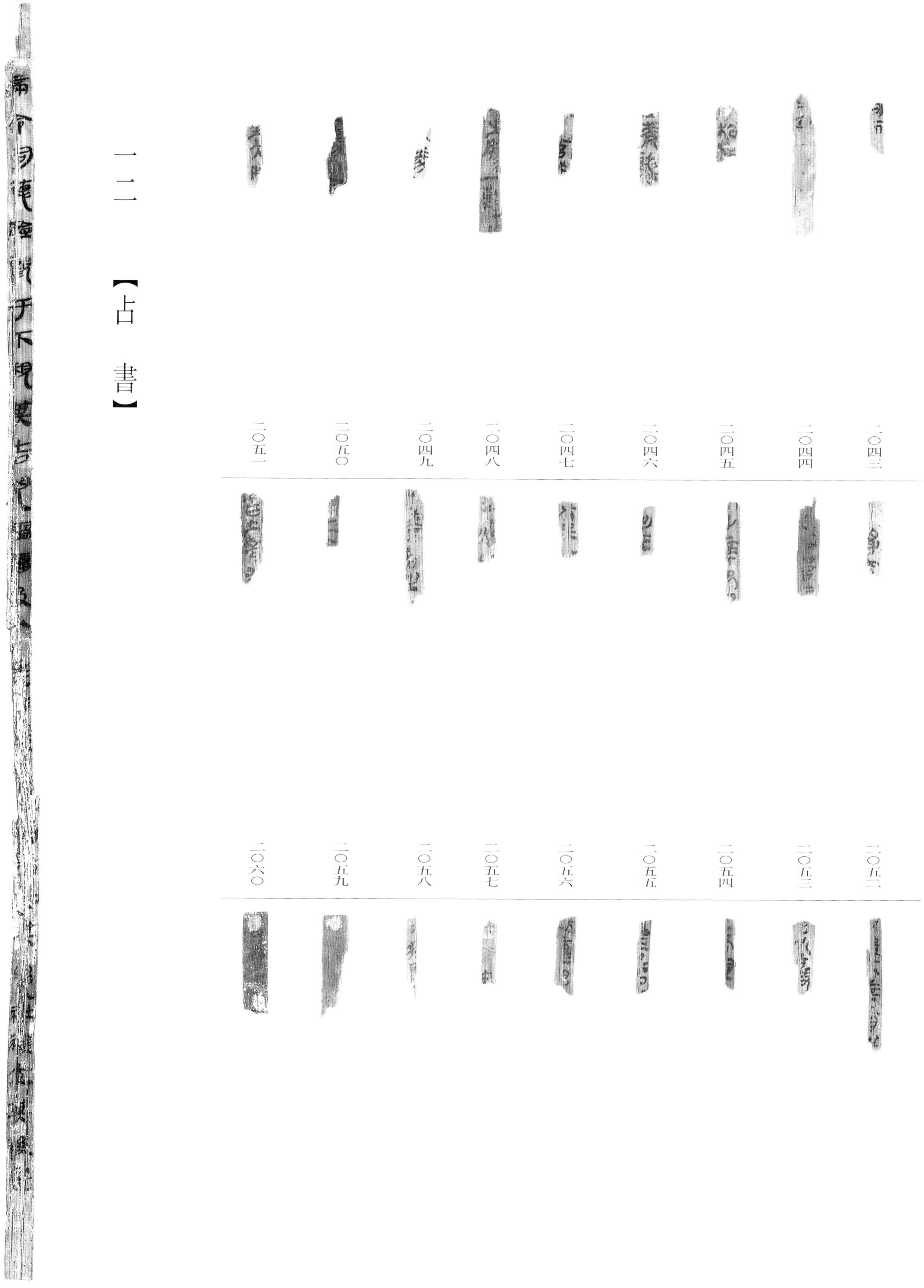

二〇四三　二〇四四　二〇四五　二〇四六　二〇四七　二〇四八　二〇四九　二〇五〇　二〇五一

二〇五二　二〇五三　二〇五四　二〇五五　二〇五六　二〇五七　二〇五八　二〇五九　二〇六〇

二〇六一　二〇六二　二〇六三　二〇六四　二〇六五　二〇六六　二〇六七　二〇六八　二〇六九

二〇七〇

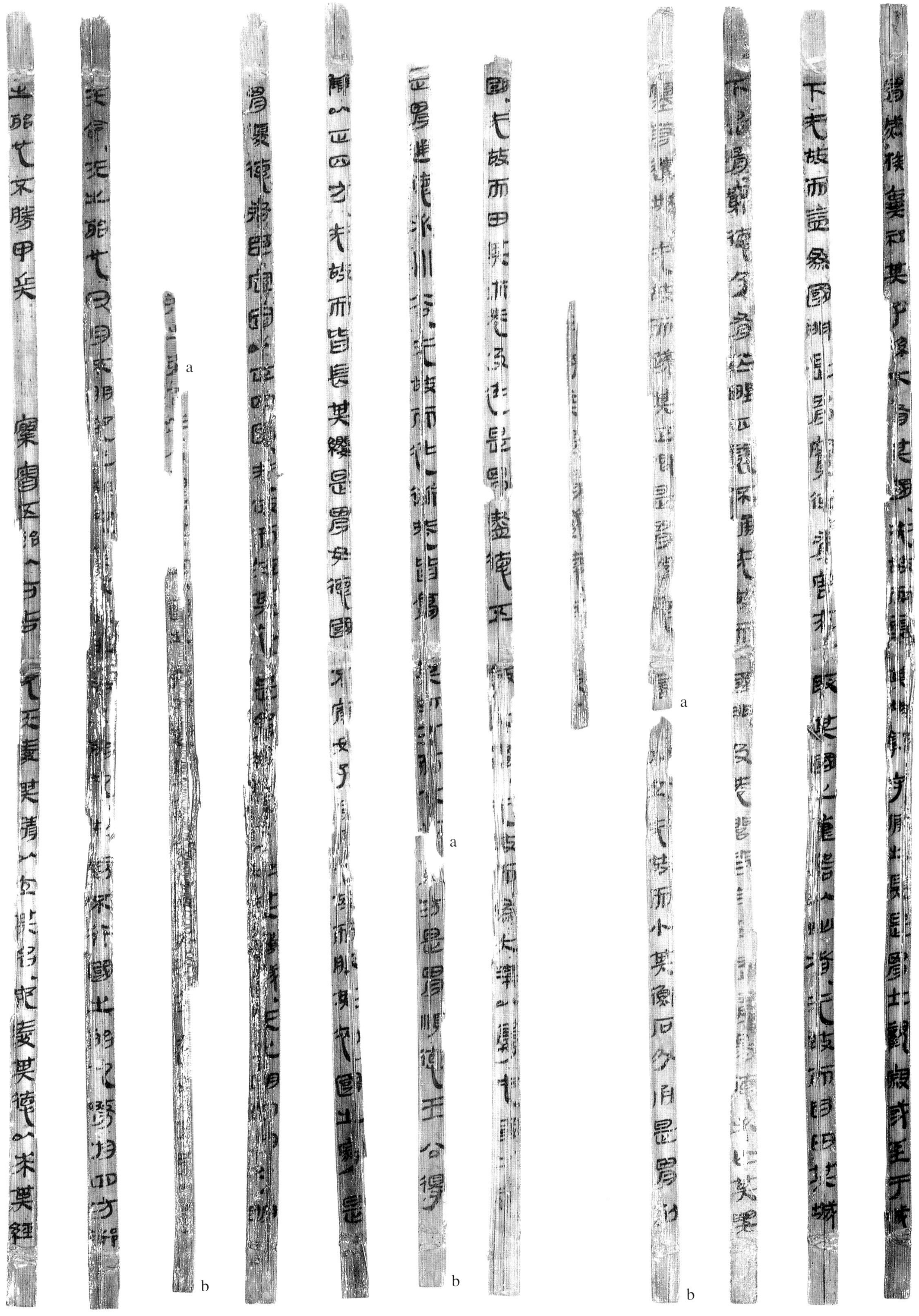

二〇七一　二〇七二　二〇七三　二〇七四　二〇七五　二〇七六　二〇七七　二〇七八　二〇七九　二〇八〇　二〇八一　二〇八二

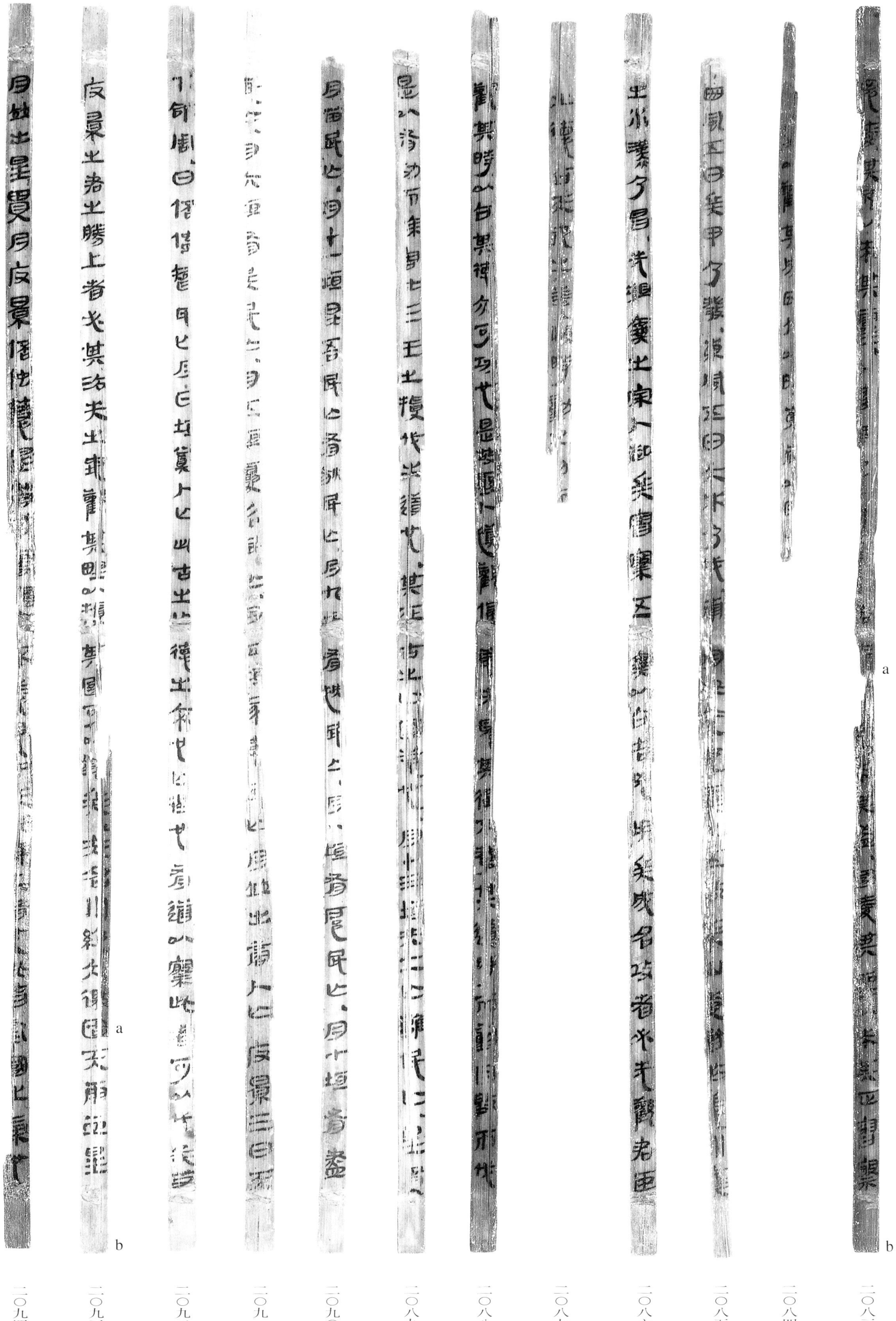

二〇八三 二〇八四 二〇八五 二〇八六 二〇八七 二〇八八 二〇八九 二〇九〇 二〇九一 二〇九二 二〇九三 二〇九四

二〇九五 二〇九六 二〇九七 二〇九八 二〇九九 二一〇〇 二一〇一 二一〇二 二一〇三 二一〇四 二一〇五 二一〇六

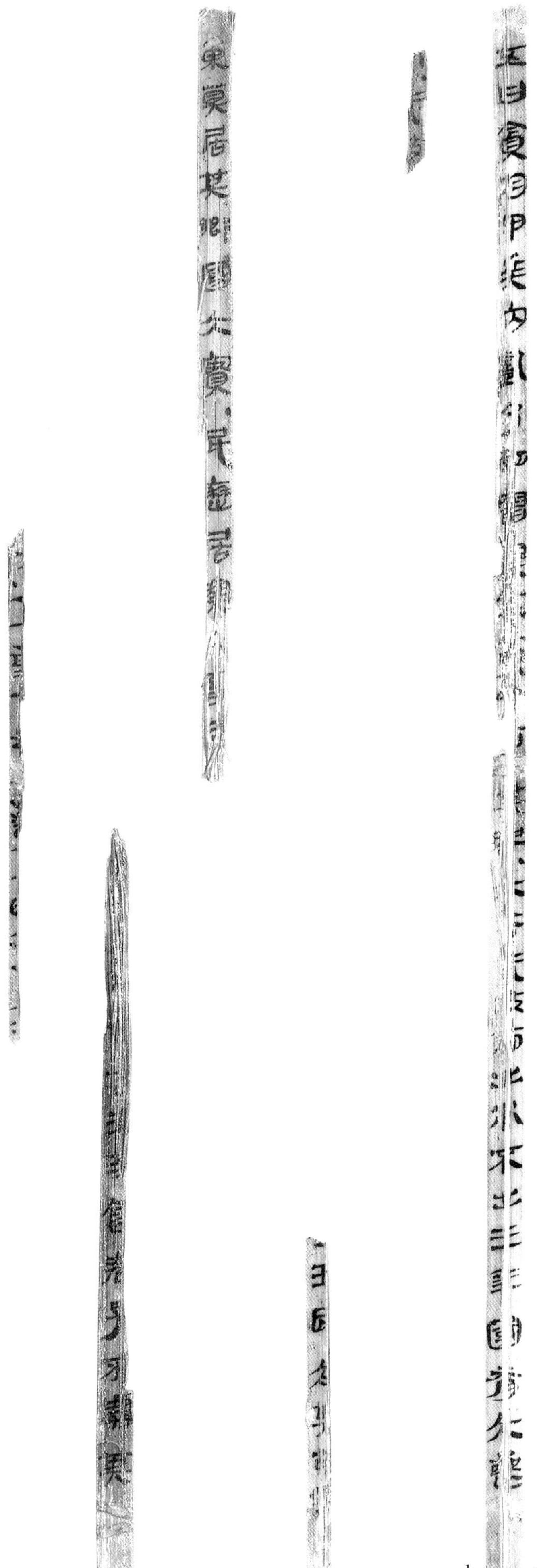

b　a

二〇七　二〇八　二〇九　二一〇　二一一　二一二

叁 其 他

一 唐勒

二一三背 二一三正 二一四 二一五 二一六 二一七 二一八 二一九 二二〇 二二一

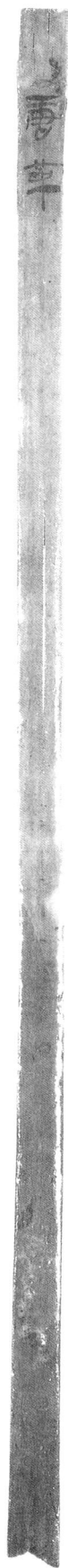

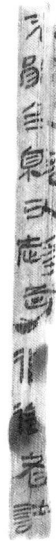

二 【定心固氣】

二一二二 二一二三 二一二四 二一二五 二一二六 二一二七 二一二八 二一二九 二一三〇 二一三一

二三二 二三三 二三四 二三五 二三六 二三七 二三八 二三九 二四〇 二四一 二四二 二四三

三 【相狗方】

二四四 二四五 二四六 二四七 二四八 二四九 二五〇 二五一 二五二 二五三

二五四 二五五 二五六 二五七

四 【作醬法】

二五八 二五九 二六〇 二六一 二六二 二六三

二六四　二六五

二六六　二六七

五　【算書】

二六八　二六九　二七〇　二七一　二七二　二七三

六 選……

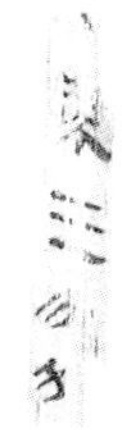
二七四

二七五

二七六

七 許則……

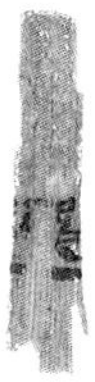
二七七背

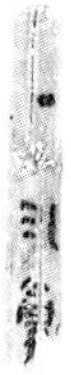
二七七正

二七八背

二七八正

八　清禾

二一七九

九　國□□□

二一八〇

一〇　□忌

二一八一

一一　能……

二一八二

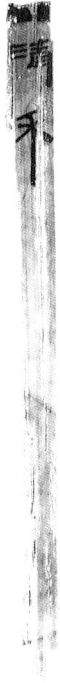

一二 官……

二八三

一三 傳言

二八四

釋文　註釋

壹　論政論兵之類

一 將敗

將敗〔一〕九九一

•將敗：一曰不能而自能。二曰驕。三曰貪於位。四曰貪於財。【五曰□】。六曰輕。七曰遲。九九二八曰寡勇。九曰勇而弱。十曰寡信。十一……十四曰寡決。九九三十五曰緩。十六曰怠。十七曰□。〔二〕十八曰賊。〔三〕十九曰自私。廿曰自亂。多敗者多失。九九四

〔一〕此篇題見於第三輯所收篇題木牘殘片。依秦漢以前古書通例，篇題簡當編在篇末，今姑按後世習慣置於篇首。第一輯所收各篇中，間或亦有此種情況，當時因疏忽未曾加註，謹在此說明。

〔二〕此殘字似是「膊」字。

〔三〕賊，殘暴。

二 【將失】〔一〕

•將失：一曰，失所以往來，〔二〕可敗也。二曰，收亂民而睘（還）用之，止北卒而睘（還）斲（鬬）之，无資而九九五有資，〔三〕可敗也。三曰，是非爭，謀事辯訟，〔四〕可敗也。四曰，令不行，衆不壹，可敗也。五曰，九九六下不服，衆不爲用，可敗也。六曰，民苦其師，可敗也。七曰，師老，〔五〕可敗也。八曰，師懷，〔六〕可九九七敗也。九曰，兵遁，可敗也。十曰，兵□不□，可敗也。十一曰，軍數驚，〔七〕可敗也。十二曰，兵道九九八足陷，衆苦，可敗也。十三曰，軍事險固，衆勞，〔八〕可敗也。十四【曰，□□】□備，可敗也。十五九九九曰，日莫（暮）路遠，衆有至氣，〔九〕可敗也。十六曰，自私自亂，可敗也。十七曰，埤（卑）壘无其資，一〇〇〇衆恐，可敗也。十八曰，令數變，衆偷，〔一〇〕可敗也。十九曰，

軍淮，衆不能其將吏，〔一一〕可敗也。廿曰，一〇〇一多幸，〔一二〕衆怠，可敗也。廿一曰，多疑，衆疑，可敗也。廿二曰，惡聞其過，可敗也。廿三曰，與不一〇〇二能，〔一三〕可敗也。廿四曰，暴路（露）傷志，〔一四〕可敗也。廿五曰，期戰心分，〔一五〕可敗也。廿六曰，恃人之傷一〇〇三氣，〔一六〕可敗也。廿七曰，事傷人，恃伏詐，可敗也。廿八曰，軍輿无□，可敗也。廿九曰，羣一〇〇四下卒衆之心惡，可敗也。卅曰，不能以成陳（陣），出於夾道，〔一七〕可敗也。卅一曰，兵之前行後一〇〇五行之兵，不參齊於陳（陣）前，可敗也。卅二曰，戰而憂前者後虛，憂後者前虛，憂左一〇〇六者右虛，憂右者左虛。戰而有憂，可敗也。〔一八〕一〇〇七。

〔一〕本篇文例、字體與《將敗》篇相同，疑原是一篇。《將失》篇之文字可能緊接在《將敗》篇「多敗者多失」一句之後。

〔二〕意謂調動軍隊盲無目的。

〔三〕以上幾句意謂：收用亂民和敗卒來打仗，本無實力而自以爲有實力。《尉繚子・攻權》「六畜未聚，五穀未收，財用未斂，則雖有資無資矣」。「資」字用法與此相近。

〔四〕意謂在是非問題上爭執，謀劃時辯論不休。《尉繚子・兵教下》「……謀患辯訟，吏究其事，累且敗也」。

〔五〕師老，士卒久征在外。《尉繚子・兵教下》「師老，將貪，爭掠，易敗」。

〔六〕師懷，指士卒有所掛念。

〔七〕「軍數驚」之語亦見《吳子・料敵》「三軍數驚，師徒無助」。

〔八〕事，從事。意謂以修築軍事要塞爲事，使士卒勞苦。

〔九〕至，疑當讀爲「恎」，怨忿。《尉繚子・兵教下》「日暮路遠，還有挫氣……易敗」，語與此近。「至」「坐」形近，疑有一誤。

〔一〇〕偷，苟且，敷衍。

〔一一〕淮，疑當讀爲「乖」，離也，背也。軍乖，謂軍中不和。不能，不相得，謂士卒與將吏關係不好。

〔一二〕多幸，疑指多偷幸之事。

〔一三〕與，親近，交往。不能，無能之輩。一説「與」當讀爲「舉」，謂舉用無能之人。

〔一四〕謂士卒暴露野外，傷其心志。

〔一五〕謂臨戰前軍心涣散。《尉繚子・兵教下》「期戰而蹙，皆心失而傷氣也」。

〔一六〕傷氣，損傷士氣。語亦見註〔一五〕引《尉繚子》文。此句意謂所憑藉的是敵人的鬥志消沉。

〔一七〕夾道，疑當讀爲「狹道」。《吳子・料敵》「險道狹路可擊」。

〔一八〕《孫子・虛實》「故備前則後寡，備後則前寡，備左則右寡，備右則左寡，無所不備則無所不寡」，意與簡文相近。

三　兵之恒失

兵之恒【失】〔一〕一〇〇八

•兵之恒失，正（政）爲民之所不安爲一〇〇九……

•欲以倚（敵）國之民之所不安，正俗所……之兵也。欲以國【兵一〇一〇之所短】，難倚（敵）國兵之所長，秏（耗）兵也。〔二〕欲强多國之所寡，以應倚（敵）國之所多，速詘（屈）一〇一一之兵也。〔三〕備固，不能難倚（敵）之器用，〔四〕陵兵也。〔五〕器用不利，倚（敵）之備固，莝（挫）兵也。兵不一〇一二稱，内罷（疲）之兵也。多費不固□一〇一三……【兵不能】長百功，不能大者也。兵不能昌大功，〔六〕不知會者也。〔七〕兵失民，不知過者一〇一四也。兵用力多功少，不知時者也。兵不能勝大患，不能合民心者也。兵多⿱毋心（悔），信一〇一五疑者也。〔八〕兵不能見禍福於未刑（形），〔九〕不知備者也。兵見善而怠，時至而疑，去非而一〇一六處邪，是是而弗能居，不能斷者也。〔一〇〕一〇一七……使天下利其勝者也。一〇一八

★　★　★　★　★

……□兵不能一〇一九……

……□者也，善陳（陣），知倍（背）鄉（嚮），〔一一〕知地刑（形），一〇二〇而兵數困，不明於國勝兵勝者也。民不志，衆易敝一〇二一……

……司利，兵之勝理不見，倚（敵）難服，兵尚淫天地一〇二二……

〔一〕此簡殘存「之恒」二字，與一〇〇九號簡對照，可知「之」字上乃「兵」字殘畫，並可補出「失」字。此殘簡各字之間距較一般爲大，與前《將敗》篇標題相似，當即本篇標題簡之殘片。此篇題見於第三輯所收篇題木牘殘片。

〔二〕秏，虚弱，衰竭。

〔三〕屈，此處疑當訓爲「盡」。

〔四〕意謂防禦堅固，但不能對付敵人進攻的器械。或疑此句「備」下脱「不」字。

〔五〕陵兵，疑謂受欺陵之兵。《尉繚子・攻權》有「疾陵之兵」。

〔六〕《周書・王佩》「昌大在自克。」「昌大」當即「昌大功」之意。本篇文字多與《王佩》篇相近，詳下。

〔七〕會，時機。

〔八〕自「兵失民，不知過者也」以下一段，文義與下引《周書·王佩》相近：「安民在知過，用兵在知時，勝大患在合人心，殃毒（此二字有誤，據簡文，似當作「多悔」）在信疑。」《尉繚子·十二陵》篇，文句多與《王佩》相近，篇中有「悔在於任疑」語。

〔九〕《周書·王佩》「見禍在未形」。

〔一〇〕《周書·王佩》「見善而怠，時至而疑，亡正處邪，是弗能居，此得失之方也，不可不察」。簡文「是是而弗能居」，意謂認識到什么是正確的，但就是不能按照正確的去做。《周書》「是弗能居」當亦此意，「是」字下可能脱一重文。

〔一一〕背嚮，指行軍布陣時的所向或所背。《尉繚子·天官》「世之所謂刑德者，天官、時日、陰陽、向背者也……故按刑德天官之陳曰，背水陳者爲絶地，向阪陳者爲廢軍」。（據《羣書治要》卷三十七引，今本文字有異。）《淮南子·兵略》「明於星辰日月之運，刑德奇賅之數，背嚮左右之便，此戰之助也」。《韓非子·飾邪》「初時者，魏數年東嚮攻盡陶、衛，數年西嚮以失其國。此非豐隆、五行、太一、王相、攝提、六神、五括、天河、殷槍、歲星非（此字疑衍）數年在西也，又非天缺、弧逆、刑星、熒惑、奎台非（此字疑衍）數年在東也。故曰……左右背嚮不足以專戰」。

四　王　道

王道〔一〕一〇二三

王道有五：一曰能知爲君爲國之致。二曰能以國家□【□□□□】一〇二四國之君親，遠方之君至。三曰能神化。四曰能除天下之共憂。五一〇二五曰能持尚功用賢之成功。一〇二六

〔一〕此篇題見於第三輯所收篇題木牘殘片。

五　五　議

五議〔一〕一〇二七

六　效賢

效賢〔一〕一〇四二

•有國之五議：一曰：百言有本，千言有要，萬言有總。〔二〕能總言，能知言之所至者也。一〇二八能知言之所至，能爲有天下有國者定治之高庫（卑）。不能知言之所至，【不能爲有一〇二九天】下有國者定治之高庫（卑）。有國之一議也。一〇三〇

【•二曰：□□□□□能知知之所】至者也。能知知之所至，〔三〕能爲有天下有國者定可與一〇三一不可。不能知知之所至，不能爲有天下有國者定可與不可。有【國之二議也】。一〇三二

•三曰：言用行行而天下安樂，能極得也。能極得，萬民親之，天【地□□，鬼神□】一〇三三助。〔四〕不能極得，萬民弗親，天地弗與，鬼神弗助。有國之三議也。一〇三四

•四曰：天不言，萬民走其時。地不言，萬民走其財。能知此，知治之所至【者也。能知治】一〇三五之所至，能不以國亂，能不以國危。不能知治之所至，不能不以國亂，不能不以國一〇三六危。有國之四議也。一〇三七

【•五曰】……【能知極不可亂】之治也。能知極不可亂【之治，能不以國惑】，一〇三八能不以國怠。不能知極不可亂之治，不能不以國惑，不能不以國怠。有國之五一〇三九議也。五議，有國之所以觀一〇四〇……

★　★　★　★　★　★

……□也。此有國者之所以觀一〇四一……

〔一〕此篇題見於第三輯所收篇題木牘殘片。

〔二〕長沙馬王堆三號漢墓出土帛書《十六經·成法》亦有「夫百言有本，千言有要，萬【言】有總」之語。簡文「總」字原作「綂」，「忈」即「恖」之古體。

〔三〕第二個「知」字疑讀爲「智」。

〔四〕據下文「天地弗與，鬼神弗助」之語，以上兩句似可補足爲「天【地與之，鬼神相】助」。但「天【地】」下二字有可能本作「□與」，「助」上一字也不能確定必爲「相」字，所以釋文中未補出。

……國賢之二效也。一〇四三

〔一〕此篇題見於第三輯所收篇題木牘殘片。在銀雀山一號漢墓出土的竹簡中，我們只理出了與此篇題相應的殘簡一片，其他簡文可能爲我們所漏收，也可能已在出土時佚失。以後各篇有同類情況者，不再加註。

七　爲國之過

爲國之過〔一〕一〇四四

【·一】，爲國之過：欲下之尚（上）合，民之尚（上）親也，而法令不行，其下易得而進〔二〕也，易得【而退】一〇四五也，其民易得而利，易得而害也。故其下无道尚（上）合，〔三〕民无道尚（上）親。〔四〕一〇四六

·二，爲國之過：欲士之用，民之固也，而國利所在失宜。故其士无以□一〇四七……

【·三，爲國之過】：欲民之易牧也，不定國風，〔五〕而欲徒以名數、闌（連）伍、刑罰牧之。故其民一〇四八……數，豚（遯）伍，行姦，避事一〇四九……

·四，爲國之過：欲民之和勸，不可與慮它也，而民无恃上之心，不固而輕變。故其民一〇五〇易動，可與慮它。一〇五一

·五，爲國之過：欲士卒之輯陸（睦）□□也，而其勞佚人也不等等進一〇五二……不如无辯，賞罰不信，功不貴，勞不利。故其士卒以遠適（敵）去危避勞爲故，〔六〕其吏便以爲一〇五三重利。一〇五四

·六，爲國之過：欲國之富，有大事可以持久也，而以厚使。〔七〕厚使則民相隔。民相隔也，則所有一〇五五□物見者病，〔八〕匿者利。所有〔九〕□物見者病，匿者利，則損於田疇，損於畜長，損於樹蓺（藝），損於蓄積，損於器一〇五六□。五者曲損，〔一〇〕則國貧，有大事不可以持久，其吏便以爲重利。一〇五七

·七，爲國之過：欲吏之毋穫民利也，而其所以使民之埶（勢）易姦也，不可以應大事，一〇五八有大事必偎（畏），其吏便以爲重利。一〇五九

·八，爲國之過：欲其吏大夫之毋進退禁令以相爲，毆（驅）以爲重利也，而无以審其吏治之一〇六〇失。故其吏大夫多進退

禁【令以】相爲，毆（驅）以爲重利。一〇六一

•九，爲國之過：欲吏之廉忠毋【□】官也，欲民之毋行姦要利也，而无以論其吏大夫之士非一〇六二士。故其吏大夫多不矜（矜）節，民多姦。一〇六三

•十，爲國之過：欲下之盡知（智）渴（竭）能也，而无數以知合與不合，中與不中。故其下无道一〇六四爲上盡知（智）渴（竭）能。一〇六五

【•十】一，爲國之過：欲國之治强也，而其所貴非君之所以尊也，其所富非國之所以富一〇六六也，故其國亂弱。一〇六七

•十二，爲國之過：欲國德之及遠也，而驕其士曰：士非我无道貴富。其士驕其君曰：國一〇六八非士无道安强。其君至於失國而不牾（悟），其士至於飢寒而不進。上下不合，國德无〔一一〕一〇六九……

•十三，爲國之過：其所欲與其端計相趍（詭）也。〔一二〕何以言之？以城量財物以易其國，端計一〇七〇无予者，而人君之所以㑴（侵）民者之爲財物也不央，如以城量之，而人君以忘（亡）其國，故其一〇七一……

•十四，爲國之過：欲有國之長久也，而不務其所以取尊安於民。萬民之有君而共一〇七二尊之安之也，求得治焉也。夫君萬民而以狠畜之，故其一〇七三……

•十五，爲國之過：欲有國之長久也，而行速失之道。其所以然，務過也。何謂務過？聖一〇七四王明君之爲國也，務不可奪。夫不可奪，故人莫之務取。失國者之爲國也，不務一〇七五不可奪，而務察奪，不一〇七六……□守戰。何謂不可奪。聖王明君之爲國也，下尚（上）合，民尚（上）一〇七七親，孰能取之。一〇七八

〔一〕此篇題見於第三輯所收篇題木牘殘片。

〔二〕簡文此字殘存左半「辵」旁，據文義定爲「進」字。

〔三〕道，由也。

〔四〕本篇共十五段，每段之首均有數字標明順序。唯第一、第三兩段首簡上端折損，數字殘去。本段結語「下无道尚合，民无道尚親」，與篇尾第十五段結語「下尚合，民尚親，孰能取之」似相呼應，故暫定本段爲第一段，「欲民之易牧也」一段爲第三段。今據此在一〇四五號簡「爲」上補「一」字，在一〇四八號簡「欲民」上補「三爲國之過」五字。

〔五〕風，風化、教化。

〔六〕《呂氏春秋·行論》，「不得以怪志爲故」，高誘註：「故，事也。」

〔七〕厚，重；使，役使。

〔八〕「物」上一殘文疑是「之」字，其下當有重文號。

〔九〕「所有」以下十字均有重文號，此處「所有」二字相當於前一簡簡尾「所有」二字之重文。

〔一〇〕曲，皆也。

〔一一〕此段文字與下引《新序·雜事二》所記孫叔敖語大致相同：「孫叔敖曰：『國君驕士曰：士非我無逌貴富。士驕君曰：國非士無逌安强。人君或至失國而不悟，士或至飢寒而不進。君臣不合，國是無逌定矣……』」。一〇六九號簡後所缺一簡之文字，疑是「道及遠」或「以及遠」三字。

〔一二〕端計，始計，本來的打算。⿺走危，跪之異體，見《集韵》，在此讀爲詭，違反。《韓非子·詭使》「是故天下之所欲，常與上之所爲治相詭也」。

八　務過〔一〕

務過一〇七九

有國之務過。一曰：不知城之不可以守地。一〇八〇

二曰：不知治之不可爲萬民先者。〔二〕一〇八一

三曰：不知民之不可以應堅⿰亻啇（敵）。〔二〕一〇八二

〔一〕銀雀山一號漢墓出土竹簡中，有《務過》、《有國務過》二標題簡，「務過」字體較「有國務過」爲大，與本篇所録簡文字體相近，故定《務過》爲本篇之篇題。《務過》即取篇首「有國之務過」之「務過」二字爲篇名，與《觀庫》取篇首「有國之觀庫」之「觀庫」二字爲篇名同例。此篇題見於第三輯所收篇題木牘殘片。

〔二〕此下可能尚有缺簡。

九 觀庫

觀庫〔一〕一〇八三

有國之觀庫（卑）：一也，不見亡地。二也，不見亡理。三也，不見將亡之一〇八四國。四也，不見忘民之國。五也，不見【□□。六也】，不見危國。七也，一〇八五不見亡國。八也，不見失俗之一〇八六……

有國之觀庫（卑）：一也，不見自忘忘國之理。一〇八七

二曰不見自危危國之理。〔二〕一〇八八

〔一〕以下所録兩段簡文，皆以「有國之觀庫」開始，其字體亦相似，當屬一篇。兩段文字的前後次序不能確知，目前的排列順序不一定正確。此篇題見於第三輯所收篇題木牘殘片。

〔二〕此下可能尚有缺簡。

一〇 持盈……〔一〕

持盈一〇八九……

……□〔二〕務持盈。不務持盈，僑司利兵不一〇九〇……

〔一〕本篇篇題簡殘存「持盈」二字，第三輯所收篇題木牘殘片有「持盈□……」一題，當即此篇篇名。

〔二〕此字殘損，疑是「必」字。

一一　分士

分士〔一〕一〇九一

•湯問伊尹曰：「欲分士而一〇九二……

……分士而不一〇九三……

……何以也？」伊尹曰：「志小論臣庳（卑）者也。」湯曰：「其爲國一〇九四……

……以也？」伊尹曰：「不一〇九五……

……伊尹曰一〇九六……

〔一〕此篇名見於第三輯所收篇題木牘殘片。以下所録簡文似皆屬於此篇。本輯壹•三六（四）所收各簡亦有湯與伊尹的問答之辭，但本篇所收各簡伊尹之名皆書作「伊〃」，三六（四）所收各簡則書作「伊尹」，不用合文，二者應非一篇。

一二　三亂三危〔一〕

三〔二〕一〇九七……

……國之三亂一〇九八也。國有三亂之實，而本朝以爲治，大亂也。國利所一〇九九……

……恃上之心不固而一一〇〇輕變，國之三危也。國有三危之實，而本朝一一〇一……

★　★　★　★　★　★

……亂，三亂之實一一〇二……

……三危之實一一〇三……

……有大亂大危之實，而小見其一一〇四……

〔一〕 第三輯所收篇題木牘有《三亂》、《三危》二題相次。以下所録各簡，一〇九八號及一〇九九號二簡文字相連，均有「三亂」之語，當屬《三亂》篇。一一〇〇號及一一〇一號二簡文字相連，一一〇一號簡有「三危」之語，當屬《三危》篇。一一〇二、一一〇三、一一〇四號三簡，從内容看，似亦當係於《三亂》篇或《三危》篇中。但其字體與以上四簡略異，特别是「之」字寫法顯然有别，也有可能爲《三亂》《三危》之外另一篇的殘簡。今暫將此七簡合爲一組。

〔二〕 此篇題簡殘存一「三」字，當是《三亂》或《三危》篇篇題的殘段。

一三　地典

地典〔一〕一一〇五背……

黄【帝】一一〇五正……

……□夫東西爲紀，南北爲經，〔二〕□一一〇六……

……敗，高生爲德，下死爲刑，〔三〕四兩順生，此胃（謂）黄帝之勝經。〔四〕•黄帝召地典而問焉，曰：「吾將興師用兵，亂其紀一一〇七剛（綱），請問其方。」〔五〕地典對曰：「天有寒暑，地有兑（鋭）方。天……天有十一〇八二時，地有六高六下。上帝以戰勝一一〇九……

……十二者相勝有時。一曰□一一一〇……【四】曰林勝城，五曰城勝𦿔，〔六〕六曰𦿔【勝□】，七曰□勝□，八……【十曰】□勝奚（溪），〔七〕十一曰奚（溪）一一一一勝溝。此十二者，地之貧也。凡高之屬，无時，左之勝，下之屬，无時一一一二……

……倍（背）之勝。雖（唯）六月不可逆水南鄉（嚮），二月不可逆奚（溪）南鄉（嚮），上帝之禁，下□一一一三……

……皆下，左右高，左右下，前後高，前後下，左右□一一一四……

……得高之利得下之害戰必勝，得高之害得下之利戰【必敗】一一一五……

……戰，得其丞下。倍（背）丘而戰，將取尉旅。左丘而戰，得適（敵）司馬。〔八〕倍（背）陵而戰，得其士主。左陵而戰，適（敵）君分走。〔九〕一一一六倍（背）邑而戰，得其旅主。左邑火陳（陣），適（敵）人奔走。右水而戰，氏（是）胃

（謂）順□，大將氏（是）取。〔一〇〕一一一七……

……其忌。」地典對曰：「丘上莫生，其名爲禿丘一一一八……

……死山陵丘林，其名爲□地□一一一九……

……有水其名曰□〔一一〕一一二〇……

……棄去而居之死。水而不留（流），其名爲樿，其骨獨，居之死。此胃（謂）大（太）陽者死，大（太）陰者【死】〔一二〕一一二一……

……□之而居之死一一二二……

……山林賁草澤，氏（是）胃（謂）一一二三……

……道，此之胃（謂）一一二四……

……者爲陰地一一二五……

……者爲陽，秋冬爲陰，□一一二六……

……爲陰一一二七……

……中有陽〔一三〕一一二八……

……爲生，然而大（太）陽者死，大（太）陰者死一一二九……

……□蓬，毋居宿死，毋一一三〇居箇魚，〔一四〕毋居□一一三一……

……箇（涸）澤，毋一一三二……

……不可食，毄（擊）之必剋，賁一一三三……

……□□〔一五〕軍法令，毋登丘而謼（呼），毋遂一一三四……

……地□毋一一三五……

……黄帝曰：「大乎□一一三六……

……黄帝曰：「吾已一一三七……

……□北。地典曰：「上帝審此，以戰必剋，以攻必取一一三八……

……自降北，吾不頓（鈍）一兵，不殺一人，而破軍殺將。如此一一三九……

……加之，四方皆服。一一四〇

〔一〕此爲簡背標題，「典」字殘存上端，據篇内其他「典」字釋。本篇爲黄帝與地典關於用兵的問答。《論語摘輔象》以地典爲黄帝七輔之一。《羣書治要》卷十一録《史記・五帝本紀》，其註文引《帝王世紀》，謂黄帝「俯仰天地，置衆官，故以風后配上台，天老配中台，五聖配下台，謂之三公。其餘地典、力牧、常先、大鴻等，或以爲師，或以爲將，分掌四方……」。《漢書・藝文志》有《地典》，列於兵陰陽家。本篇言兵，論及「陰陽」、「刑德」，當即此書無疑。但據《藝文志》，其書共六篇，簡本《地典》已殘缺，殘簡數量不多，疑原本不足六篇之數，並非全帙。又本篇内容幾乎全與地形有關，疑地典乃黄帝輔佐中之主地者，其命名與職掌有關。

〔二〕《大戴禮記・易本命》：「凡地東西爲緯，南北爲經，山爲積德，川爲積刑，高者爲生，下者爲死。」（《淮南子・地形》略同）

〔三〕看上註。

〔四〕以上三句，「刑」、「生」、「經」爲韻。

〔五〕以上三句，「兵」、「剛」、「方」爲韻。

〔六〕此字所從之「辝」疑是「辝」之異體。此字之義不詳。

〔七〕「系」似應爲「系」之異體，「系」、「奚」音近。銀雀山竹簡「鷄」字亦從「系」。

〔八〕以上三句，「下」、「旅」、「馬」爲韻。

〔九〕「分走」疑當讀爲「奔走」。一説「君」本當作「軍」，音近而訛。

〔一〇〕以上五句，「主」、「走」、「主」、「走」、「取」爲韻。

〔一一〕此字殘存右半「萑」旁。

〔一二〕「死」字據一一二九號簡補。本輯所收《曹氏陰陽》有「純陰不生，屯陽不長」之語，與此二句意近。

〔一三〕《曹氏陰陽》「秋冬，陰也。春夏，陽也。夫陰之中有陽，陽之中亦有【陰也】」。文字與以上二殘簡相近。

〔一四〕「箇魚」疑當讀爲「涸鹵」。

〔一五〕以上二殘文疑是「以論」二字。

一四 客主人分

客主人分〔一〕一一四一背

•兵有客之分，有主人之分。客之分衆，主人之分少。客負（倍）主人半，然可啇（敵）也。〔二〕負一一四一正……定者也。〔三〕客者，後定者也。主人安地抚埶（勢）以胥。夫客犯益（隘）逾險而至，夫犯益（隘）【逾險而】至，則衆者可使一一四二【寡】，飽者可使飢，失（佚）者可使勞，三軍之士可使畢〔四〕失其志，則勝可得而據也。是以安（按）左抶右，〔五〕右敗而一一四三左弗能救。安（按）右抶左，左敗而右弗能救。是以兵坐而不起，辟（避）而不用，近者少而不足用，遠者疏而不能一一四四……退敢（甘？）物（刎）頸，進不敢距（拒）啇（敵），其故何也？埶（勢）不便，地不利也。〔六〕埶（勢）便地利則民自進，埶（勢）不便一一四五【地不利則民】自退。所胃（謂）善戰者，便埶（勢）利地者也。帶甲數十萬，民有餘糧弗得食也，有餘一一四六……居兵多而用兵少也，居者有餘而用者不足。帶甲數十萬，千千而出，千千而斷之〔七〕□一一四七……萬萬以遺我。所胃（謂）善戰者，善翦斷之，如□會挩者也。能分人之兵，能安（按）人之兵，則錙【銖】而有余〔八〕一一四八不能分人之兵，不能案（按）人之兵，則數負（倍）而不足。〔九〕衆者勝乎？則投筭（算）而戰耳。〔一〇〕富者勝乎？則量粟而戰一一四九耳。〔一一〕兵利甲堅者勝乎？則勝易知矣。故富未居安也，貧未居危也，衆未居勝也，少【未居敗也】。一一五〇以決勝敗安危者，道也。適（敵）人衆，能使之分離而不相救也，受適（敵）者不得相……一一五一以爲固，〔一二〕甲堅兵利不得以爲強，士有勇力不得以衛其將，則勝有道矣。〔一三〕故明主、智（知）道之將必先□一一五二可有功於未戰之前，〔一四〕故不失可有之功於已戱之後，故兵出而有功，入而不傷，則明於兵者也。 •五百一十四一一五三

★ ★ ★ ★ ★ ★

……焉。爲人客則先人作□〔一五〕一一五四……

〔一〕 客指在戰爭中攻入他人境内的一方，主人指在自己土地上防守的一方。參看本輯壹・四六《十問》註〔四〕。分，份量，比例。

〔二〕 《漢書・陳湯傳》「又兵法曰：客倍而主人半，然後敵」。

〔三〕上文殘缺，此句原文疑作「主人者，先定者也」。

〔四〕此「畢」字與一般寫法不同，馬王堆帛書「畢宿」之「畢」字正如此作，故釋爲「畢」。

〔五〕抶，擊也。按左抶右，意謂牽制敵人之左翼，而攻擊其右翼。

〔六〕賈誼《過秦論》：「且天下嘗同心並力而攻秦矣……然困於阻險而不能進。秦乃延入戰而爲之開關，百萬之徒逃北而遂壞，豈勇力智慧不足哉？形不利，勢不便也。」（《史記・秦始皇本紀贊》引）形，指地形，「形不利，勢不便」與簡文「勢不便、地不利」意同。

〔七〕此句「斷」字右旁殘，據下文「所謂善戰者，善翦斷之」句定爲「斷」字。

〔八〕《淮南子・兵略》「故能分人之兵，疑人之心，則錙銖有餘。不能分人之兵，疑人之心則數倍不足」，文字與此相近。簡文「則」字下第一字殘存「金」旁，第二字全缺，今據《淮南子》釋作「錙銖」二字。

〔九〕「數」與「負」之間空一個字地位。疑抄寫者誤寫一字，發現後削去。

〔一〇〕算，古代稱計數用的算籌爲算。此句意謂如果人多就能取勝，那只要數數算籌就可以決定勝負了。

〔一一〕簡文「量」字左邊原有偏旁，已殘去。《孫臏兵法・篡卒》「糧敵計險」，借「糧」爲「量」，疑此亦「糧」字。

〔一二〕此處文字與下《善者》篇相似。以上二句原文殘缺，參照旁行，「相」字下似缺八字，據《善者》篇可補足爲「受敵者不得相【知也，溝深壘高不得】以爲固」。

〔一三〕《荀子・議兵》「故堅甲利兵不足以爲勝，高城深池不足以爲固，嚴令繁刑不足以爲威，由其道則行，不由其道則廢」。《管子・牧民》「城郭溝渠不足以固守，兵甲彊力不足以應敵，博地多財不足以有衆，唯有道者能備患於未形也」。其言均與簡文相近。

〔一四〕此句「先」下一字殘存左半「言」旁，據文義疑是「計」「論」一類字。「功」字上疑脱「之」字。下文「故不失」三字當連下讀，簡文「失」字下原有句讀號，疑乃抄寫者因不明此句文義而誤加者。《孫子・形》「是故勝兵先勝而後求戰，敗兵先戰而後求勝」，與簡文此二句同意。

〔一五〕此簡從字體及内容看，似當屬本篇，其原來位置可能在一一四一與一一四二號簡之間。案本篇連此簡在内共十四簡，以每簡三十六字計，共五百零四字，與篇末所記五百一十四之數相近。故此簡如確屬本篇，則本篇似無缺簡。疑一一四四與一一四五號簡本相銜接，「遠者疏而不能□」句末一字因正在换簡轉行處被抄脱。

一五　善者

善者〔一〕一一五五背

善者，敵人軍□〔二〕人衆，能使分離而不相救也，受敵而不相知也。〔三〕故溝深壘高不得以爲固，〔四〕車堅一一五五正兵利不

得以爲威，士有勇力而不得以爲强。故善者制僉（險）量柤（阻），〔五〕敦三軍，〔六〕利詘（屈）信（伸），〔七〕敵人衆能使
一二五六寡，積糧盈軍能使飢，安處不動能使勞，得天下能使離，三軍和能使柴。〔八〕故兵有四路、五一二五七動：進，路也；
退，路也；左，路也；右，路也。進，動也；退，動也；左，動也；右，動也；墨（默）然而處，亦動也。善一二五八者四路
必勶（徹），五動必工。〔九〕故進不可迎於前，退不可絶於後，左右不可臽（陷）於柤（阻），墨（默）然而處，威加一二五九
於敵之人。故使敵四路必窮，五動必憂。進則傅於前，〔一〇〕退則絶於後，左右則臽（陷）於柤（阻），墨（默）然而一二六〇
處，軍不免於患。善者能使適（敵）卷甲趨遠，倍道兼行，〔一一〕卷（倦）病而不得息，飢渴而不得食。以此薄一二六一適
（敵），戰必不勝矣。我飽食而侍（待）其飢也，安處以侍（待）其勞也，正静以侍（待）其動也。〔一二〕故民見進而不一二六
二見退，道（蹈）白刃而不還歱（踵）。〔一三〕　二百□□□〔一四〕一二六三

〔一〕善者，指善用兵者。參看《孫臏兵法·威王問》註〔三一〕。

〔二〕此字不清，疑是「俓」字，讀爲「勁」。

〔三〕受敵謂受攻。《孫子·勢》：「三軍之衆可使必受敵而無敗者，奇正是也。」不相知謂互不知情。《六韜·虎韜·絶道》：「即有警急，前後相知。」（此據平津館本，《續古逸叢書》影宋本「知」作「救」。）

〔四〕簡文「溝深」二字僅殘存「水」旁，據文義釋。

〔五〕制險量阻，謂審度地形，利用險阻。

〔六〕敦，勉勵。

〔七〕屈伸，指進退、攻守等軍事行動。《淮南子·兵略》「進退詘伸，不見朕埜」。

〔八〕柴，疑當讀爲「訾」。《周書·太子晉》「莫有怨訾」，孔晁註：「訾，嘆恨也。」

〔九〕工，巧也，能也。《淮南子·兵略》：「兵失道而拙，得道而工。」

〔一〇〕傅，疑當讀爲「薄」，迫也。

〔一一〕《孫子·軍爭》：「是故卷甲而趨，日夜不處，倍道兼行，百里而争利，則擒三將軍。」

〔一二〕「正静」之語亦見《六韜·文韜·大禮》：「神明之德，正静其極。」

〔一三〕「蹈白刃」之語古書常見。《管子·法法》：「蹈白刃，受矢石，入水火，以聽上令。」還踵，猶言「旋踵」。《淮南子·兵略》「況以三軍之衆，赴水火而不還踵乎？」《戰國策·中山策》：「一心同功，死不旋踵。」

〔一四〕末二字似是「十五」。

一六　五名五共〔一〕

•兵有五名：一曰威强，二曰軒驕，〔二〕三曰剛至，〔三〕四曰助忌，〔四〕五曰重柔（柔）。〔五〕夫威强之兵，則詘（屈）耎（輭）而侍（待）之；軒驕之一一六四兵，則共（恭）敬而久之；剛至之兵，則誘而取之；鵙忌之兵，則薄其前，譟其旁，深溝高壘而難其糧；一一六五重柔之兵，則譟而恐之，振而捅之，出則毄（擊）之，不出則回之。〔六〕　•五名一一六六

•兵有五共（恭）五暴。何胃（謂）五共（恭）？入競（境）而共（恭），軍失其常。再舉而共（恭），軍毋（无）所粱（糧）。〔七〕三舉而共（恭），軍失其事。四舉而一一六七共（恭），軍无食。五舉而共（恭），軍不及事。入競（境）而暴，胃（謂）之客。再舉而暴，胃（謂）之華。三舉而暴，主人懼。四舉一一六八而暴，卒士見詐。五舉而暴，兵必大秏（耗）。故五共（恭）、五暴，必使相錯也。〔八〕　•五共（恭）　二百五十六〔九〕一一六九

〔一〕《五名》、《五共》原爲兩段，篇題分别寫在段末，今據文例、字體合爲一篇。

〔二〕軒驕，當是高傲或驕悍之意。

〔三〕至，疑當讀爲「恎」。剛恎，剛愎。

〔四〕助忌，下文作「鵙忌」。「助」、「鵙」二字皆當從「目」聲。「助」疑即「勖」之異體。《説文·目部》有從「目」「鳥」聲之「鵙」，與簡文「鵙」字恐非一字。簡文此二字疑當讀爲「冒」，貪也。忌，疑忌。

〔五〕重柔，極軟弱。

〔六〕回，圍。

〔七〕軍隊無從得到糧草。

〔八〕意謂軍隊進入他國境内，「恭」、「暴」兩種手段要交錯使用。

〔九〕本篇不計篇題，共一百九十一字，較此少六十五字，約當二簡。此二簡似當是與《五名》、《五共》並列的另一段文字，位置可能在篇首。

一七　起師

起師一一七〇背

明王之起師也，必以春。春則溝澮枯，□徐（途）達，者君嬰兒桑蠶巨事在一一七〇正外，〔一〕六畜散而在野，故□□爲客者利矣。秋則主人小城并，法邑移，〔二〕大木一一七一□，□木伐，清徐（途）道，焚□澤，勶（撤）廬屋，□外利，〔三〕注之城中，則爲客者不一一七二利矣。冬則主人策會，脩（修）戍要塞，移水并險，竭戟而守沮（阻），謀士達於一一七三上，游士出交，起吏動勸，合交結親，定其内慮，合其外交，則爲客者危一一七四矣。　百廿九〔四〕一一七五

〔一〕「者君」疑當讀爲「諸郡」。《逸周書・作雒》：「縣有四郡，郡有四鄙。」諸郡猶言縣鄙。

〔二〕「法」疑當讀爲「廢」，二字古通。

〔三〕「外」上一字左半不清，右半上部爲「丮」，下部爲「火」，似是「熱」字。疑此字爲「埶」之訛寫，讀爲「刈」，「刈外利」指收割田野上的糧食等物。

〔四〕本篇字數，不計標題、記數之字及重文，適爲一百二十九字，與此處所記相合。

一八　奇正

奇正〔一〕一一七六

天地之理，至則反，盈則敗，〔二〕□□是也。〔三〕代興代廢，四時是也。〔四〕有勝有不勝，五行是也。〔五〕一一七七有生有死，萬物是也。有能有不能，萬生是也。〔六〕有所有餘，有所不足，刑（形）埶（勢）是也。故有一一七八刑（形）之徒，莫不可名。〔七〕有名之徒，莫不可勝。〔八〕故聖人以萬物之勝勝萬物，〔九〕故其勝不屈。〔一〇〕戰一一七九者，以刑（形）相勝者也。〔一一〕刑（形）莫不可以勝，而莫智（知）其所以勝之刑（形）。〔一二〕刑（形）勝之變，與天地相敝而不窮。〔一三〕一一八〇

刑（形）勝，以楚、越之竹書之而不足。〔一四〕刑（形）者，皆以其勝勝者也。以一刑（形）之勝勝萬刑（形），不可。〔一五〕所以裚（制）刑（形）一一八一壹也，所以勝不可壹也。〔一六〕故善戰者，見適（敵）之所長，則智（知）其所短；見適（敵）之所不足，則智（知）一一八二其所有餘。見勝如見日月。其錯勝也，〔一七〕如以水勝火。〔一八〕刑（形）以應刑（形），正也；無刑（形）而裚（制）刑（形），奇也。〔一九〕一一八三奇正無窮，〔二〇〕分也。分之以奇數，〔二一〕裚（制）之以五行，〔二二〕斲（鬬）之以□□。分定則有刑（形）矣，刑（形）定則有名一一八四【矣，□□□】則用矣。同不足以相勝也，故以異爲奇。是以靜爲動奇，失（佚）爲勞奇，飽一一八五爲飢奇，治爲亂奇，衆爲寡奇。〔二三〕發而爲正，其未發者奇也。奇發而不報，則勝一一八六矣。有餘奇者，過勝者也。〔二四〕故一節痛，百節不用，〔二五〕同禮（體）也。前敗而後不用，同刑（形）也。一一八七故戰埶（勢），大陳（陣）□斷，小陳（陣）□解。〔二六〕後不得乘前，前不得然（蹨）後。〔二七〕進者有道出，退者有一一八八道入。賞未行，罰未用，而民聽令者，其令，民之所能行也。賞高罰下，而民不聽一一八九其令者，其令，民之所不能行也。使民唯（雖）不利，進死而不筍（旋）踵，孟賁之所難也，一一九〇而責之民，是使水逆留（流）也。〔二八〕故戰埶（勢），勝者益之，敗者代之，勞者息之，飢者食一一九一之。故民見□人而未見死，道（蹈）白刃而不筍（旋）踵。故行水得其理，剽（漂）石折舟；〔二九〕用民得一一九二其生（性），則令行如留（流）。〔三〇〕

四百八十七〔三一〕一一九三

〔一〕奇與正相對，正指一般的、正常的，奇指特殊的、變化的。《老子》五十七章「以正治國，以奇用兵」。又五十八章「正復爲奇」。《孫子・勢》「凡戰者以正合，以奇勝」。

〔二〕《淮南子・泰族》：「天地之道，極則反，盈則損。」《管子・重令》：「天道之數，至則反，盛則衰。」又《左傳》哀公十一年：「盈必毁，天之道也。」

〔三〕此處所缺二字，疑是「日月」或「陰陽」。

〔四〕代，更也，遞也。《史記・律書》：「遞興遞廢，勝者用事。」《孫子・勢》：「死而復生，四時是也。」

〔五〕五行，指水、火、木、金、土。五行相勝是戰國時代流行的思想。相勝即相克，指水勝火、火勝金、金勝木、木勝土、土勝水。《孫子・虛實》：「故五行無常勝，四時無常位。」王晳註：「迭相克也。」《六韜・龍韜・五音》：「金木水火土，各以其勝攻之。」

〔六〕萬生，各種生物。

〔七〕意謂有形體的東西，没有不可以命名的。《管子・心術》：「物固有形，形固有名，名當謂之聖人。」所説與此相近。

〔八〕意謂有名稱的事物没有不可制服的。《孫子・勢》：「鬬衆如鬬寡，形名是也。」形名之説是戰國時代流行的學説。

〔九〕意謂利用萬物互相克制的特性駕馭萬物，如以水勝火、以土勝水之類。《淮南子・兵略》：「觀彼之所以來，各以其勝應之。」《鶡冠子・世兵》：「物有相勝，故水火可用也。」意皆與此相近。

〔一〇〕屈，窮盡。「勝不屈」之語亦見《淮南子・兵略》：「制刑（形）而無刑（形），故功可成。物物而不物，故勝而不屈。」據簡文，《淮南子》「不屈」上的「而」字當是衍文。《太平御覽》卷二七一引《淮南子》無「而」字。

〔一一〕「以形相勝」之語亦見《淮南子・兵略》：「夫有形埒者，天下訟（公）見之；有篇籍者，世人傳學之。此皆以形相勝者也。」

〔一二〕意謂有形之物没有不可制服的，問題是不知道用什麽去制服它。《淮南子・兵略》：「形見則勝可制也……諸有象者莫不可勝也。諸有形者莫不可應也。」《孫子・虚實》：「人皆知我所以勝之形，而莫知吾所以制勝之形。」

〔一三〕敝，盡。與天地相敝，意謂與天地共存。《鶡冠子・王鈇》：「與天地相蔽（敝），至今尚在。」

〔一四〕《吕氏春秋・明理》：「盡荆越之竹猶不能書。」

〔一五〕《孫子・虚實》曹操註：「不以一形之勝萬形。」據簡文，曹註「勝」字下脱重文。

〔一六〕《管子・大匡》「⿱折衣領而刎頸者」，尹註：「⿱折衣謂掣斷之也。」案：古「折」聲與「制」聲相近，疑「⿱折衣」即「製」之異體，在此當讀爲「制」。以上兩句意謂用來制勝的原則是一樣的，用來制勝的事物是各種各樣的。

〔一七〕錯，同「措」，措置。「錯勝」之語亦見《孫子・虚實》：「因形而錯勝於衆，衆不能知。」

〔一八〕按照五行學説，水勝火。參看註〔五〕。《尚書大傳》：「三王之治如環之無端，如水之勝火。」又《淮南子・兵略》：「今人之與人，非有水火之勝也」。

〔一九〕以上兩句意謂：用有形對付有形，是正；用無形制服有形，是奇。《淮南子・兵略》：「制刑（形）而無刑（形），故功可成。」又同篇「無形而制有形，無爲而應變，雖未能得勝於敵，敵不可得勝之道也」。都强調用無形制服有形的重要。

〔二〇〕《孫子・勢》：「奇正之變不可勝窮也。」《六韜・龍韜・軍勢》：「奇正發於無窮之源。」

〔二一〕《孫子・勢》：「凡治衆如治寡，分數是也。」梅堯臣註「部位奇正之分數，各有所統」，可參考。

〔二二〕《鶡冠子・天權》：「下因地利，制以五行，左木右金，前火後水中土，營軍陣士，不失其宜。五度既正，無事不舉。」

〔二三〕自「同不足以相勝」以下一段，與下引《淮南子・兵略》文相近：「今使陶人化而爲埴，則不能成盆盎，工女化而爲絲，則不能織文錦。同莫足以相治也，故以異爲奇。兩爵（雀）相與鬭，未有死者也，鸇鷹至，則爲之解，以其異類也。故静爲躁奇，治爲亂奇，飽爲飢奇，佚爲勞奇。奇正之相應，若水火金木之代爲雌雄也。」

〔二四〕餘奇，過勝，未詳。以下引文可能與此有關，録供參考。《風后握奇經》：「八陣，四爲正，四爲奇，餘奇爲握奇。」《鶡冠子・兵政》：「在權，故生財有過富。在埶（勢），故用兵有過勝。」

〔二五〕節，骨節。《説苑・尊賢》：「見虎之尾而知其大於狸也，見象之牙而知其大於牛也。一節見則百節知矣。」

〔二六〕《淮南子・兵略》：「明奇正之變，察行陳解贖之數。」俞樾《諸子平議》云：「解贖，當爲解續。解之言解散也，續之言連續也，解續猶言分合。」疑簡文「小陣□解」之「解」即《淮南子》「解續」之「解」。簡文「大陣□斷」之「斷」亦與「解」義近。《兵略》下文又云：「故前後正齊，四方如繩，出入解續，不相越淩……此善脩行陳者也。」簡文下文云「後不得乘前，前不得躐後」，亦與《淮南子》「不相越淩」同意。

〔二七〕躐，踐踏。《淮南子·兵略》：「陳卒正，前行選，進退俱，什伍摶，前後不相撚，左右不相干。」《太平御覽》卷二七一引此文「撚」作「蹍」。蹍、躐義近。

〔二八〕《管子·七法》：「不明於決塞而欲驅衆移民，猶使水逆流。」

〔二九〕《孫子·勢》：「激水之疾，至於漂石者，勢也。」

〔三〇〕《管子·牧民》：「下令於流水之原者，令順民心也。」

〔三一〕本篇補足缺文後約爲四百九十二字，較此處所記多五字。

一九 將義

義將〔一〕一一九四背

將者不可以不義，【不】義則不嚴，【不嚴】則不威，【不威】則卒弗死。〔二〕故義者，兵之首也。將者不可以不仁，不仁則軍不剋（克），軍不剋（克）一一九四正則軍无功。故仁者，兵之腹也。將者不可以无德，无德則无力，无力則三軍之利不得。故德者，兵之手一一九五也。將者不可以不信，不信則令不行，令不行則軍不槫，軍不槫則无名。〔三〕故信者，兵之足也。將者，不可以不智（知）勝，不智（知）勝一一九六……則軍无□。故夬（決）者，兵之尾也。　•將義一一九七

〔一〕此爲本篇首簡背面篇題。本篇篇末亦有篇題，作「將義」。據文義，似以作「將義」爲是。

〔二〕簡文「不義」之「不」字及「不嚴」、「不威」諸字下之重文號皆已殘損，今據本篇文例補出重文。

〔三〕槫，當讀爲「專」或「團」，參看本輯壹·四五《十陣》註〔八〕。名，功也。

二〇　觀法

觀法 一一九八背

•凡用 一一九八正……

……不卜而擊也。〔一〕觀法 一一九九……

〔一〕《吳子·料敵》「吳子曰：凡料敵有不卜而與之戰者八」。

二一　程兵

程兵〔一〕 一二〇〇背

將受命□□□□ 一二〇〇正……

〔一〕本輯壹·二六《五度九奪》有「程兵」一詞，參看該篇註〔二〕。

二二　【將德】

……赤子，愛之若狡童，〔一〕敬之若嚴師，用之若土蓋（芥），〔二〕將軍【之□也】 一二〇一……

……將不兩生，軍不兩存，將軍之【□也】 一二〇二……

……而不御，君令不入軍門，〔三〕將軍之恒也。入軍 一二〇三……

……不失，將軍之知（智）也。不陘（輕）寡，不劫（劫）於適（敵），慎終若始，〔四〕將軍二〇四之敬也。叔（弔）死問傷，〔五〕食饑餂，〔六〕與□二〇五……

……□，將軍之惠也。〔七〕賞不榆（逾）日，罰不睘（還）面，〔八〕不維其人，〔九〕不何二〇六……

……其期，犯禁不□，〔一〇〕將【軍之□也】〔一一〕二〇七……

……外辰，此將軍之德也。二〇八

〔一〕《詩・鄭風・狡童》：「彼狡童兮，不與我言兮。」狡，美好。

〔二〕此數句意謂將帥之於士卒，平時須愛護、敬重，該用的時候又要捨得用。

〔三〕《六韜・龍韜・立將》：「軍中之事，不聞君命，皆由將出。」

〔四〕《老子》六十四章：「慎終如始，則無敗事。」

〔五〕叔，當讀爲「弔」，二字古音相近可通用。

〔六〕餂，疑當讀爲「飽」，飢也。二字古音相近。

〔七〕據文義，此簡與上簡可能爲一簡之折，「叔（弔）死問傷，食饑餂，與□□，將軍之惠也」當連爲一句讀。

〔八〕還面，猶言轉臉，比喻疾速。《司馬法・天子之義》：「賞不踰時，欲民速得爲善之利也。罰不遷列，欲民速覩爲不善之害也。」

〔九〕「不」下一字也可能是「雍」字。

〔一〇〕「不」下一字僅存右半「午」旁。

〔一一〕此簡可能與上一簡緊接，「……不維其人，不何（苛）其期，犯禁不□，將【軍之□也】」當連爲一句讀。

二一三　【將過】〔一〕

・適（敵）將之過有十：〔二〕將有勇而主〈輕〉死者，〔三〕有急而心迮者，〔四〕有貪而好貨者，〔五〕有仁而信【人者，〔六〕有仁而慈衆】二〇九者，〔七〕有知（智）而心祛〈怯〉者，〔八〕有知（智）而精絜（潔）者，〔九〕有知（智）而心緩者，〔一〇〕有剛頪（毅）自用者，〔一一〕有耎（愞）而〔一二〕……二一〇勇而主〈輕〉死者可秀（誘），〔一三〕急而心迮者可久，〔一四〕貪而好貨者可洛（賂），〔一五〕仁而信人者可詐，〔一六〕仁而慈衆者可先，〔一七〕知（智）而二一一心怯者可戰，〔一八〕

知（智）而精絜（潔）者可後，〔一九〕知（智）而心緩者可牧（謀），〔二〇〕剛頪（毅）自〔二一〕一二二……

〔一〕本篇内容與《六韜·龍韜·論將》篇中論將之十過一段大致相同（《羣書治要》卷三十一録《六韜》此篇，置於《武韜》中）。但本篇篇首無文王或武王問太公語，其簡式、字體亦與簡本《六韜》各篇全異，似當屬於其他兵書。《北堂書鈔》卷一一五「將有十過」條引《黄帝出軍訣》，其文字亦與《論將》篇相合。蓋古人著書往往帶有編纂性質，故同一段文字可以並見於數書之中。

〔二〕《論將》十過段首句作「所謂十過者」。

〔三〕此句《論將》作「有勇而輕死者」（《治要》句首有「將」字）。簡文「主」字當爲「巠」之誤字，讀爲「輕」。本書第一輯《王兵》篇（見《守法守令等十三篇》），「尊主安國之巠（經）」句中「巠」字亦譌作「主」，與此同例。

〔四〕《廣雅·釋詁一》「踶，急也」。「𨑩」、「踶」當是一字異體，古書多用「促」字。心𨑩，《論將》作「心速」。「𨑩」、「速」音義皆近。《漢書·高帝紀》註：「促，速也。」

〔五〕貨，《論將》作「利」。

〔六〕「人者」二字據下一二一號簡補。此句《論將》作「有信而喜信人者」，在下文「智而心怯」句後。

〔七〕此句「者」上五字據一二一號簡補。《論將》作「有仁而不忍人者」，緊接「貪而好利」句後。

〔八〕《論將》「知」作「智」，「祛」作「怯」。簡文「祛」當爲「怯」之誤字。

〔九〕《論將》作「有廉潔而不愛人者」，在「信而喜信人」句後。

〔一〇〕知，《論將》作「智」。

〔一一〕《論將》作「有剛毅而自用者」。簡文「頪」疑是「顡」之異體，讀爲「毅」。

〔一二〕此句已殘，《論將》作「有懦而喜任人者」，《治要》作「有愞心而喜用人者」。簡文「耎」當讀爲「愞」，二字古通。

〔一三〕《論將》作「勇而輕死者可暴也」。以下各句句末，《論將》皆有「也」字。

〔一四〕𨑩，《論將》作「速」。

〔一五〕《論將》「貨」作「利」，「洛」作「遺」。簡文「洛」讀爲「賂」，「賂」、「遺」義近。

〔一六〕《論將》作「信而喜信人者可誑也」，在下文「智而心怯者可窘也」句後。《吴子·論將》「其將愚而信人可詐而誘，貪而忽名可貨而賂……」。上一句與簡文此句相近，下一句與簡文上一句相近（「詐」字、「賂」字與簡文合）。

〔一七〕《論將》作「仁而不忍人者可勞也」，緊接「貪而好利者可遺也」句後。

〔一八〕《論將》「知」作「智」，「戰」作「窘」。

〔一九〕《論將》作「廉潔而不愛人者可侮也」，在「信而喜信人者可誑也」句後。

〔二〇〕《論將》「知」作「智」，「牧」作「襲」。簡文「牧」字當讀爲「謀」，二字古音相近。謀當指偷襲之類。

〔二一〕此句已殘，《論將》作「剛毅而自用者可事也」。

二四　【曲將之法】〔一〕

……臣之能曲將之法，我使夸用而好見功伐於將長者，使之先禺（遇）之；其謙信而勇敢者，使救一二一三之；其上知天道，下知地利者，使旁大將；其年老長而數笵（犯）大戰者，〔二〕使居大後。一二一四

〔一〕本篇存末二簡，所言爲軍中用將之法。

〔二〕「笵」當讀爲「犯」。《淮南子・主術》「犯患難之危」，高註：「犯猶遭也」。

二五　【雄牝城】

•城在渒澤之中，〔一〕无亢山名谷，〔二〕而有付丘於其四方者，〔三〕雄城也，不可攻也。軍食溜（流）水【□□□，不可攻】一二二五也。〔四〕城前名谷，倍（背）亢山，雄城也，不可攻也。城中高外下者，雄城也，不可攻也。城中有付丘者，雄城也，一二二六不可攻也。營軍取舍，〔五〕毋回名水，〔六〕傷氣弱志，〔七〕可毄（擊）也。城倍（背）名谷，无亢山其左右，虛城也，可毄（擊）也。【□】〔八〕一二二七盡燒者，〔九〕死襄（壤）也，〔一〇〕可毄（擊）也。軍食氾水者，死水也，〔一一〕可毄（擊）也。城在發澤中，〔一二〕无名谷付丘者，牝城也，〔一三〕可毄（擊）一二二八也。城在亢山間，无名谷付丘者，牝城也，可毄（擊）也。城前亢山，倍（背）名谷，前高後下者，牝城也，可毄（擊）也。一二二九

〔一〕渒澤，與下文「發澤」對舉，「發澤」是大澤（參看註〔一二〕），「渒澤」疑指小澤。從「卑」聲之字往往有小義。《史記・孟子荀卿列傳》：「中國外如赤縣神州者九，乃所謂九州也。於是有裨海環之。」《索隱》：「裨海，小海也。九州之外，更有大瀛海，故知此裨是小海也，且將有裨將，裨是小義也。」小澤稱渒澤，猶小海之稱裨海。

〔二〕亢山，高山。名谷，大谷。《禮記・禮器》「因名山，升中於天」，鄭註：「名，大也。」《淮南子・氾論》：「古者大川名谷，衝絶道路。」

〔三〕「付」疑當讀爲「坿」，益也。《呂氏春秋・孟秋紀》「坿牆垣」，高註：「坿猶培也。」疑坿丘猶言培丘，即《爾雅・釋丘》所謂「丘背有丘」之「負丘」（「培」與「負」音近相通）。

〔四〕此句與下文「軍食氾水者，死水也，可擊也」一句相對。此句「水」字下約殘去六字，疑全句當作：「軍食流水，生水也，不可攻也。」參看《孫臏兵法・地葆》註〔八〕。

〔五〕營軍，安營。《孫子・行軍》：「塵……少而往來者，營軍也。」杜牧註：「欲定營壘，以輕兵往來爲斥候，故塵少也。」取舍，疑當讀「趣舍」，指行軍。參看《孫臏兵法・擒龐涓》註〔二八〕。

〔六〕名水，大江大河。《羣書治要》卷三一引《六韜・文韜》：「人主好破壞名山，壅塞大川，決通名水，則歲多大水傷民，五穀不滋。」《管子・七臣七主》「夏無遏水達名川，塞大谷」，尹註以「大水」釋「名川」。參看註〔二〕。

〔七〕傷氣，參看本輯壹・二《將失》註〔一六〕。疑以上幾句意謂行軍安營不要繞着大河走，否則會沮喪士卒的心志。

〔八〕此簡簡尾稍殘，「也」字下也可能無缺文。

〔九〕燒，疑當讀爲「磽瘠」之「磽」。

〔一〇〕《北堂書鈔》卷一一三「無居死土」下曰：「太公兵法云，兵當居生土之上，無居死土之下。所謂土獨高而上生草有隄防若陷甲者，死土也。」

〔一一〕氾水，與上文「流水」對舉，謂「積水」。《廣雅・釋詁三》：「氾，汙也。」《左傳》隱公三年「潢汙行潦之水」，孔疏引服虔註云：「水不流謂之汙。」關於死水，參看《孫臏兵法・地葆》註〔八〕。

〔一二〕發澤，疑當讀爲「沛澤」。「發」與「沛」古音相近。《管子・揆度》「焚沛澤」，尹註：「沛，大澤也。一曰水草兼處曰沛。」

〔一三〕《淮南子・地形》：「凡地形……高者爲生，下者爲死，丘陵爲牡，谿谷爲牝。」

二一六　【五度九奪】

……□矣。救者至，有（又）重敗之。故兵之大數，五十里不相救也。皇（況）近一三〇【□□□□□】數百里，〔一〕此程兵之極也。〔二〕故兵曰：〔三〕積弗如，勿與持久。衆弗如，勿與椄（接）和。一三一【□弗如，勿與□□。□弗如，勿】與□〔四〕長。習弗如，〔五〕毋當其所長。五度暨（既）明，〔六〕兵乃衡（横）行。故兵一三二……趨適（敵）數。〔七〕一曰取糧。二曰取水。三曰取津。〔八〕四曰取涂（途）。五曰取險。六曰取易。七曰一三三【取□。八曰取□。九】曰取其所讀

（獨）貴。凡九奪，所以趨適（敵）也。 ·四百二字 一二二四

〔一〕《孫子·虛實》「不知戰地，不知戰日，則左不能救右，右不能救左，前不能救後，後不能救前，而況遠者數十里，近者數里乎」，可參考。

〔二〕程，量也，準也。程兵，疑謂衡量軍事行動。

〔三〕「兵曰」以下引用古兵書中語，「兵」指兵法。《戰國策·楚策一》記張儀言曰：「臣聞之：兵不如者，勿與挑戰。粟不如者，勿與持久。」（亦見《史記·張儀列傳》）張儀所引之語疑與簡文所引「兵曰」同出一源。

〔四〕此字殘存「襄」旁，疑是「攘」字。

〔五〕習，訓練。

〔六〕五度，當指上文「積弗如，勿與持久」等五事。

〔七〕《吳子·料敵》：「用兵必須審敵虛實而趨其危。」「趨」字用法與簡文同。

〔八〕津，渡口。

二七 【積 疏】

……【積】勝疏，〔一〕盈勝虛，俓（徑）勝行，〔二〕疾勝徐，衆勝寡，劮（佚）勝勞。〔三〕積故積之，疏故疏之，一二二五盈故盈之，虛故虛【之，徑故徑】之，行故行之，疾故疾之，【徐故徐之，衆故衆】之，寡故寡之，一二二六劮（佚）故劮（佚）之，勞故勞之。積疏相爲變，盈虛【相爲變，徑行相爲】變，疾徐相爲變，衆寡相一二二七【爲變，劮（佚）勞相】爲變。毋以積當積，毋以疏當疏，毋以盈當盈，毋以虛當虛，毋以疾當疾，一二二八毋以徐當徐，毋以衆當衆，毋以寡當寡，毋以劮（佚）當劮（佚），毋以勞當勞。積疏相當，盈虛相一二二九【當，徑行相當，疾徐相當，衆寡】相當，劮（佚）勞相當。適（敵）積故可疏，盈故可虛，徑故可行，疾一二三〇【故可徐，衆】故可寡，【劮（佚）故可勞。□其□】則疏，美其欲則虛，動其婺（務）則行，驕（驕）其志則一二三一【徐，□其】輕則寡，欲其【□則勞】一二三二……

〔一〕積，猶言「數」，密集。《淮南子·兵略》：「數則能勝疏。」

〔二〕徑，小路，捷徑。行，大道。

〔三〕《管子·樞言》：「衆勝寡，疾勝徐，勇勝怯，智勝愚，善勝惡，有義勝無義，有天道勝無天道。」文例類似，可參考。

二八　【選卒】〔一〕

……勝不服於吕遂。〔二〕禹以算（選）卒萬人勝三苗。〔三〕湯以篡（選）【卒】七千人遂〈逐〉桀，挩（奪）之天下。〔四〕武王以篡（選）卒虎一二三三賁萬三千人□牧之野，殺紂，挩（奪）之天□。〔五〕□公〔六〕……□□諸侯，朝天下。吴以一二三四耆士萬人勝越。〔七〕越以算（選）卒萬二千復吴而伐〔八〕一二三五……者齊威王爲□□□□六千人□□宣王以勝。〔九〕秦與吴起戰而不勝〔一〇〕一二三六……之士八千人，秦四世以勝。〔一一〕故曰：人衆而兵弱者，民不篡（選），卒不□〔一二〕也。兵一二三七……

〔一〕本篇强調精選的士卒對戰爭勝負所起的作用，與《吕氏春秋·簡選》篇立意相近。《孫臏兵法·篡卒》：「孫子曰：『兵之勝在於篡（選）卒。』」

〔二〕馬王堆帛書《戰國縱横家書·蘇秦謂燕王章》：「自復而足，楚將不出雎（沮）章（漳），秦將不出商閹（於），齊不出吕遂（隧）……」（文物出版社《戰國縱横家書》一七頁）。「吕遂」與「吕遂」當爲一地。據《戰國縱横家書》，其地當屬齊。

〔三〕「算」讀爲「選」，二字音近相通。《論語·子路》「何足算也」，《鹽鐵論·雜事》引作「何足選哉」。本篇下文又或假「篡」爲「選」。「篡」從「算」得聲，銀雀山竹簡本《孫臏兵法》及《晏子》等皆有假「篡」爲「選」之例。

〔四〕《吕氏春秋·簡選》謂湯以「良車七十乘，必死（《太平御覽》卷三二五引「死」下有「士」字）六千人」逐桀，王天下。

〔五〕「天」下一字已磨滅，當是「下」字。《孟子·盡心下》、《吕氏春秋·貴因》、《簡選》等皆言武王以虎賁三千人、車三百乘伐紂。簡文言虎賁萬三千人，似是晚起之説。

〔六〕「公」上一字已殘，似是「桓」字。《簡選》：「齊桓公良車三百乘，教卒萬人，以爲兵首，横行海内，天下莫之能禁。」

〔七〕《廣雅·釋詁一》：「耆，强也。」「耆」字上半部原被殘餘編繩遮蓋（見圖版），清去殘餘編繩後得見全字（見摹本）。

〔八〕《淮南子·兵略》：「吴王夫差地方二千里，帶甲七十萬，南與越戰，棲之會稽……越王選卒三千人，擒之干隧。」

〔九〕「宣王」上二字不清，似是「威王」。

〔一〇〕《史記·吴起列傳》謂魏文侯以吴起爲將「擊秦，拔五城」。

〔一一〕《荀子·議兵》：「秦人，其生民也陿阸，其使民也酷烈……功賞相長也，五甲首而隸五家，是最爲衆彊長久，多地以正，故四世有勝，非幸也，數也。」楊倞註：「四世，孝公、惠王、武王、昭王也。」

〔一二〕此字殘存左半「系」旁，疑是「練」字。

二九　有國務過

有國務過〔一〕一二三八

……宜，務進功勞，務過之二效也。何以效之？效曰一二三九……

……【務過】之八效也。何以效一二四〇……

……不務知亂國，務行□□〔二〕□□民，務過之九效也。何以效一二四一……

……【務過之】十效【也】一二四二……

……【不】務知有國之急者，務進能委訟之臣，□一二四三……【務過之□效也。何以效之？】效曰：委者，反因上者也。訟者一二四四……

……□不勝民，務過之□效〔三〕一二四五……

……用賢定能舉□，務□賢□一二四六……

……不務所以樂之一二四七……

……功勞，務一二四八……

……效也。何以效之？效曰：□一二四九……

……效也。何【以效之】一二五〇……

……何以效之一二五一……

……何以效之一二五二……

……何以效之一二五三……

……【何】以效【之】一二五四……

……【何以效】之？效曰一二五五……

……效曰：能一二五六……

……務過一二五七……

〔一〕此是標題。以下所録簡文論有國者所務之事不當之過，每論一事，皆有「務過之若干效也」一語，似當屬於此篇。參看本輯壹·八《務過》註〔一〕。

〔二〕「行」下二殘文，似是「寬恩」二字。

〔三〕「效」上一殘文，當是「一」或「七」字。

三〇　十　官〔一〕

十官一二五八背

能爲主內（納）謀安國存社禝（稷）者，爲一官。·能明君□一二五八正……

十官一二五九背

能爲主〔二〕一二五九正……

……·能明〔三〕一二六〇……

……以聞，敢直議，名曰輔怫（拂）臣，〔四〕此固社禝（稷）者，爲一【官】一二六一……

……禝（稷）者□〔五〕一二六二……

……□主用者，爲一【官】一二六三……

……□者，爲一官。·能一二六四……

……有存此十官中者一二六五……

……存十官 一二六六……

……出十官中國 一二六七……

……非其官事 一二六八……

……而言它官罪各事 一二六九……

……非其官事而 一二七〇……

……官罪各事其官事。其善百□□ 一二七一……

〔一〕本組殘簡，收有兩片相同的簡背篇題簡，且有重復的文字，可見《十官》篇原有兩本。由於簡文殘缺過甚，字體亦相近似，不易區分兩本簡文的歸屬，姑合爲一組處理。

〔二〕據一二五八號簡文，此句可補足爲：「能爲主【內謀安國存社稷者，爲一官】。」

〔三〕疑此文即一二五八號簡「能明君□……」句另一本之殘文。

〔四〕柫，讀爲拂。《荀子·臣道》：「有能比知同力，率羣臣百吏，而相與强君撟君，君雖不安，不能不聽，遂以解國之大患，除國之大害，成於尊君安國，謂之輔。有能抗君命，竊君之重，反君之事，以安國之危，除君之辱，功伐足以成國之大利，謂之拂。故諫争輔拂之人，社稷之臣也。」

〔五〕「者」下一殘文，似「爲」字之頭。疑此文即一二六一號簡「……此固社稷者，爲一【官】」或一二五八號簡「……存社稷者，爲一官」句另一本之殘文。如屬後句，則此殘簡應爲一二五九號簡下段。

三一　患之……

患之〔一〕一二七二……

二患曰：有國，兵不可以應堅倚（敵），城不可以固守地，所謂國非其國也。一二七三

【三患曰：有國，天地之蓰行】其國，身不死，國亡，所謂亡國也。〔二〕一二七四

【四患曰：有國，天】地之蓰行其國，身死國亡，所謂威（滅）亡也。一二七五

五患曰：有國，天地之莅行其國，身不死，國多𢦏（災）訣（殃），所謂溺國也。一二七六

六患曰：有國，天地之莅行其國，不出三年身死，所謂烕（滅）□〔三〕也。一二七七

★　★　★　★　★　★

二患曰：有國，兵〔四〕一二七八……

〔一〕此篇題簡殘存「患之」二字。本篇所收簡文皆言「患」，故疑此簡爲本篇篇題。

〔二〕此簡及下一簡上端均殘損，其文字内容與「五患」、「六患」相近，當即「三患」及「四患」。「五患」「六患」兩條，以「身不死」屬前一條，「身死」屬後一條，故定此簡爲「三患」，下一簡爲「四患」。

〔三〕此殘文依文例及殘存筆畫看，似當爲「溺」字，但左邊「水」旁下有一竪畫，則爲「溺」字所不當有，疑莫能明。

〔四〕本篇所收之簡無言「一患」者，此簡及一二七三號簡皆言「二患」，疑其中一簡之「二」是「一」字之筆誤。

三二　六舉

……明於不能舉士，不能一二七九……

……其道故勞。　六舉一二八〇

三三　四伐

四伐一二八一

……□有五行四伐一二八二……

……行四伐也一二八三……

……行四伐 一二八四……

三四　亡地

亡地 一二八五

……□亡地。一曰 一二八六……

……亡地 一二八七……

三五　五議

議 一二八八

……□議能亂法。 一二八九

三六　【君臣問答】〔一〕

（一）堯與善卷、許由〔二〕

【•】堯問善卷曰：〔三〕「顧（願）聞有國之大失。」 一二九〇……

【•】堯問於善卷曰：「國有難易之時乎？」善卷曰：「有天一二九一……

……之時乎？」善卷曰：「有天下大一二九二……

……何如？」善卷曰一二九三……

【•】堯問許囚曰：〔四〕「顚（願）聞有國之大失。」許【囚曰】一二九四……

……大。許一二九五【囚曰】……

……許囚曰：「以言高，以行庳（卑），俱可。」堯曰：「顚（願）聞一二九六……

……許囚曰：「惡一二九七……

……□□何如？」許【囚曰】一二九八……

……大。」堯曰：「顚（願）一二九九……

……堯曰：「其爲國也一三〇〇……

……數用。」堯曰：「其爲一三〇一……

……□□□是胃（謂）□。」堯曰：「顚（願）一三〇二……

……堯曰：「顚（願）聞一三〇三……

……知得失。」堯【曰】一三〇四……

〔一〕本篇所録簡文均爲古代名君與其師友或輔佐的問答之辭，上起堯與善卷、許由，下訖魏襄王與杜子。各簡格式、字體均相近，似本爲一書，今暫合編爲一篇，並按君主時代順序分爲十一組。每一組内往往包含若干段問答，各段原來先後次序已不可知。

〔二〕本組簡文爲堯與善卷、許由的問答之辭。一二九九號以下諸殘簡均有「堯曰」之語（一三〇四號簡下折，僅餘「堯」字），當屬本篇，由於簡文殘損過甚，無法肯定哪些簡文屬於與善卷的問答，哪些簡文屬於與許由的問答，故附於篇末。

〔三〕《莊子·讓王》記「舜以天下讓善卷」，善卷辭而不受。

〔四〕許囚，應即許由，亦作許繇。囚字古音與由、繇相近。

（二）舜與牟成牸

……者。」牟成牸曰：〔一〕「實居是去非。」〔二〕舜曰：「請問實居是去一三〇五【非】……

……所以退之。」牟成牸曰：「進能是退是一三〇六……

……傷敗者罰也。」舜曰：「請問埶（勢）。」牟成牸曰：「當世事之一三〇七……

……舜曰：「請問其説。」牟成一三〇八【牸曰】……

……者養也。」舜曰：「請問一三〇九……

……【正（政）】壞、塞扁（漏）、□失者。」〔三〕牟成牸一三一〇……

……【牟】成牸曰：「有一三一一……

……牟成牸曰一三一二……

……牟成牸曰一三一三……

……【牟】成牸一三一四……

……牟成牸曰：「有唐□一三一五……

……舜曰：「曹〔四〕人之不能守其國一三一六……

……而爲失。」舜曰一三一七……

〔一〕「牸」字不見於字書，字當從牛勺聲。牟成牸，即見於古書的務成昭。牟與務，勺與昭，古音相近可通。《荀子·大略》「舜學於務成昭」。他書或作「務成軺」（《路史·後紀》卷十二），「務成跗」（《新序·雜事五》），「務成子附」（《韓詩外傳》卷五），疑「跗」、「附」爲誤字。《漢書·藝文志》小説家有《務成子》十一篇，務成子即務成昭。《藝文志》於此書下有註語曰：「稱堯問，非古語。」疑「堯」爲「舜」字之誤。《荀子·大略》及《新序·雜事五》均言「舜學於務成昭」（《新序》「於」作「乎」、「昭」作「跗」），而《韓詩外傳》卷五作「堯學乎務成子附」，誤「舜」爲「堯」，與此同。本組簡文稱「舜問」，疑即采自《藝文志》所著録之《務成子》十一篇，其著作時代當在漢以前。又《藝文志》著録有《務成子災異應》十四卷，《務成子陰道》三十六卷，當與此無關。

〔二〕本輯壹・三《兵之恒失》有「去非而處邪，是是而弗能居」之語，本輯壹・三六（五）及《六韜・明傳》、《周書・王佩》等皆有類似語（參看三六（五）註〔三〕），可參考。

〔三〕塞，此處指禁人爲「非」的各種措施。《荀子・富國》：「……若是，故姦邪不作，盜賊不起，而化善者勸勉矣。是何邪？則其道易，其塞固，其政令一，其防表明。」「塞固」之意與「塞漏」相反，楊倞註説爲「其所充塞民心者固」，非是。本輯壹・四二有「正（政）之壞，塞之扇（漏）、俗之失」語，與此處簡文相似。本句「失」上一字左半從人，右半殘泐，似是「俗」字，但細審右半殘畫又不似「谷」旁，疑莫能定。

〔四〕此「曹」字疑當讀爲「遭」。

（三）禹〔一〕

……天下也上淫故亟□於位。」禹曰：「其爲一三一八……

〔一〕下録殘簡當爲禹與某人問答之辭。

（四）湯與務光、伊尹

【・湯問】婺（務）光曰：〔一〕「顒（願）聞有國之大失。」婺（務）光一三一九……

……爲大。」婺（務）光曰：「名不正不立。攘於事則分職不□一三二〇……

……守也。」湯曰：「人君何守？」婺（務）光曰：「□一三二一……

……何如？」婺（務）光曰一三二二……

・湯問伊尹曰：〔二〕「不底其羣臣者，其爲國也何【如】？一三二三……

……治安。」伊尹曰：「以治安底之。」湯曰：「以治安底之奈【何】？一三二四……

……數合羣臣於君前，而視其所能爲於治安，使□一三二五……

……治安，以其小大進退之。毋聽誹譽，毋以官私人，此底之道也〔三〕一三二六……

·湯問伊尹曰：「國使民得其望奈何？」伊【尹曰】一三二七……

……民得其望，〔四〕能必小。爲小國能使其民得其望，能【必大】一三二八……

……其國之不爲大一三二九國之所伐也。」湯曰一三三〇……

·湯問伊尹曰：「公門私門俱啓者，其爲國也何如？」伊【尹曰】一三三一……

……所道啓」。伊【尹曰】一三三二……

·湯問伊尹曰一三三三……

【·】湯問伊尹一三三四……

……士弗能爲者焉失之？」伊尹曰：「用□一三三五……

……【伊】尹曰：「人君□□一三三六……

……國。」伊尹曰：「望□一三三七……

……伊尹曰：「爲天下而□一三三八……

……□何以定存亡？」伊尹曰：「以一三三九……

……□罰。」伊尹曰一三四〇……

……得失。」伊尹曰一三四一……

……大失。」伊尹一三四二……

……伊尹曰一三四三……

……行。」伊尹一三四四……

……【伊】尹曰一三四五……

……君不□爲大。」湯曰：「顛（願）聞治一三四六……

……何欲。」湯曰：「欲一三四七……

……不□者亡。」〔五〕湯曰一三四八……

……□利爲故。」湯曰：「顚（願）聞一三四九……

……□以。」湯曰：「□〔六〕一三五〇……

……也。」湯曰：「顚（願）聞自□一三五一……

……湯曰：「庫一三五二……

〔一〕婺光，即務光。婺、務二字均從敄聲，音同相通。

〔二〕《漢書·藝文志》道家類著録《伊尹》五十一篇；又小説家類著録《伊尹説》二十七篇，下有註語曰：「其語淺薄，似依托者。」自此簡至一三四五號簡爲湯與伊尹問答之辭，可能采自《伊尹》或《伊尹説》，其著作時代當在漢以前。

〔三〕此簡簡身殘損，據文義「之」下可能有重文號。

〔四〕據下句「爲小國能使其民得其望」之語，此句似可補足爲「【爲大國能使其】民得其望」。但也有可能本作「爲大國不能使其民得其望」，與下句爲對文。

〔五〕「者」上一字半殘，右旁從「雈」。

〔六〕「曰」下一殘文似是「顚」字。

（五）文王與太公

•文王問大（太）公曰：「何謂止道起道？」〔一〕大（太）公【曰】……邪，是是而一三五三弗能居，止道也。〔二〕肣（貪）而廉，龍而敬，弱而强，柔而【剛】，起道也。〔三〕行止道者，天地弗一三五四能與也。行起道者，天地弗能廢也。」文王曰：「顚（願）聞肣（貪）□之用。」〔四〕大（太）公曰：「肣（貪）者能一三五五大，能大者，能以士之所長用之一三五六……

【•】文王問大（太）公曰：〔五〕「顚（願）聞有國之大失。」大（太）公【曰】……爲大。」文王曰：「顚（願）聞其一三五七所以爲大。」大（太）公曰：「國不法法以爲正（政），不一三五八……

・文王問大（太）公曰：「有國者一三五九……

・文王問大（太）公曰：「立本朝一三六〇……

・文王問大（太）公一三六一……

【・】文王問大（太）【公曰】一三六二……

【・文王】問大（太）【公曰】一三六三……

……□者何以也？」大（太）公一三六四……

……□何？」大（太）公曰：「以一三六五……

……也何如？」大（太）公一三六六……

……□知所終。」文王一三六七……

……危。」文王曰一三六八……

……文王一三六九……

〔一〕自此句至下文「起道也」一段，文字與《六韜・文韜・明傳》相近。簡文此句，《明傳》作「文王曰：『先聖之道，其所止，其所起，可得聞乎？』」《明傳》在此句之前，尚有「文王寢疾，召太公望……太公望曰：王何所問」一段文字。

〔二〕《明傳》作「太公曰：『見善而怠，時至而疑，知非而處。此王者，道之所止也』」，無「是是而弗能居」句。敦煌寫本《六韜》殘卷（伯希和3454號）作「太公曰：『見善而迨，時至而勿疑，去非而勿處，故義與明是矣而不能居。此四者，道之所止也。』」文字較今本爲多，但有訛誤。《周書・王佩》及本輯壹・三《兵之恒失》亦有與此相似之文字。《周書・王佩》：「見善而怠，時至而疑，亡正處邪，是弗能居。此得失之方也，不可不察。」《兵之恒失》：「兵見善而怠，時至而疑，去非而處邪，是是而弗能居，不能斷者也。」據《兵之恒失》，敦煌本《六韜》「時至而勿疑，去非而勿處」二句「勿」字皆當屬衍文，蓋因「勿」「而」二字形近而誤衍，又「處」字下奪「邪」字。敦煌本「故義與明是矣而不能居」句，當與簡文「是是而弗能居」句同意，但文字可能有錯誤。今本《明傳》蓋因脱去此句，遂臆改「此四者」之「四」爲「三」。但如將末二句作爲一事看待，則今本「三」字不誤。簡文「大公【曰】」以下一句，似可補足爲【見善而怠，時至而疑，知（或爲「去」）非而處】邪……」。

〔三〕《明傳》作「柔而静，恭而敬，强而弱，忍而剛。此四者，道之所起也」。龍、恭二字古音相近可通，但「貪而廉」、「弱而强」兩句「而」字前後二字義正相對，恭、敬二字義重，疑有誤。或謂龍當讀爲寵。《明傳》「忍」字疑讀爲韌，柔、韌義近。玄應《一切經音義》卷一九引《字林》「韌，柔也。」《淮南子・原道》有「弱而能强，柔而能剛」語。古能、而二字音近通用。疑此處「貪而廉，龍而敬，弱而强，柔而剛」四「而」字皆當讀爲「能」。據下文「行止道」、「行起道」二語，簡文「止道」、「起道」似是兩種道的名稱。疑「止道」指停滯、滅亡之道，「起道」指興旺、勝利之道。《明傳》於此句下尚有「故義勝欲則昌，欲勝義則亡；敬勝怠則吉，怠勝敬則滅」一段，全文終此。

〔四〕「肣」字原殘，據文義及殘存筆畫定爲「肣」字。其下一殘文，似是「廉」字。

〔五〕自此句至下文「國不法法以爲正……」一段，與下引《羣書治要》卷三一所録《六韜・文韜》之文相近：「文王問太公曰：『願聞爲國之大失。』太公曰：『爲國之大失，作而不法法，國君不悟，是爲大失。』文王曰：『願聞不法法，國君不悟。』（敦煌本《六韜》於此句下尚有「是爲大失」四字。）太公曰：『不法法，則令不行（下略）。』」

（六）成王與周公旦

【・】成王問周公旦曰：「顚（願）聞有國一三七〇……

……爲大。」周公旦曰：「□以人之惡自爲善一三七一……

……【周公】旦曰一三七二……

（七）齊桓公與管子

・齊桓公問管子曰：一欲一三七三……

・齊桓公問管【子曰】一三七四……

・齊桓公一三七五……

・齊桓公一三七六……

【・齊】桓公問管子曰：「爲天下一三七七……

【·齊】桓公問管【子曰】一三七八……

……□者失之。」〔一〕桓公曰：「顯（願）聞下賢一三七九……

……奈何？管子曰：「在於取人。」桓公曰：「桀、綬（紂）以取人亡，湯、武一三八〇……曰：〔二〕「桀、紂之取人也，取

能與己成其欲者；湯、武之取一三八一……

……能與己成其欲者一三八二……

……取人奈何？」一三八三……

……□亡。」桓公曰：「霸道何如？」管子一三八四……

……脩（修）霸，不脩（修）霸道，而欲以兵□□一三八五……

……也。利不足一三八六利，人衆不足猥（畏）者，後亡。」桓公曰：「居先亡之埶（勢）而不□一三八七……

……所以先亡後亡一三八八……

……桓公曰：「爲國不能定一三八九國風者何以也？」管子曰：「貴其所一三九〇……

……□民，故不能定一三九一……

……□之者何以也。」管子曰：「不憂其憂一三九二……

……□□□□□危亡者何以也？」管【子曰】一三九三……

……之大失。」管子曰一三九四……

……□者何以也？」管【子曰】一三九五……

……□之所以。」管子一三九六……

……□管子一三九七……

……之管子一三九八……

……管子曰一三九九……

……桓公曰：「顯（願）聞□□□一四〇〇……

……桓公曰：「其爲天一四〇一……

……□也。」桓公曰一四〇二……

……桓公曰一四〇三……

……者。」桓一四〇四【公曰】……

〔一〕「者」上一字半殘，右旁從「喬」，當讀爲驕。此字上有句讀號。

〔二〕一三八〇號簡下端約殘缺十字，據文義似可補足爲「湯、武【以取人興者，何以也？管子】曰……」。

（八）秦穆公與百里奚

•秦繆（穆）公一四〇五……

……柏（百）里傒（奚）曰：〔一〕「惡聞其請（情）。」一四〇六

……如？」柏（百）里傒（奚）曰：「惡聞其請（情）。」一四〇七

……□者也。」繆（穆）【公曰】一四〇八……

〔一〕柏里傒，即百里奚。柏與百，傒與奚，古音相近可通。

（九）晉文公與郭偃〔一〕

•晉文公問【郭偃曰】一四〇九……

【•】晉文公【問郭偃曰】一四一〇……

【·晉文公】問郭【偃曰】一四一一……

……郭偃曰：「不憂其憂者之爲憂一四一二……

……□郭偃曰：「以亂弱國一四一三……

……□也何如？」郭一四一四【偃曰】……

……【郭】偃曰：「无□一四一五……

……郭偃一四一六……

……【郭】偃曰一四一七……

〔一〕《國語·晉語四》：「文公問於郭偃曰：『始也，吾以治國爲易，今也難。』對曰：『君以爲易，其難也將至矣。君以爲難，其易也將至焉。』」可參考。

（一〇）楚莊王與孫叔敖

【·】楚莊王問孫叔囂（敖）曰：〔一〕「欲善爲一四一八……

【·楚莊】王問孫叔【囂（敖）曰】一四一九……

【·楚莊】王問孫【叔囂（敖）曰】一四二〇……

……孫叔囂（敖）曰：「其立本朝一四二一……

……也何如？」孫叔【囂（敖）曰】一四二二……

……□者。」孫叔囂（敖）曰：「國□一四二三……

……□孫叔囂（敖）曰：「不□一四二四……

〔一〕孫叔囂，即孫叔敖。囂、敖二字音近古通。

（一一）魏襄王與杜子〔一〕

•巍（魏）襄王問杜子一四二五……

【•】巍（魏）襄王問杜子爲國□一四二六……

【•巍（魏）襄王】問杜【子曰】一四二七……

……其爲國也何如？」杜子一四二八……

……者也。」襄王曰：「爲國不一四二九……

……【襄】王曰：「爲國不能斷一四三〇……

……之理不能不可亡也。」襄一四三一【王曰】……

……以爲大。」杜子曰：「失所以爲一四三二……

……也。」杜子曰：「不能□〔二〕一四三三……

……何以也？」杜【子曰】一四三四……

……杜子一四三五……

……襄王曰〔三〕一四三六……

……杜子曰〔四〕　七百〔五〕一四三七

〔一〕杜子當爲魏襄王文臣，待考。

〔二〕「能」下殘文，左旁爲「言」。

〔三〕此簡與一四二八號簡似爲一簡之折。

〔四〕此疑是本組簡文之篇尾篇題。「杜」字原文僅殘存左半「木」旁。在銀雀山一號漢墓出土竹簡中，所見稱「子」之人，僅杜子之姓從「木」，故定此字爲「杜」字。

〔五〕此當爲篇末所記字數。本組所收殘簡共七十餘字，僅及原有字數的十分之一。

三七　【郭偃論士】〔一〕

……郭偃曰：「一曰辯士，二曰斿（游）議之士，三【曰】强士。辯士之所一四三八【欲，欲國力□□。國力□□也，則辯】士能以衆黨□〔二〕一四三九……貴富於國。此辯士之所以欲國力【□□也。】斿（游）議士之所一四四〇【欲，欲國治之】無成風。〔三〕【國治之無成風】也，則斿（游）議之士能以誹譽取顯於國一四四一……【此斿（游）議之士之】所以欲國治之無成風也。强士之所欲，欲上（尚）力，上（尚）力之□一四四二……戰於國。此强士之所以欲上（尚）力一四四三……

……郭偃曰：「國有〔四〕一四四四……

……曰：「舉士，天下之所共以爲可也，有舉士而君危國一四四五……

……所共以爲可也，有一四四六……

……之所共以爲一四四七……

……得其所欲，而君危國危。」文公曰一四四八……

……□曰：「舉士可（何）如而三士得其所□一四四九……

……以取舍合，以聽譽，以鄉里舉一四五〇……

……賢之治。天下治，可爲諸侯。不曹（遭）時，危一四五一……

……則萬民不以死行其難。一四五二

〔一〕以下所録簡文爲晉文公與郭偃問答之辭，因其字體與本輯壹·三六（九）所收晉文公與郭偃問答之辭不同，故未收入該篇。

〔二〕「辯士之所」下缺文，據全篇文例及一四四〇號簡「此辯士之所以欲國力【□□也】」句補。缺文「欲，欲國力□□。國力□□也」，原當作「欲＝國＝力＝□＝□＝也」。此段也可能應讀爲「辯士之所【欲，欲國力□□也。國力□□，則辯】士能以衆黨……」下同。

〔三〕「無成風」三字重文號原已殘去，釋文補出。

〔四〕自此簡至一四五二號九殘簡，字體、内容皆與以上各簡相似，有的簡並言及郭偃、文公、三士，當屬本篇無疑，除一四五二號簡爲篇末簡外，其他各簡在篇中位置多難以確定，故皆録於篇末。

三八　【民之情】

……【一曰】……勝，民盡力致死，民之請（情）也。〔一〕一四五三

【二曰】……不□其官，民知分。民知分死誼（義），民之請（情）也。一四五四

三曰：卿大夫官吏士民儆（敬）節，〔二〕高其誼（義），佴〔三〕其【□】，行其俗，民之請（情）也。一四五五

四曰：卿大夫官吏士民之守職也固，民死分，民之請（情）也。一四五六

五曰：知所輕所重之分，而俗高賢。俗高賢而民志。民志，可與犯難，民之請（情）也。一四五七

【六曰：□】□而國力槫（摶）。〔四〕國力槫（摶）而民出於爲上。民出於爲上，可與堅戰固守，民之請（情）也。一四五八

【七曰：□】士卒共甘苦，趴（赴）堅難，佀（冒）白刃，〔五〕蒙矢石，民難敝，民之請（情）也。一四五九

八曰：賞罰信，功貴勞利，所以致顯榮佚（逸）樂之涂（途）陜（狹），民勸賞猥（畏）罰，民之請（情）也。一四六〇

傳曰：用衆无得於八者，而欲徒以刑罰威之，難以用衆。一四六一

〔一〕本篇之首似應先有幾句議論，然後接「一曰」云云。此簡上端殘折，但缺字不多，「一曰」當書於所缺前一簡上。除此簡外，本篇尚有三簡缺簡首，應爲「二曰」、「六曰」及「七曰」三條，但究竟哪一簡是哪一條不易確定。目前的排列不一定正確。

〔二〕儆，讀爲敬。《荀子·王霸》：「朝廷必將隆禮義而審貴賤，若是，則士大夫莫不敬節死制者矣。」楊倞註：「節，忠義。」

〔三〕佴，疑讀爲恥。佴、恥二字均從耳聲，音近可通。

〔四〕槫，讀爲摶，結聚，集中。《商君書·壹言》：「夫聖人之治國也，能摶力，能殺人。」

〔五〕佀，此字不見於字書，字當從人目聲，在此應讀爲冒。目、冒二字古音相近。從「冒」聲的「瑁」，《説文》古文作「玥」，從「目」聲，此是其例。《漢書·李廣傳》：「士張空拳，冒白刃，北首争死敵。」顔師古註：「冒，犯也。」

三九　【有國之效】

有國之效：與民之請（情）。效曰：愛踰（喻），信結，威立，士用，陳（陣）固，備應，兵中其用一四六二……難用。愛不踰（喻），信不結，威一四六三不立，士不用，陳（陣）不固、備不應，□一四六四……

……有國之效：爲治一四六五……

……效曰：有國之爲一四六六……

……【有】國之效：才一四六七……

……以亡。效曰：才（材）士□一四六八……

四〇　【有主以爲任者】

……□自危危國，有主以爲一四六九【任者】……

……在易處，有主以爲任者。國之事舉一四七〇……

……【有主】以爲任者。鄰國諸侯四方有欺其君者，有一四七一主以爲任者。國有福禍，君弗先知，有主以爲任【者】一四七二

……

……【有主以】爲任者。兵之勝理不見，有主以爲任者一四七三……

……不理，不安其臧（藏），傷都邑，〔二〕有主以爲任者。士一四七四……

……【有主以爲任】者。士涂（途）不利，賢者蔽，有主以爲任【者】一四七五……

……【有主以爲】任者。士民□一四七六……

……商賈不壹其事，有主以爲【任者】一四七七……

……君，有主以爲任者。樂失德宜一四七八……

……以求容，有主【以爲任者】一四七九……

……□□其君者，有【主以爲任者】一四八〇……

……【有主以爲】任者。□一四八一……

……有主以爲【任者】一四八二……

……【有主以】爲任者一四八三……

……有主【以爲任者】一四八四……

……【有主以爲】任者一四八五……

〔一〕此段文字當指水不治理，危害都邑。《管子·立政》：「溝瀆不遂於隘，鄣水不安其藏，國之貧也。」

四一　【自危自忘】

•一曰：師過。師過，合於【自□□國。】一四八六

•四曰：以國佽。〔一〕以國【佽】，合於自危【危】國。一四八七

【•】六曰：失自然。【失】自然，合於自忘忘國。一四八八

【•】□曰：失□〔二〕……失一四八九……

……□□國失國務。〔三〕……□國失國務，合於自【□□國。】一四九〇

……數用。……數用，合於自危危國。一四九一

……可正。……可正，合於自忘忘國。一四九二

……宜。……【宜】，合於自忘忘國。一四九三

……□。……□，合於自忘忘國。一四九四

……【合於自】忘忘國。一四九五

〔一〕 ⿰亻或，此字不見於字書，字當從人或聲，在此疑讀爲「惑」。

〔二〕 「失」字下一殘文原當有重文號。

〔三〕 「國〓失〓國〓務〓」之上二字殘泐，第二殘文有重文號，第一殘文似無重文號，疑是「曰」字，如此則此簡釋文應作「【•□】曰：□國失國務。□國失國務，合於自【□□國】」。

四一 【國法之荒】〔一〕

……者，以其國法之芒（荒），正（政）之壞，塞之扁（漏），俗之失，令之相傷，教之相一四九六害，物衡失，【禁失】。何以知法之芒（荒）？國之所以利民之道少，民之所苦於國者多，乃一四九七【法之芒（荒）也。何以知正（政）之】壞？國之所以畜一四九八……【乃正（政）之壞也。何以知塞之扁（漏）？……乃塞之扁（漏）也。何以知俗之失？】……民之精氣不在於守戰，離上難用，重私輕公，忘大節，乃俗之一四九九失也。何以【知令相】傷，教相害，物衡失，禁失？刑罰蘩（繁），〔二〕賞罰極，民之靡敝不得一五〇〇……【乃令相傷，教相】害，物衡失，【禁失也。】一五〇一……

……□幸，而无弗爲之心，乃一五〇二……

……□下无弗爲之心，而以腞（遯）罪辟（避）刑爲故。故刑罰重而犯者衆，賞一五〇三……

……萬民苦之。國弗事禁，吏一五〇四……

……何以知國之弗事禁者？以其賞一五〇五……

……民苦之。吏弗禁，民相儴（攘）之所生也。何以知吏之弗事禁一五〇六……

……□靡相尚，〔三〕强乘弱，衆暴寡，知（智）牟愚，吏污資之所生也。一五〇七……

〔一〕以下所録簡文，字體、内容均相近似，似爲一篇，但一五〇二號以下諸簡，與上文聯繫不甚緊密，它們之間的關係有待進一步研究。

〔二〕蘩，此字不見於字書，疑是《説文》「緐」字之異體；也有可能從艸緐聲，爲蘇（蘩）之異體，在此借爲「繁」。

〔三〕「靡」上一字殘損，當是「移」字，讀爲「侈」。

四三　【聽有五患】

……之。曰：麻索易詳之音，非一人之聲也；千金之裘，非一狐之白也；〔一〕先王之經紀天下，一五〇八非一人之□也。〔二〕故曰：叚（假）而有（又）叚（假），果有天下。〔三〕耤（借）而有（又）耤（借），果成王伯（霸）。叚（假）耤（借）務其道存乎一五〇九聽。然而聽有五患：其二在内，其三在外。曰：内之二患何也？曰：中心不虚，耳目一五一〇不開，唯（雖）聞善言，不褚於心，〔四〕内二患也。外三患何？曰：貴其埶（勢），因聽其言；美其色，一五一一因聽言；〔五〕親其身，因聽其言。然則貴、美、親，不必知（智）；賤、惡、疏，不必愚。是故曰：聽【貴一五一二如】聽賤，聽美如聽惡，聽親如聽疏。然□外患除矣。故萬乘之主，務存於【舉一五一三廢償（賞）】罰。〔六〕曰：何從知其然也？曰：昔者周武王舉大（太）公望，昭（召）公昔（奭）、〔七〕周公旦從之，何□一五一四□類利耳。故舉一賢而二賢從之。幾（豈）直二賢從之而已才（哉）！天下之士皆至。武王□一五一五□□□□□□□□天子□□□□□□□成□者□□於得大（太）公望也。□〔八〕一五一六貴爲天子，富有天下，殺王子比干，翏（戮）箕子胥餘。〔九〕誅賢大夫二人，而天之士皆【□】一五一七罰至於身死爲翏（戮）邦爲虚（墟），可胃（謂）不能誅矣。故萬乘之主，務存於舉廢償（賞）一五一八罰，之兩主者是已。一五一九

〔一〕《墨子·親士》：「千鎰之裘，非一狐之白也。」

〔二〕「之」下一字殘泐，似是「知」字，讀爲智。《説苑·建本》：「千金之裘，非一狐之皮；臺廟之榱，非一木之枝；先王之法，非一人之智也。」用語與此相近。

〔三〕本書第一輯《六韜》第七篇有「叚（假）則有（又）叚（假），以王天下……」殘文，與此相近。

〔四〕褚，當讀爲著或儲。

〔五〕此句「聽」下漏寫一「其」字。

〔六〕「舉廢債」三字據下文「故萬乘之主，務存於舉廢債（賞）罰」句補。

〔七〕昭公昔，即召公奭。昭與召，昔與奭，古音相近可通。

〔八〕此殘文當爲紂之名。《墨子・明鬼下》「昔殷王紂，貴爲天子，富有天下……」。

〔九〕膠，讀爲戮，侮辱。胥餘，箕子之名。《莊子・大宗師》「箕子胥餘」，陸德明《釋文》：「司馬云：胥餘，箕子之名也，見《尸子》。崔同。又云《尸子》曰：『箕子胥餘，漆身爲厲，被髮佯狂。』或云《尸子》曰比干也，胥餘其名。」簡文以王子比干與箕子胥餘並提，胥餘不可能爲比干名。

四四　【德在民利】〔一〕

……德在民利，〔二〕威在下尚（上）合，爲〔三〕一五二〇……過在〔四〕一五二一……在蚤（早）豫，〔五〕一五二二……民在知過，〔六〕用兵在知時，【□□□】在合〔七〕……□在内除，化在多私，〔八〕一五二三……福在〔九〕一五二四……害在所〔一〇〕一五二五……威，安在共樂，〔一一〕安强〔一二〕一五二六……亡在不知時。〔一三〕見一五二七……可不察〔一四〕一五二八……

★　★　★　★　★

……威在不變〔一五〕一五二九……

……□在多私〔一六〕一五三〇……

〔一〕以下所收殘簡文字，與《周書・王佩》篇大致相合，簡文前後次序即根據《王佩》排列，可能與原來的實際情況有出入。

〔二〕……德在民利　《周書・王佩》（據四部叢刊影印明嘉靖間刻本）作「王者所佩在德，德在利民」。簡文「德」字右側微殘，但從此字與下一字的距離看，似原無重文號。

〔三〕威在下尚合爲……　《王佩》作「民在順上，合爲在因時」。簡文「尚」當讀爲「上」，二字古通。「威在下上合」似當作一句讀。《管子・君臣上》「法制有常，則民不散而上合」，意與此近。「下尚（上）合」一語，亦見於本輯壹・七「十五爲國之過」條。按《王佩》「民」字當作「威」，蓋涉上文「民」字而誤。「民」、「威」二字形亦相近。疑後人因「威」誤作「民」，遂臆改「下」爲「順」，以就文義，又誤將「合」字屬下讀。孔晁註此句云：「天子事天，所以威下使事上。」似孔所據本未誤。

〔四〕……過在……　《王佩》作「不過在數懲」。

〔五〕……在蚤豫　《王佩》作「不困在豫慎」。

〔六〕……民在知過　《王佩》作「安民在知過」。

〔七〕用兵在知時【□□□】在合……　《王佩》作「用兵在知時，勝大患在合人心」。

〔八〕……□在内除化在多私　《王佩》作「孽子在聽内，化行在知和」。簡文「在内除」上一殘文，似是「辟」字，「辟」可讀爲「孽」。

〔九〕……福在……　《王佩》在「化形在知和」句後有「福在受諫」一句，又有「禍福在所密」一句，「在」前均爲「福」字。此殘簡文字當屬其中之一句。

〔一〇〕……害在所……　《王佩》作「利害在所近」。

〔一一〕……威安在共樂　《王佩》作「尊在慎威，安在恭己」。

〔一二〕安强……　《王佩》無此句。

〔一三〕……亡在不知時　《王佩》作「危亡在不知時」，緊接「安在恭己」句後。

〔一四〕見……可不察……　《王佩》作「見善而怠，時至而疑，亡正處邪，是弗能居。此得失之方也，不可不察」。全篇終此。

〔一五〕以下所收二殘簡，字體、内容皆與本篇相似，疑當屬於此篇，但其文字不見於今本《王佩》，在篇中的位置無法確定，故附於篇末。《尉繚子·十二陵》篇，文句多與《王佩》相近，篇首有「威在於不變」一語。

〔一六〕「在」上一字殘泐，似是「行」字。一五二三號簡有「化在多私」句，《王佩》篇中與之相當的文字爲「化行在知和」。疑簡文此句原來的位置在「化在多私」句後，《王佩》「化行在知和」句實與簡文此二句相當。「私」「和」二字未知孰是孰誤。

四五　十陣

十陣（陣）一五三一背

•凡陳（陣）有十：有枋（方）陳（陣），有員（圓）陳（陣），〔一〕有疏陳（陣），有數陳（陣），〔二〕有錐行之陳（陣），〔三〕有鴈（雁）行之陳（陣），〔四〕有鉤行之陳（陣），〔五〕有玄襄一五三一正之陳（陣），〔六〕有火陳（陣），有水陳（陣）。此皆有所利。枋（方）陳（陣）者，所以剸也。〔七〕員（圓）陳（陣）者，所以槫也。〔八〕疏陳（陣）者，所以吴也。〔九〕一五三二數陳（陣）者，爲不可掇。〔一〇〕錐行之陳（陣）者，所以夬（決）絶也。鴈（雁）行之陳（陣）者，所以椄（接）射也。〔一一〕鉤行之陳（陣）者，所以一五三三變質易慮也。〔一二〕玄翼之陳（陣）者，所以疑衆難故也。〔一三〕火陳（陣）者，所以

拔也。〔一四〕水陳（陣）者，所以倀固也。一五三四

•枋（方）陳（陣）之法，必[酉尃]（薄）中厚方，〔一五〕居陳（陣）在後。中之[酉尃]（薄）也，將以吳也。重□其□，〔一六〕將以剸也。居陳（陣）在後，所以□一五三五……

【圓陣之法】〔一七〕……

【疏陣之法】，兵甲寡而人之少也，是故堅之。武者在旌旗，是人者在兵。〔一八〕故必疏鉅閒（間），〔一九〕多其旌旗羽旄，砥一五三六刃以爲旁。疏而不可戚（蹙），〔二〇〕數而不可軍者，〔二一〕在於慎。車毋馳，徒人毋騶（趨）。〔二二〕凡疏陳（陣）之法，在爲數醜，〔二三〕或進一五三七或退，或毄（擊）或[豸頁]，〔二四〕或與之征，或要其衰。〔二五〕然則疏可以取閱（鋭）矣。一五三八

數陳（陣）之法，毋疏鉅閒（間），戚而行首積刃而信之，〔二六〕前後相葆（保），變□□□，甲恐則坐，〔二七〕以聲坐□，往者弗送一五三九，來者弗止，或毄（擊）其迂，或辱其閱（鋭），〔二八〕笄之而无閒（間），[車反]山而退。〔二九〕然則數不可掇也。一五四〇

•錐行之陳（陣），卑（譬）之若劍，末不閱（鋭）則不入，刃不溥（薄）則不剸，本不厚則不可以列陳（陣）。〔三〇〕是故末必閱（鋭），刃必溥（薄），一五四一本必鳴（鴻）。〔三一〕然則錐行之陳（陣）可以夬（決）絶矣一五四二

【雁行之陣】，……中。此謂鴈（雁）陳（陣）之任。前列若䧴，後列若狸，〔三二〕三一五四三……□□□闕羅而自存。此之胃（謂）鴈（雁）陳（陣）之任一五四四

鉤行之陳（陣），前列必枋（方），左右之和必鉤。〔三三〕參（三）聲氣（既）全，五菜（彩）必具，〔三四〕辯（辨）吾號聲，〔三五〕知五旗。无前无後，无一五四五……

•玄翼之陳（陣），必多旌旗羽旄，鼓罪罪莊，〔三六〕甲亂則坐，車亂則行，已治者□，榼榼啐啐，〔三七〕若從天下，若從一五四六地出，〔三八〕徒來而不屈，〔三九〕終日不拙。此之胃（謂）玄翼之陳（陣）。一五四七

•火戰之法，〔四〇〕溝壘已成，重爲溝漸（塹），五步積薪，必均疏數，從役有數，令之爲屬枇，必輕必利，風辟一五四八……□火氣（既）自覆，與之戰弗剋（克），坐行而北。火戰之法，下而衍以莽，一五四九三軍之士无所出泄。〔四一〕若此，則可火也。陵猋蔣莽，薪蕘氣（既）積，營窋未謹。〔四二〕如此者，可火也。以火亂一五五〇之，以矢雨之，鼓譟敦兵，〔四三〕以埶

（勢）助之。火戰之法。一五五一

•水戰之法，必衆其徒而寡其車，令之爲鈎楷蓯柤貳輯□〔四四〕絳皆具。進則必遂，退則不戚（蹙），方一五五二戚（蹙）從流，〔四五〕以適（敵）之人爲召（招）。〔四六〕水戰之法，便舟以爲旗，馳舟以爲使，適（敵）往則遂，適（敵）來則戚（蹙），推攘一五五三因慎而飭之，移而革之，陳（陣）而攴之，規而離之。〔四七〕故兵有誤，車有御，徒必察其衆少，毄（擊）舟簸津，示民一五五四徒來。水戰之法也。

七百八十七〔四八〕一五五五

〔一〕方陣、圓陣之名，古書屢見。《文選・班固封燕然山銘》李善註引雜兵書「八陣者：一曰方陣，二曰圓陣……」《北堂書鈔》卷一一七「圓者土，方者金」，下引《黄帝問玄女兵法》「敵人爲曲陣，己以圓陣攻之。圓陣者，土陣也。敵人爲直陣，己以方陣攻之。方陣者，金陣也」。《五行大義》卷四及《太平御覽》卷三〇一引《周書》亦有方陣、圓陣。《武經總要》前集卷八《裴子法》方陣圖下云：「方陣圖乃黄帝五行之金陣，於卦屬兑，於五音屬商，爲白獸，則孫子之方陣，吴起之車箱陣，諸葛亮之同當陣，以其行伍洞徹而相當也。」又圓陣圖下云：「圓陣圖者，乃黄帝五行之土陣，於卦屬艮，於五音屬宫，爲勾陳，則孫子之圓陣，吴起之車釭，諸葛亮之中黄陣，以其居中位者土也。」

〔二〕疏陣與數陣相對。疏，稀疏。數，密集。

〔三〕錐行之陣，當是形如尖錐的鋭陣。參看註〔三二〕。

〔四〕《太平御覽》卷三〇一引《左傳》昭公二十一年「與華氏戰於赭丘。鄭翩願爲鸛，其御願爲鵝」，下有註云：「鸛，鸛陣也。鵝，雁行陣也。」《文選・班固封燕然山銘》李善註引雜兵書「八陣者……八曰雁行陣。」《武經總要》前集卷八《裴子法》有雁行陣圖，下云：「雁行陣者，乃太公三才之天陣，於卦屬乾宫，則孫子之雁行陣，吴起之鵝鸛陣，諸葛亮之衡陣，以其連接如稱衡也。《左傳》曰鄭翩願爲鸛，其御願爲鵝是也。」《裴子法》又云：「雁行前鋭後張，延斜而行，便於繞人」，「雁行延斜，張兩翼，便於左右，利於周旋也」。

〔五〕《左傳》哀公十七年「越子爲左右句卒」，杜註：「句卒，鈎伍相著，别爲左右屯。」本篇下文云鈎行之陣「左右之和必鈎」，其陣形當與此相類。

〔六〕玄襄，後文作玄翼，義未詳。

〔七〕《説文・首部》「䁥，截也。」或體作剸。《廣雅・釋詁一》「䁥、剸，斷也。」《周書・大明武》「方陣並功（攻），云何能御？」此處簡文云「方陣者，所以剸也」，都説明方陣是主攻的。

〔八〕槫，當讀爲「專」或「團」。《孫子・九地》「凡爲客之道，深則專，淺則散」，「專」與「散」對舉，散謂分散，專謂團聚爲一體。《武經總要》前集卷八《裴子法》云：「圓（指圓陣）勝牡（指牡陣），猶聚勝散也。」以爲圓陣之特點在於「聚」，與簡文所説相合。兵力集中則利於固守，故《裴子法》云「圓利守」，又云「圓陣無角，利以堅守」。下《十問》篇云「敵人圓陣以胥，自以爲固」，《史記・李將軍列傳》「匈奴左賢王將四萬騎圍廣，廣爲圜陣（即圓陣）外向」，也都説明圓陣是主守的。

〔九〕「也」上一字簡文作「吴」，疑是「吠」字之異體，與下兩句之「掇」、「絶」爲韻。「吠」在此借爲何字未詳，其義當與進攻有關。「吴」字又見下文一五三五號簡。

〔一〇〕掇，疑讀爲「剟」，割取。《尉繚子·兵令上》：「陣以密則固，鋒以疏則達。」「密」與「數」同意。陣密則固，故敵人難以用分割的辦法來對付此種陣形。

〔一一〕接射，指以弓矢交戰。以刀劍矛戟交戰謂之接刃，以弓矢交戰謂之接射。

〔一二〕慮，計謀，指作戰的方針、計劃。《尉繚子·勒卒令》：「計不先定，慮不蚤決。」又《六韜·虎韜·動静》：「敵知我慮，先施其備。」「變質」與「易慮」對舉。質，疑當訓爲本。疑此句意謂鈎行之陣宜在改變作戰計劃時運用。

〔一三〕從下文一五四六、一五四七號簡看，玄翼之陣似有製造聲勢迷惑敵人的作用，此處所謂「疑衆」當即此意。

〔一四〕《吕氏春秋·慎行》：「圍朱方，拔之。」高註：「覆取之曰拔。」

〔一五〕方，疑當讀爲「旁」。薄中厚旁，謂中間人少，旁邊人多。《武經總要》前集卷八《裴子法》云：「方陣正而厚。」又云：「方陣行重而厚。佚居者衆，用力者寡。」

〔一六〕「其」下一字右旁從「非」。案：從「非」聲之字，多包含旁側之意。如駕車之馬，在中曰服，在旁曰騑。此殘字似亦當訓爲「旁」。此句文義與上文「厚旁」相應。

〔一七〕據上文，此處當有論圓陣的簡文（參看註〔四八〕）。「圓陣之法」四字據本篇文例補。

〔一八〕是，疑當讀爲「示」（《左傳》宣公二年：「提彌明」，《史記·晉世家》作「示眯明」）。此二句意謂：顯示軍陣之威武者在於旌旗與武器。下文「多其旌旗羽旄，砥刃以爲旁」，與此相應。

〔一九〕疏鉅間，意謂加大隊列之間隔。鉅，疑當讀爲「距」。一説讀爲「拒」。《左傳》宣公十二年：「工尹齊將右拒卒，以逐下軍。（杜註：「右拒，陣名」。）……使潘黨率游闕四十乘，從唐侯以爲左拒，以從上軍。」

〔二〇〕蹙，迫也。

〔二一〕《廣雅·釋言》：「軍，圍也。」

〔二二〕徒人，步卒。趨，疾走。《司馬法·天子之義》：「徒不趨，車不馳。」

〔二三〕醜，衆也，類也。疑此句意謂使用疏陣之法時，要把軍隊分作數羣。

〔二四〕顡，本輯壹·二三《將過》篇用作「剛毅」之「毅」，當即《説文》「顡」字異體。下文一五五四號簡有「擊舟顡津」之語，亦以「顡」與「擊」對舉，其義未詳。

〔二五〕要其衰，即邀其衰。參看《孫臏兵法·陳忌問壘》註〔一一〕。

〔二六〕戚，疑當讀爲「蹙」，聚也，縮也。「行首積刃」似當連讀，與上文「砥刃以爲旁」相對，疑謂把兵器集中於隊列前部。信，疑當讀爲伸展之「伸」。

〔二七〕坐，指軍陣穩定不動。參看《孫臏兵法·威王問》註〔二八〕。《司馬法·嚴位》：「畏則密，危則坐。」

〔二八〕「或擊其迂」與「或辱其鋭」對舉。「迂」疑當讀爲「窳」，弱也。「辱」當讀爲「衄」。《釋名·釋言語》：「辱，衄也。」《文選·曹植求自試表》「師徒小衄」，李善註：「猶挫折也。」《文選·左思吴都賦》：「莫不衄鋭挫鋩。」

〔二九〕軷山，疑當讀爲「蹣跚」。《玉篇·足部》：「蹣跚，旋行貌。」蹣跚而退，疑謂撤退時不走直路。

〔三〇〕本，疑指劍身，比喻軍隊的主力。《戰國策·趙策三》：「且夫吴干之劍材難夫毋脊之厚而鋒不入，無脾之薄而刃不斷。」簡文「本不厚」似與「毋脊之厚」同意。

〔三一〕《武經總要》前集卷八《裴子法》謂牡陣即吴起之鋭陣，又云「牡陣前鋭後重，象劍之鋒」，亦以劍爲譬，與簡文謂錐行之陣末鋭本鴻相類似。

〔三二〕⿰角雍，疑讀爲「⿰豸雍」，獸名，形似猿。狸，野猫。

〔三三〕《周禮·夏官·大司馬》「以旌爲左右和之門」，鄭註：「軍門曰和。」軍陣之左右翼亦稱左右和。《韓非子·外儲説左上》：「李悝與秦人戰，謂左和曰：速上，右和已上矣。又馳而至右和，曰：左和已上矣。左右和曰上矣。於是皆争上。」簡文左右和當指左右翼。參看註〔五〕。

〔三四〕《六韜·虎韜·軍略》：「晝則登雲梯遠望，立五色旌旗。夜則設雲火萬炬，擊雷鼓，振鼙鐸，吹鳴笳。」簡文所謂三聲，當指鼓、鐸、笳等軍樂之聲，下文所謂「號聲」疑即指此。五彩，指五色旗旌，亦即下文所謂「五旗」。

〔三五〕號聲，軍中號令之聲，參看上註。

〔三六〕此句文義不明。罪，馬王堆帛書或用作「飛」字。此字下之符號可能是重文號，也可能是合文號。如是合文號，則此句當讀作「鼓羽非莊」。

〔三七〕榼榼啐啐，疑指士卒鼓譟之聲。《漢書·司馬相如傳》引《上林賦》「翕呷萃蔡」，王先謙《漢書補註》謂是「衣之聲」。「翕呷萃蔡」與「榼榼啐啐」音近。

〔三八〕類似之語亦見《六韜·虎韜·必出》：「材士强弩，隱伏而處，審候敵人追我，伏兵疾擊其後，多其火鼓，若從地出，若從天下。」又《淮南子·兵略》：「卒如雷霆，疾如風雨，若從地出，若從天下。」

〔三九〕徒，步兵。屈，窮盡。「徒來」之語亦見《孫子·行軍》：「塵高而鋭者，車來也。卑而廣者，徒來也。」

〔四〇〕此節文字分前後兩段，第二段開頭重複「火戰之法」四字（見一五四九號簡）。第一段言防禦火攻之法。（「重爲溝壍」謂掘溝壍防火。《武經總要》前集卷五引《唐烽式》謂燒烽烟所用之薪草「所委積處亦掘壍環之，防野燒延燎」，可證）第二段言火攻敵軍之法。下文「水戰之法」亦分兩段。疑亦是第一段言防禦敵人自水上進攻之法，第二段言自水上進攻敵人之法。

〔四一〕无所出泄，似謂士卒無處逃脱。

〔四二〕營窋，疑即營窟。《禮記·禮運》「冬則居營窟」，孔疏：「營累其土而爲窟。」

〔四三〕敦，勉也。意謂鳴鼓喧譟，以激勵士卒的鬭志。

〔四四〕此字不清，似是「嬴」字。

〔四五〕方戚，疑當讀爲「旁蹙」。

〔四六〕招，箭靶。參看《孫臏兵法·兵情》註〔八〕。

〔四七〕《孫子·計》「親而離之」，《太平御覽》卷二七〇引作「規而離之」。《淮南子·主術》「若欲規之，乃是離之」，亦以「規」與「離」相對爲文。「陣而支之，規而離之」之語又見後《十問》篇一五五九號簡。

〔四八〕本篇現有各簡補足缺字後總計約六百五十字，較此數少三十七字。篇中除論圓陣一節全缺外，方陣及鈎行之陣二節文字亦不全，但方陣所缺可能只一「也」字，鈎行之陣缺字似亦不多。如此處所記字數不誤，則圓陣一節字數當佔一簡左右（本篇每簡字數多爲三十四五字）。

四六 十問〔一〕

十問 一五五六背

·兵問曰：交和而舍，〔二〕粱（糧）食鈞（均）足，人兵適（敵）衡，〔三〕客主兩懼。〔四〕適（敵）人員（圓）陳（陣）以胥，〔五〕因以爲固，毄（擊）此奈何？曰：一五五六正毄（擊）此者，三軍之衆分而爲四五，〔六〕或傅而詳（佯）北，〔七〕而示之懼。皮（彼）見我懼，則遂分而不顧。因以亂毀其固。一五五七駟（四）鼓同舉，五遂（隊）俱傅。〔八〕五遂（隊）俱至，〔九〕三軍同利。此毄（擊）員（圓）之道也。一五五八

·交和而舍，適（敵）富我貧，適（敵）衆我少，適（敵）强我弱，其來有方，毄（擊）之奈何？曰：毄（擊）此者，或陳（陣）而支之，規而離一五五九之，〔一〇〕合而詳（佯）北，殺將其後，勿令知之。此毄（擊）方之道也。一五六〇

·交和而舍，適（敵）人氣（既）衆以强，巠（勁）疌（捷）以剛，兑（鋭）陳（陣）以胥，〔一一〕毄（擊）之奈何？毄（擊）此者，必參（三）而離之，一者延而衡，〔一二〕二者一五六一【□□□□□】恐而下惑，〔一三〕下上氣（既）亂，〔一四〕三軍大北。此毄（擊）兑（鋭）之道也。一五六二

·交和而舍，適（敵）氣（既）衆以强，延陳（陣）以衡，我陳（陣）而侍（待）之，人少不能，毄（擊）之奈何？毄（擊）此者，必將參（三）分我兵，練我一五六三死士，二者延陳（陣）長卾，〔一五〕一者財（材）士練兵，〔一六〕期其中極。〔一七〕此殺將毄（擊）衡之道也。一五六四

•交和而舍，我人兵則衆，車騎則少，適（敵）人什（十）負（倍），毄（擊）之奈何？毄（擊）此者，當葆（保）險帶隘，〔一八〕慎避光（廣）易。〔一九〕故一五六五易則利車，險則利徒。〔二〇〕此毄（擊）車之道也一五六六。

•交和而舍，我車騎則衆，人兵則少，適（敵）人什（十）負（信），毄（擊）之奈何？毄（擊）此者，慎避險且（阻），決而道（導）之，柢（抵）諸易。〔二一〕適（敵）一五六七唯（雖）什（十）負（信），便我車騎，三軍可毄（擊）。此毄（擊）徒人之道也。一五六八

•交和而舍，粱（糧）食不屬，人兵不足忲，〔二二〕絶根而攻，適（敵）人十負（信），毄（擊）之奈何？曰：毄（擊）此者，適（敵）人氣（既）□而守阻，我一五六九……反而害其虚。此毄（擊）争□之道也一五七〇

•交和而舍，適（敵）將勇而難懼，兵强人衆自固，三軍之士皆勇而毋（無）慮，其將則威，其兵則武，而理（吏）强粱（糧）一五七一疌（接），〔二三〕諸侯莫之或侍（待）。〔二四〕毄（擊）之奈何？曰：毄（擊）此者，告之不敢，示之不能，坐拙而侍（待）之，以驕其意，以隨（惰）其志，使一五七二適（敵）弗織（識），因毄（擊）其不□，攻其不御（禦），厭（壓）其駘（怠），攻其疑。〔二五〕皮（彼）氣（既）貴氣（既）武，三軍徙舍，前後不相堵（睹），故中而一五七三毄（擊）之，若有徒與。此毄（擊）强衆之道也。〔二六〕一五七四

•交和而舍，適（敵）人葆（保）山而帶阻，我遠則不椄（接），近則毋（無）所，毄（擊）之奈何？毄（擊）此者，皮（彼）斂阻移【□□□□□】一五七五則危之，攻其所必救，〔二七〕使離其固，以揆其慮，〔二八〕施伏設爰，〔二九〕毄（擊）其移庶。〔三〇〕此毄（擊）葆（保）固之道也。一五七六

•交和而舍，客主兩陳，適（敵）人刑（形）箕，〔三一〕計啻（敵）所顛（願），〔三二〕欲我陷復（覆），毄（擊）之奈何？毄（擊）此者，渴者不飲，飢者不食，三一五七七分用其二，期於中極，皮（彼）氣（既）□□，財（材）士練兵，毄（擊）其兩翼。故皮（彼）先喜後□，〔三三〕三軍大北。此毄（擊）箕之道也。　七百一十九〔三四〕一五七八

〔一〕本篇共十組問答，每組自成一段。除首尾二組位置可以確定之外，其他各組的前後順序是編者以意排定的。

〔二〕《戰國策·齊策一》：「秦假道韓、魏以攻齊。齊威王使章子將而應之，與秦交和而舍，使者數相往來。」《孫子·軍争》「合軍聚衆，交和而舍」，梅堯臣註：「軍門爲和門，兩軍交對而舍也。」

〔三〕敵，相當。衡，對等。

〔四〕客指進攻的一方，主指被攻的一方。《國語·越語下》「宜爲人客」，韋註：「先動爲客。」又《禮記·月令》「兵戎不起，不可從我始」，鄭註「爲客不利，主人則可」，孔疏：「起兵伐人者謂之客。」

〔五〕胥，待也。

〔六〕分而爲四五，謂分爲四隊或五隊。《六韜·豹韜·突戰》「敵人分爲三四」，「三四」亦指三隊四隊。參看註〔八〕。

〔七〕傅，疑當讀爲「薄」，迫也。《吴子·應變》：「敵近而薄我。」《六韜·犬韜·戰騎》：「薄其前後，獵其左右。」

〔八〕遂，當讀爲「隊」。《左傳》文公十六年：「分爲二隊。」《六韜·虎韜·金鼓》：「分爲三隊，隨而追之，勿越其伏。三隊俱至，或擊其前後，或陷其兩旁。」

〔九〕前註引《六韜》有「三隊俱至」之語，可參看。

〔一〇〕「陣而攴之，規而離之」，二語亦見《十陣》篇，參看該篇註〔四七〕。

〔一一〕鋭陣與延陣爲對。《荀子·議兵》：「故仁人之兵，聚則成卒，散則成列，延則若莫邪之長刃，嬰之者斷。兑（鋭）則若莫邪之利鋒，當之者潰。」鋭陣與錐行之陣相近，延陣與雁行之陣相近。

〔一二〕「延而衡」當與下文「延陣以衡」同意。「延陣」參看註〔一一〕。衡，同「横」。《北堂書鈔》卷一一七引諸葛亮《軍令》「連衡之陣，似狹而厚……」「延而衡」與「連衡」意亦相近。

〔一三〕疑此句原文當作「上恐而下惑」，「上」字殘去。

〔一四〕《六韜·虎韜·金鼓》「三軍無備，上下惑亂」，文義與此相近。

〔一五〕「罛」從羽巳聲，疑是「翼」字之異體。「巳」與「異」音相近，故「祀」或作「禩」。長翼，當讀爲「張翼」。

〔一六〕材，指材力技能。《荀子·王制》「案謹募選閱材伎之士」，楊倞註：「材伎，武藝過人者。」練兵，指經過簡選的士卒。《六韜·虎韜·略地》：「其練卒材士必出，其老弱獨在。」

〔一七〕中極，指軍陣之中心、要害所在。意謂材士練兵以襲擊敵軍將帥所在之處爲目標。《六韜·虎韜·臨境》「發我鋭士，潛襲其中」，《通典》卷一五九引《孫子》「陰伏吾士，與之中期，内外相應，其敗可知」，皆可參考。

〔一八〕保險帶隘，意謂憑藉險阻隘塞之地，恃以爲固。

〔一九〕廣易，指平敞開闊的地形。

〔二〇〕參看《孫臏兵法·八陣》註〔一〇〕。

〔二一〕抵，擠也，推也。

〔二二〕簡文此處有句讀號。怯，疑當讀爲「恃」。

〔二三〕理，當讀爲「吏」。《漢書·王莽傳》「夫吏者，理也」，《賈子·大政》「吏之爲言理也」，皆以理爲吏之聲訓字。《孫子·地形》「吏强卒弱曰陷。」疌，當讀爲「接」。此言「糧接」，上文言「糧食不屬」，「接」與「屬」義近。

〔二四〕《國語·楚語》「其獨何力以待之」，韋昭註：「待猶御也。」

〔二五〕《北堂書鈔》卷一一八引《司馬法》「因其病，攻其怠，擊其疑」，與此文義近。《國語·晉語十二》「鄢陵之役，荆厭晉軍」，韋昭註：「厭，謂掩其不備也。」《左傳》襄公二十六年記此事，「厭」作「壓」。簡文此處「厭」字誤寫作從「能」。

〔二六〕《通典》卷一五二「春秋末，吴子問孫武曰：敵勇不懼，驕而無慮，兵衆而强，圖之奈何？」武曰：「詘而待之，以順其意。無令省覺，以益其懈怠。因敵遷移，潛伏候待。前行不瞻，後往不顧。中而擊之，雖衆可取。攻驕之道，不可争鋒。」内容文字均與此段簡文相近。

〔二七〕《孫子·虚實》：「故我欲戰，敵雖高壘深溝，不得不與我戰者，攻其所必救也。」

〔二八〕揆，度也。慮，謀慮。《吴子·應變》：「敵人若堅守以固其兵，急行間諜，以觀其慮。」意與此近。

〔二九〕《淮南子·兵略》「審錯規慮，設蔚施伏」，又云「設規慮，施蔚伏」，可參考。

〔三〇〕庶，衆。移庶，指移動中的敵軍。

〔三一〕形箕，當指把軍隊布置成簸箕形的陣勢，以便合圍殲滅進攻者。

〔三二〕顛，即「顚」字之訛體。《説文·頁部》：「顚，顛頂也，從頁㬅聲。」「顚」與「願」音近。

〔三三〕「後」下一字從「心」，右半殘泐，疑是「懼」字。

〔三四〕本篇現有各簡補足缺字後總計約六百八十四字，較此數少三十五字，正當一簡。此缺簡位置似當在一五六九與一五七〇兩簡之間。

四七　略甲

略甲〔一〕一五七九背

·略甲之法，啇（敵）之人方陳（陣），士卒无□一五七九正……

……欲毃（擊）之，其埶（勢）不可。夫若此者，下之□一五八〇……

……□以國章，欲單（戰）若狂。夫若此者，少陳一五八一……

……□反。夫若此者，以衆卒從之，篡（選）卒因之，必將一五八二……

……□。〔二〕夫若此一五八三……

……篡（選）卒因之，必一五八四……

……其將勇，其卒衆□一五八五……

……威□□其難，〔三〕將之□也。分其衆，亂其一五八六治，孤其將，湯（蕩）其心，毄（擊）一五八七……

……左右旁伐以相趨，此胃（謂）鏤鈎毄（擊）。一五八八

〔一〕略甲，疑是略取敵人甲士之意。

〔二〕此字殘，疑是「旁」字。

〔三〕「其」上一字似「舉」字。

四八　萬乘

萬乘〔一〕一五八九背

•萬乘一五八九正……

……萬乘選一五九〇……

……萬乘一五九一……

〔一〕此是簡背標題，「乘」下可能還有缺字。能確定屬於本篇的竹簡，只有三根極短的殘簡，全篇内容不明。下四九、五〇兩篇字體皆與本篇相似，有可能「萬乘」即此兩篇中某一篇的標題。

四九　【富國】〔一〕

……夏國大饑，從湯者生，從桀者死。湯一五九二……

……呂尚曰：「以財」。武王曰：「吾誰與生財？」呂尚【曰】一五九三……

……□窮以實，來民以食。武王治其岐周□一五九四……

……武王之一五九五……

……欲舉大事而无貨，吾誰與生之？」大夫□〔二〕一五九六……

……者師之。告大夫種曰：「人具矣，有一五九七……

……歲耕必大利有道虖（乎）？□一五九八……

……人有桑田，身有南畝，〔三〕七年治地，以富越國。告大夫種一五九九……

……□□□〔四〕文錦。將欲戰之，必成其□一六〇〇……

……誰與舉一六〇一……

……□行之六年一六〇二……

……□武有在良所，吾一六〇三……

……□□□少而不圖，吾視之一六〇四……

……年而兵出州（周）留（流）天下，不服之國莫之能距（拒）一六〇五……

……隨（惰）其身，芒（荒）其地者，後適（敵）人，兵无備□一六〇六……

……故聖王禁之。故聖王者治其實，不治一六〇七……

……賢相所以成功者，故（古）今一也一六〇八……

……王忠臣知之深。　七百五一六〇九……

〔一〕本篇主旨謂舉大事者必先足食足貨，文中舉湯、武王、越王勾踐等爲證。由於竹簡斷缺，各簡原來次序難以確定。

〔二〕銀雀山竹簡中，「大夫」均書作「夫〓」，此處「大夫」字，右側合文號已殘去，今據下簡釋爲「大夫」。「夫」下一字已殘，當是「種」字。

〔三〕此簡上折，疑「人」上所缺是「夫」字，「夫人」與下句「身」字爲對文。「身」指勾踐，「夫人」指勾踐夫人。《國語・越語上》謂勾踐敗於吳國後，「非其身之所種則不食，非其夫人之所織則不衣」，《史記・越世家》謂其「身自耕作，夫人自織」。身自耕，故需有南畝。夫人自織，故需有桑田。

〔四〕以上四字，第一字只殘存極少筆劃，不可識。第二字左半從「辵」。第三字左半似從「舟」。第四字不可確識，字形近於「圂」字。

五〇　【三　算】〔一〕

……聞之曰：明王有三一六一〇……

……兵也。算天下之知（智），則勝倚（敵）國之謀。算天下之材（財），則勝倚（敵）國之力。一六一一……

……謀勝則知（智）不用，力勝則刑（形）不用，威一六一二勝則氣不用。此三一六一三……

……□此算也，然後功成而事立。此三算一六一四……

……下莫敢御其令，〔二〕德信則晦（海）内莫不樂褱（懷）其德。天下【莫敢御其令】而晦（海）内莫不樂褱（懷）其德，則王之實已一六一五……

……倚（敵）國之謀疑臣主之祭（際）□一六一六……

……怨而大臣乖，則主必恐而備疑家一六一七……

……□主過者亡。夫乘威而折（制）勝者，主一六一八……

……勝者无倚（敵）之一六一九……

……者巧勝倚（敵）一六二〇……

……□爲算……一六二一

〔一〕　本篇似乎主要是講制服天下之道的。由於竹簡斷缺，各簡原來次序難以確定。

〔二〕　據下句文例，此句似可補足爲「令信則天下莫敢御其令」。

貳　陰陽時令、占候之類

一　曹氏陰陽

漕（曹）是（氏）陰陽〔一〕一六二二

……行陰事者也。·秋冬，陰也。春夏，陽也。夫陰之中有陽，陽之中亦有一六二三【陰】……

……春之陰，正月三月。正月者刑一六二四……

……□□爲以不得已居之。·夏之陰，五月也。□一六二五……

……秋月者，諸物盡反（返）陰，以此徙，與物俱入静，吉。若以春夏徙，厥陰之陽散，有死之徒也。郣（窮）一六二六……

……橈以刑，〔二〕及十二月不盡十日，大神出営利以□〔三〕出一六二七……

……□諸末皆傷，〔四〕可因而行有罪之罰。若少静一六二八……

……□方静時而有動也。一六二九……

……陰何？以其得静也。一六三〇

……屬亦然。·甲丙戊庚壬，陽也。乙丁己辛癸，陰也。〔五〕一六三一寅卯巳午未戌，陽也。申酉亥【子丑辰，陰也。】〔六〕一六三二……

……□□陽中有陽，陰中有陰一六三三……

……之中有陽也。且案理正静，未可一六三四……

……陽者，陽之陽，不勝陰之陽也。一六三五……

……□生。·屯（純）陰不生，屯（純）陽不長。其降難以外出及一六三六……

……爲不静之事，若合陰陽，不可以〔七〕一六三七……

……行陽之類也。一六三八

•陰之屬其最貴者失恒利物同者一六三九……

……人志失宜也，而物乃爲不化。•長年者，陰之屬也，一六四〇以其不能動作也。兩人俱□，〔八〕少事者其□一六四一……

……□者，陰人也。賈人以詐取人，亦陰也。一六四二……

……若人好爲匿事者皆□一六四三……

……此其柈也，〔九〕其事之也，〔一〇〕父教使，一六四四主静，陰也。母動榣（摇），給使令事，陽也。兵勝一六四五……

……□刑。•以四時官人。春宜少年，夏宜傮（耆）年，秋宜佫年，〔一一〕冬宜□一六四六……

……年以秋冬入官，然而久者，必有一六四七病者也。夫病亦近於老矣。•陽氣□一六四八……

……□•縣公，陽分也。然其事一六四九……

……□月陰也。〔一二〕月陽也，星陰也。星陽也，窅瞑一六五〇陰也。〔一三〕凡此皆天地陰陽之大柈也。□一六五一……

……□其事之不然。〔一四〕天至陰一六五二……

……事陰陽，天无爲也，主静，行陰事。地生物，有動，行陽事一六五三……

……風者皆陰一六五四……

……□兵相當，〔一五〕問其將之名，名去（呿）者勝而唫者敗何也？〔一六〕夫去（呿）生而唫死，此其大柈也。若事之陰陽一六五五不然，夫春夏者方啓，去（呿）者順陽勝，秋冬者閉臧（藏），唫者順陰勝，故以其時决成敗。•六畜：牛羊，一六五六陰也，馬犬彘雞，陽也。夫牛羊者貴【□□□】，犬馬彘貴前而膏。〔一七〕雞者屯（純）赤，故其同陽尤精一六五七……

……非和也□。•六畜□一六五八……

•介虫（蟲）最陰者龜蛟鼈也。•鱗虫（蟲）最陰者龔（龍）蛇也。•贏虫（蟲）最陰者瑕（蝦）蟆也。•諸螫（螫）虫（蟲）皆陰分，刑也。一六五九

•諸禽獸蟄傷【人】者陰，刑也。戴角若穴臧（藏）皆陰，不傷害人，少刑。•鳥之陰，鳿（鴻）、鵠，若以時北南者，一六六〇陰也，不害傷人一六六一……

•稷者五陰之肥而黍者亦五陽之肥，〔一八〕此辭兩陽一六六二……

•松柏竹箭〔一九〕椒，至陰一六六三……

……軹（枳），諸刺傷害人者亦陰而刑也。〔二〇〕•棘不可以蓋一六六四屋，兇，爲其有刑也。•凡刑者，人之所惡也。□□

一六六五……

……□以物有蚤（爪）牙傷害人者觀之不善亦不□一六六六……

……可夫？•地平者梯莠生之，〔二一〕其高者貳（樲）□生之，〔二二〕其高者棗棘生之，〔二三〕其高者松柏生之，其平以下一六六七者蒲葦生之，其下者□【□生之】，其下者□芙槀（藁）生之，其下者魚鼈生之，其下者□青垢生一六六八之，此地高下所一六六九……

……高陽而一六七〇……

……地埤（卑）陰，〔二四〕山陵亦以高爲陽而一六七一……

……山陵亦主靜，若水一六七二……

……也。昭冥者，陰陽之□也。燥濕者，寒暑之精者也。煙埃者，水火之先者也。時者，理謝（序）終始，理謝（序）終始一六七三而神咳（該），神咳（該）而智虋（繁），智虋（繁）然后生具象焉。是以兩禾（和）女（如）化刑（形），刑（形）成女（如）離，陽明女（如）昭明。〔二五〕陽者，明聖之發華〔二六〕一六七四……

……不達於萬物之初者，不可與爲治矣。此若言尚（上）可合星辰日月，〔二七〕下可合陰陽四時，博之可一六七五以爲君焉。與行行，故天下弗能禦。與止止，故天下弗能動。道未嘗司，故天下弗能測。灋（法）未嘗用，一六七六故天下弗能量。道不可測，灋（法）不可量，□動而先人神𢦏者，萬物之所源也。存聖而无刑（形）一六七七……

……聽之則无聲，雖然□謂□□□〔二八〕一六七八……

……虛愛乎在中。愛者，精神之所御，御己者也。己以瞞作一六七九……

……□不就神明者，因智者也。令行者，因道者也。以因智（知）彼，以彼智（知）己，是胃（謂）不殆。暨察一六八〇……

……動天壞，正（政）出陰陽，權動諸侯，義動君子，利動小人。一六八一夫物古（固）從其鄉（向）動其類矣。〔二九〕是故使（事）而不使，則无以爲春，賞而不喜，則无以爲夏。禁而不止，一六八二則无以爲秋，威而不懼，則无以爲【冬，□□】

事而不使，賞而不喜，禁而不止，威而不懼，亦何一六八三……

……冬夏不足，則天无以成其天焉。天者非昭昭猜猜謂〔三〇〕一六八四……

……聖王行於天下，風雨不暴，雷霆不埶（蓺），〔三一〕寒暑不代（忒），民不文飾，白丹發，朱草生，馮（鳳）鳥下，一六八五

游龍見。〔三二〕凡美之類，從聖王起〔三三〕一六八六……

•人各有以生讙爲主，故聖人之一六八七……

•凡裚（制）□物者謹誰於□□〔三四〕一六八八……

……是故陰陽不禾（和）水墍作，〔三五〕屈信（伸）一六八九……

……鼓蔑興，〔三六〕雷電動，霆音訖作噭一六九〇……

……者，君官也。萬物□一六九一……

……血氣，故貴此若道也。〔三七〕一六九二

……刑官不吉。•女子名毋害，聞於鄉曲，必有所□一六九三……

……焉，至陽一六九四……

〔一〕第三輯所收篇題木牘殘片有《漕氏》一題，當是此篇篇名。「漕」即曹姓之「曹」之借字。「是」、「氏」二字古通，標題簡的「是」當讀爲「氏」。《漢書・藝文志》著録陰陽家書二十一種，又五行家下著録有《泰一陰陽》《黄帝陰陽》《黄帝諸子論陰陽》《諸王子論陰陽》等書，均不見《曹氏陰陽》之名。今暫將内容與陰陽有關、字體又與此標題簡相同各簡收入本篇。原文段落次序無法確知，釋文中各段的順序是編者以意排定的。

〔二〕此簡也有可能與上簡緊接，「窮橈以刑」連作一句讀。

〔三〕「以」下一字似是「近」字。

〔四〕「末」疑是「物」之借字。「末」與「勿」聲古音相近。《禮記・文王世子》「末有原」，鄭註：「末猶勿也」。

〔五〕隋蕭吉《五行大義》卷二「論配支幹」：「干則甲丙戊庚壬爲陽，乙丁己辛癸爲陰。」

〔六〕《五行大義》「論配支幹」云「支則寅辰午申戌子爲陽，卯巳未酉亥丑爲陰」，與簡文異。

〔七〕此簡有可能與上一簡緊接。

〔八〕「俱」下一字殘存右側「子」旁，其上尚有一殘劃，疑是「斿」字，讀爲「游」。

〔九〕下文一六五一號簡云「凡此皆天地陰陽之大柈也」，又一六五五號簡云「此其大柈也」。「柈」字疑當讀爲「判」或「分」，訓爲「別」。《鶡冠子・道端》「觀其大袢」。

〔一〇〕下文一六五五、一六五六號簡云「夫去生而唫死，此其大柈也，若事之陰陽不然。」本簡「其事之也」一句疑有脱誤，原文似亦當作「其事之陰陽不然」。

〔一一〕佫，疑當讀爲「胡」。《詩・載芟》「胡考之寧」，毛傳：「胡，壽也。」《周書・謚法》「彌年壽考曰胡」。

〔一二〕此句似可補足爲「日陽也，月陰也」。

〔一三〕盲瞑，即盲冥，或作「杳冥」「窈冥」，昏暗之意。《史記・項羽本紀》「於是大風從西北而起，折木發屋，揚沙石，窈冥晝晦，逢迎楚軍。」

〔一四〕「之」下似脱「陰陽」二字。參看註〔九〕。

〔一五〕「兵」上一字殘泐，可能是「兩」字。

〔一六〕《呂氏春秋・重言》「君呿而不唫」，高註：「呿，開也。唫，閉也。」

〔一七〕《淮南子・地形》「無角者膏而無前，有角者指而無後」，「無前」「無後」義不可通。《太平御覽》卷八九九引此作「無角者膏而兑（鋭）前，有角者脂而兑（鋭）後」，又引註云「豕馬之屬前小，牛羊後小」，《淮南鴻烈集解》以爲「兑」字「始譌爲无，傳寫又爲無」，是也。簡文「貴」當讀爲「鋭」。「貴」聲與「兑」聲古音相近，《説文》「旞」字或體作「旝」，從「遺」聲（「遺」字從「貴」得聲），而「襚」字或作「襀」，是其證。據上引《淮南子》，簡文「夫牛羊者貴」下所缺當是「後而脂」三字。「馬」上一字右半殘缺，可能是從「犬」之字。

〔一八〕《廣雅・釋詁二》「肥，盛也」。《戰國策・秦策》「而肥仁義之誡」，註：「肥，猶厚也。」

〔一九〕《説文・竹部》：「箭，矢竹也。」《太平御覽》卷三四九引《字統》：「箭者竹之別。大身小葉曰竹，小身大葉曰箭。箭竹主爲矢，因謂矢爲箭。」《爾雅・釋地》：「東南之美者有會稽之竹箭焉。」

〔二〇〕軹，當讀爲「枳」。《周禮・夏官・掌固》「掌脩城郭溝池樹渠之固」，鄭註：「樹謂枳棘之屬，有刺者也。」

〔二一〕稊，亦作「蕛」。《爾雅・釋草》「蕛苵」，郭註：「似稗，布地生，穢草。」《詩・小雅・大田》「不稂不莠」，毛傳：「莠似苗也。」

〔二二〕貳，當讀爲「樲」。《爾雅・釋木》「樲，酸棗。」

〔二三〕楚棘，即「荊棘」。《説文》「楚，叢木也，一名荊。」

〔二四〕「地」下一字僅存右側「卑」旁，今定爲「埤」字。

〔二五〕以上三「女」字均當讀爲「如」而訓爲「而」。

〔二六〕一六七四號簡的原來次序也可能在一六七三號簡之前，「陽者，明聖之發華也」連爲一句讀。

〔二七〕「此若」二字當連讀，「此若言」猶言「此言」。《管子》之《山國軌》《地數》《輕重丁》等篇屢言「此若言何謂也」，《禮記・曾子問》「子游之徒有庶子祭者，以此若義也」，「此若」之用法並與此同。（參看王引之《經傳釋詞》卷七）

〔二八〕「謂」上一字似「以」字。

〔二九〕《淮南子·天文》「物類相動，本標相應」，《論衡·偶會》「同類通氣，性相感動」，意皆與此相近。
〔三〇〕「昭」「猜」二字均有重文號，此句也可能當讀爲「天者非昭猜，昭猜謂……」。
〔三一〕埶，當讀爲「爇」。《衆經音義》引《廣雅》：「爇，燒也，然（燃）也。」
〔三二〕《鶡冠子·度萬》：「膏露降，白丹發，醴泉出，朱草生。」
〔三三〕《管子·五行》「人與天調，然後天地之美生」，尹註：「美謂甘露醴泉之類也。」
〔三四〕「褺」當即「製」之異體，此處當讀爲「制」。參看本輯壹·一八《奇正》註〔一六〕。
〔三五〕蹷，當讀爲「瘚」。《廣雅·釋詁一》：「瘚，病也。」《素問·厥論》「陽氣衰於下則爲寒厥，陰氣衰於下則爲熱厥」，借「厥」爲「瘚」。《呂氏春秋·重己》「多陰則蹷，多陽則痿」，借「蹷」爲「瘚」，與簡文同。
〔三六〕蔑，從「目」，「蔑」省聲，字亦作「瞡」。簡文「鼓蔑」疑當讀爲「瞽眛」。《說文·目部》：「眛，目不明也。」「瞽眛」猶言「瞽矇」。
〔三七〕此若道，猶言「此道」。參看註〔二七〕。

二　陰陽散

陰陽散〔一〕一六九五

〔一〕此爲標題簡，屬於此篇之簡文未能確定。第三輯所收篇題木牘殘片有「……散」一題，疑即此篇篇名。

三　禁

禁〔一〕一六九六

春毋伐木，華笢（蒠）生。〔二〕夏毋犯火，精薪绛（豐）。秋毋犯金，當銀昭。〔三〕冬毋犯水，甘泉出。陽毋犯一六九七鳥，

馮（鳳）皇出。陰毋犯獸，麟生生出。雨毋犯虫（蟲），游龍見。是故方長不折，啓蟄不殺，〔四〕不搴榮華，〔五〕一六九八……

不殺，不盡羣，〔六〕諸侯出邋（獵）不合圍，大夫不射轂，〔七〕士庶人不麛不卵〔八〕一六九九……

……□斷獄，所以順天也。不效天之道，□一七〇〇地之宜，〔九〕五穀不番（蕃），六畜不遂，草木檮枎，〔一〇〕萬物果蓏不成。此天道不順也。故守國無禁，一七〇一必傷於民。土無禁則年不長，木無禁則百體（體）短，〔一一〕火無禁則勿（物）不絳（豐），金無禁則筋一七〇二……

……聚衆舉斧柯伐木。若以舉斧一七〇三柯伐木，其鄉曲卒。〔一二〕定夏大暑逢治，〔一三〕毋以聚衆鼓盧（爐）樂（鑠）金。若以聚衆鼓盧（爐）樂（鑠）金，遺火亥一七〇四國，臺廟將有焚者，君大堵亥焉。定秋下霜，毋以聚衆鑿山出金石。若以聚衆鑿山出金一七〇五石，賢人死，□士亡。〔一四〕定冬水冰，血氣堇凝，〔一五〕毋以聚衆夬（決）口□澤通水〔一六〕若以聚衆夬（決）口【□澤通】一七〇六水，其鄉曲卒。定夏大暑逢治，毋以聚衆鑿土。若以聚衆鑿土，是謂攻氣，國大卒。定冬水冰，一七〇七血氣堇凝，毋以聚衆鑿土。若以聚衆鑿土，是謂攻臧（藏），國大卒。湗（污）池清水害大海，是謂陰一七〇八……

……□□□，天人□□夫□及鑿土□□□□□□□君將失□喪名。華文蘩（繁）章害五色，君一七〇九……

……失□見大懼。故風者，動草木者也。大風【至】一七一〇……毋伐。雷者，動禽獸者也。大雷至則□□□殺。雨者，動龍魚者也。大雨至則海善（膳）不一七一一減。財者，動人民者也。大委至則養參（三）族。不然，見大害矣。故萬物之動也，日師之也，一七一二謀聰明；星辰，謀縣衡；〔一七〕風，謀動靜；謀精。〔一八〕夫大道上文天，爲天五刑；下以□土，爲土五一七一三美；中以□人，爲人五德。夫上文天英而爲日月，月榮成列星，散而爲八精。天善圈一七一四其末，〔一九〕故生而不死。土善生其本，故廣而不夾（狹），厚而不非（菲）。雖（唯）聖人明王亦善治其一七一五衷，故治而不亂，安而不危，鮮而不辱。〔二〇〕故生而無死者，天也。長而無息者，土也。一七一六治而無亂者，聖人也。一七一七

……不口澤，〔二一〕不用數□〔二二〕一七一八……

……數古（罟）罔（網）。若此則萬勿（物）皆□□□矣。春時陽一七一九……

……若此則禽獸安其上矣。一七二〇……

……□若此則民安其上矣。□一七二一……

□□鸁（羸）虫（蟲）蟄。故鳥且殺（鎩）羽，〔二三〕毛者不澮一七二二……

……□是故天無高，地無□一七二三……

……□□□□□也。□風時至將有□【也。□風】時至將有生也。寒風時至□一七二四……

〔一〕此篇論四時禁令，與《管子》中《四時》《五行》《七臣七主》《輕重己》諸篇之部分内容相近。一七一〇號簡以下一段論天、土、聖人，未涉及四時禁令，但其書體、行款均與一六九七至一七〇九號各簡相同，當屬一篇。此篇題見於第三輯所收木牘殘片。

〔二〕笖，當讀爲「⿱竹怠」。《説文·竹部》：「⿱竹怠，竹萌也。」《爾雅·釋草》「⿱竹怠，箭萌」，郭註：「萌，筍屬也。」

〔三〕當，疑當讀爲「璗」。《説文·玉部》：「璗，金之美者，與玉同光。」《爾雅·釋器》：「黄金謂之璗。」

〔四〕《大戴禮記·衛將軍文子》「開蟄不殺，方長不折」，「開」字當是漢代人避景帝諱所改。

〔五〕搴，《説文》作「⿰扌寒」，手部「⿰扌寒，拔取也，南楚語。從手寒聲。楚辭曰『朝⿰扌寒阰之木蘭。』」「⿰扌寒」字亦作「搴」、「攓」。《管子·四時》「無殺麑夭，毋蹇華絶芋」，借「蹇」爲「⿰扌寒」。

〔六〕《禮記·曲禮下》「國君春田不圍澤，大夫不掩羣，士不取麛卵」，《詩·小雅·魚麗》毛傳「是以天子不合圍，諸侯不掩羣，大夫不麛不卵，士不隱塞，庶人不數罟」，語皆與此下簡文相近。簡文「不盡羣」，猶言「不掩群」。《淮南子·主術》「故先王之法，畋不掩羣，不取麛夭」，高誘註：「掩猶盡也。」

〔七〕《説文·鳥部》「鷇，鳥子生哺者」。《管子·五行》「不癘（尹註：癘，殺也）雛鷇，不夭麑麇」。

〔八〕簡文「麛」字所從之「弓」省去下端向左曳之折筆，字形略有變化。《禮記·曲禮下》「士不取麛卵」，孔疏：「麛乃是鹿子之稱，而凡獸子亦得通稱也。卵，鳥卵也。春方乳長，故不得取也。」

〔九〕「地」上一殘文似是「失」字。

〔一〇〕檮，疑當讀爲「凋」。「壽」聲與「周」聲古音相近。《詩·小雅·吉日》「既伯既禱」，《説文》所引「禱」作「禂」可證。枎，疑當讀爲「枯」。「夫」聲與「古」聲古音亦相近。

〔一一〕百體，身體的各部分，猶言「百節」。《莊子·則陽》：「今指馬之百體而不得馬，而馬係於前者，立其百體而謂之馬也。」

〔一二〕⿰歹卒，疑當讀爲「顇」（亦作「瘁」）。《爾雅·釋詁》「顇，病也」，《漢書·王莽傳》「邦國殄顇」。

〔一三〕定，疑當訓爲「當」。「定」與「丁」音近。《爾雅·釋詁》：「丁，當也。」定夏、定冬（見下一七〇六號簡）猶言「當夏」、「當冬」。《管子·問》「工尹伐材用，毋於三時，羣材乃殖，而造器定冬完良，備用必足……」

〔一四〕「士」上一字左側從「木」，右側因竹簡折損殘去。

〔一五〕凝。疑是「凝」字之異體。

〔一六〕口，疑當讀爲「漏」。《淮南子·本經》「竭澤而漁」，高誘註：「竭澤，漏池也。」簡文「口」下一字左從「水」，右側殘去，疑是「池」字或「波」（陂）字。《月令》「仲春之月，毋漉陂池」，「漉」亦竭也，與簡文意近。

〔一七〕槼，疑即「椝」字，因「規椝」之「規」從「見」，類推之而增「見」旁。「椝」謂規椝，「衡」謂權衡。

〔一八〕此句疑有脱誤。

〔一九〕圏，疑當讀爲「豢」。《左傳》哀公十一年「是豢吴也夫」，杜注：「豢，養也。」

〔二〇〕《廣雅・釋詁三》：「辱，污也。」《管子・水地》：「鮮而不垢，潔也。」

〔二一〕口，疑當讀爲「漏」，「不漏澤」猶言「不竭澤」。參看註〔一六〕。

〔二二〕比照下一簡，「數」下一字當是「古」字，讀爲「罟」。《孟子・梁惠王上》「數罟不入洿池」，趙註：「數罟，密網也。密細之網，所以捕小魚鼈者也，故禁之不得用。」

〔二三〕殺，當讀爲「鎩」。《淮南子・覽冥》「飛鳥鎩翼，走獸廢脚」，《文選》卷四《蜀都賦》李善註引作「飛鳥鎩羽，走獸廢足」。又卷五四《辯命論》註引《淮南子》許慎註「鎩羽，殘羽也」。

四　【三十時】〔一〕

•日冬至恒以子午，夏至恒以卯酉。〔二〕二繩四句（鈎），分此有道。〔三〕一七二五

……十三日□至，三百三□六日再至。〔四〕十二日一時，六日一節。一七二六

……二日，大寒始□。日冬至，麋解，巢生。〔五〕天地重閉，〔六〕地小乎（墲），〔七〕不可一七二七……

【•二時，廿】四日，大寒之隆，剛氣也。不可爲一七二八……

【•三時，卅六日】……冬没氣，〔八〕此欲一七二九……

【•四時】卌八日，作春始解。可使人旁國一七三〇……

•五時，六十日，少亯〔九〕起，生氣【也】一七三一……

【•七時，八十】四日，華實，生氣也。以戰客敗。可爲百丈千丈，〔一〇〕適人之地□一七三二……

【•九時】百八日，□□，生氣也。以戰客敗。不可一七三三……

•十時，百廿日，中生，生氣也。以戰客敗。可以爲百丈千丈。可以築宮室、蘠（牆）垣、門。可以爲嗇【夫】〔一一〕一七三四……

【•十一時，百卅二】日，春没。上六：刑。〔一二〕以戰客勝。下六：生。以戰客敗。不可以舉事，事成而身廢。吏以免者

不復置。春没之時也，可嫁一七三五……

【•十】二時，百卌四日，始夏，生氣也。一七三六……

【•十三時，百】五十六日，瀆，柔氣也。以戰客敗一七三七……

……也。日夏至，地成。〔一三〕不可瀆溝渫（洫）波（陂）池。〔一四〕不可以爲百丈千丈城，必弗有也。不可築宮室，有憂。得一七三八【人之一里，賞（償）以十】里。得人之將，賞（償）以長子。〔一五〕兵入人之地者，其將必有死亡之罪。殺人有報。閩（蚊）寍（虻）不食駒犢，□蠆不螫（螫）〔一六〕一七三九……蟬鳴，日未至，蟬鳴，旱；日已至，不鳴，水。〔一七〕入之一日，趣（奏）夷則。〔一八〕天不陰雨一七四〇……

【•二時】廿四日，乃生，生氣也。以戰客敗。得人之一里，賞（償）以十里。得人之將，賞（償）以長子。一七四一……

【•三時】卅六日，夏没。上六：生。下六：刑。可爲嗇夫一七四二……

【•四】時，卌八日，涼風，殺氣也。〔一九〕以戰客勝。可始脩（修）田野溝。可始入人之地，不可亟刃，亟刃有央（殃），壹得而三其央（殃）。利奮甲於外。以嫁女一七四三……

【•八】時，九十六日，霜氣也，殺氣也。以戰客勝。攻城，城不取，邑疫。可以回（圍）衆，絶道，遏人要塞。可以爲百丈千丈城，攻，〔二〇〕適人之地一七四四……

【•九】時，百八日，秋亂，生氣也。一七四五……

【•十時】百廿日一七四六……

……秋没。上六：生。以戰客敗。可爲嗇夫，嫁女，取婦，禱祠。下六：刑。以戰客勝。不盡三日，始雨霜。可犇（葬）貍（埋），分一七四七異。可以攻。不可爲嗇夫，嫁女，取婦，禱祠。秋没而不雨，草木贖。〔二一〕一七四八

……寒，剛氣也。以戰客勝。用入人之地，勝。攻城，城取。此冬首殺也。此吾審用重之時也。用重之道一七四九……始疏，用重不審，名曰先，先道是以重先輕而後之之時也。上一七五〇……

【•十三】時，百五十六日，賊氣，殺氣【也】。以戰客勝。可以回（圍）衆，絶道，遏人要塞。燔適（敵）人不報。此吾一七五一……

•十四時，百六十八日，音，閉氣也。民人居一七五二……

•十五時，百八十【日】〔二二〕一七五三……

……盛氣也。以戰客敗。不可攻回（圍）。可爲百丈千丈，冠帶劍，□一七五四……

……□日夜鈞。〔二三〕以戰客勝。攻軍，取之，必長有之。以遇旁國相見〔二四〕一七五五……

……□氣也。〔二五〕此吾審用重之時也。是以用重兵先輕後，〔二六〕壹得而三其功。可攻回（圍）軍，軍取；不取，邑疫。可一七五六……

……輕之時也。先小者有央（殃）。不可一七五七……

……□不可以先人。此天地重閉之【時也】〔二七〕一七五八……

……不可以立。此朝開莫（暮）閉之時也。始一七五九……

……此陽虫（蟲）勝陰虫（蟲）之時也。〔二八〕是以近者疏，遠者親。此其虛中實外之時。遺官者一七六〇……

……英華。祠者毋以牝，以此引上。〔二九〕所去者送之，所適者迎之。此陰陽相求之時也。約大一七六一……

……□散。此陰陽述之時也。〔三〇〕不可嫁女取婦。不可一七六二……

……□之時也。陰陽爭風。〔三一〕不可興衆，不可爲百丈千丈城，大將有央（殃）。下六一七六三……

……天地不相愛之時也。可以取一七六四……

……勝。以入人之地，勝；不亟去，後者且及。吏以辟（避）舍，不復。當斷上生下之時也。不可嫁女一七六五……

……莠之時也。兵入人之地，戰勝，大將傷壽德。一七六六

……貸藩草之時也。出者毋一七六七……

……□葵芥之時也。吏以免者不復置。不可動衆，動衆，五穀半收。一七六八……

……□取婦。不可引上，引上，死亡。當殺蒼芙、薺、亭磨（歷）之時也。〔三二〕以爲嗇夫，衆人增（憎）之。用兵，擊後與反（返）入。一七六九……

……□此□□□之時也一七七〇……

……時也。不可爲百丈千丈、宫室。不可用入人之地，必破敗，大將有央（殃）。天始霝鼃。〔三三〕一七七一……

……時也。以戰客敗。用入人之地，至秋三月必破，上長有央（殃），不死必亡。以一七七二……

……之時也。爲者必有死亡之罪。□〔三四〕一七七三……

……此時是，戰而勝者少□一七七四……

……□无人焉，不可引上，命曰不復。此一七七五……

……命曰始閉。一七七六

……命曰發臧（藏）。〔三五〕不可發令。静衆，深垣藩（牆），歸老弱。用兵一七七七……

……命曰發臧（藏）。地大虖（壉），天地不一七七八……

……□韭生，蒼案（雁）夕鳴。可以遠徙。不盡三日，奏黄鐘。天立方。䧿（鶉）鳴畢筆一七七九……

……必有廢法社禝（稷）。不盡二日，奏大吕一七八〇……

……□金。殺人不報。日夜分離之物也。䈂（葬）貍（埋），分異，芨（祓）除。入之三日，奏大（太）【蔟】一七八一……

……【不】盡三日，奏古（姑）洗。精列登堂〔三六〕一七八二……

……【不】盡一日，奏中吕。大浩（鵠）至。天不陰雨，民多□一七八三……

……□□□冠帶劍。可以徙，嫁女，禱一七八四祠。入之三日，奏蕤賓。天不陰雨，不吉。利有入也。麥秋苗生。〔三七〕一七八五

……□之。可以嫁女。不可取婦，婦蚤（早）操令。下六：可爲宫室，嫁女，取婦，禱祠，入六畜。入之三日，奏林鐘。天必一七八六……

……鳴。可爲美事。入之【之】日，奏毋（無）射。大一七八七……

……可禱祠。入之之日，奏應鐘。天戴圜。天不陰雨，主人不吉。䧿（鶉）鳴帛質。〔三八〕民人入室，〔三九〕執（蟄）虫（蟲）求穴。〔四〇〕可築。不可一七八八……

……者不脣。不可入井窌。虖（呼）而不得吸。不盡□〔四一〕日，昔昔始鳴。一七八九

……【以】戰客勝。殺人不報。可爲嗇夫，嫁女。不可取婦，婦蚤（早）操令。不可冠帶劍，入人民。〔四二〕不可出貨。入

之三日，精列一七九〇……

……□禱祠。入之三日，霜霧（露）下；不下，□〔四三〕一七九一……

……【爲】嗇夫，冠帶劍，嫁女。不可取婦，婦一七九二不生，唯（雖）生无子。入之七日，西風始下𦬆（葉）。艾（刈）德禾。不可入人民、六畜。一七九三

……【入】之六日，雨霜。可以用兵適人之地一七九四……

……□〔四四〕□□凡□□□英。不盡二日，地力盡，下枯。筭（葬）一七九五……

……□。下六：莞華。穜（種）稻。可嫁女，取婦。不盡【□日】一七九六……

……□〔四五〕矦（候）燕始下。〔四六〕可以鼓舞。天不陰雨一七九七……

……□天不陰雨，民一七九八……

……遠去家，不復家。兵以入人之地，必破敗。天西【風】一七九九……

……以入蟄虫（蟲）。天不西風，蟄虫（蟲）不入，民一八〇〇……

……天不西風，虫（蟲）不臧（藏），不吉一八〇一……

……至，出蟄虫（蟲），虫（蟲）不能行，民多蟄病，輕一八〇二……

……□蘅，鳴草木。草木不鳴者，枝苦（枯）。蘅不盈者，死。漆成。誰（鵲）巢。〔四七〕可以冠。不可嫁女。出大貨，不入。居軍，静衆深畾（壘）。一八〇三……

……湅（涑）始澤（釋）。〔四八〕不可注。出入，留不行。一八〇四……

……□始□，〔四九〕韭以生〔五〇〕一八〇五……

……□爲道粱（梁）。黔首出室，蟄虫（蟲）〔五一〕一八〇六……

……華。蛇出一八〇七……

……不可發令。輕虫（蟲）始出。不可爲嗇夫□一八〇八……

……貍（埋）白骨□農夫出。〔五二〕可□一八〇九……

……□不可築宮室，有憂。利濆溝漆（洫）没〈陂〉池。李木葉成。不可伐木。〔五三〕雒（鶴）鳴。木華□一八一〇……

……利以出貨。桃李華。〔五四〕食榆莢。〔五五〕一八一一

……□□榆莢。吏以免者不復置，小陰雨一八一二……

……秋草産始。麥芁華。發令不行。一八一三

……利爲事成勝此力也。可築宮室，當（嘗）麥〔五六〕□一八一四……

……□當□麥□一八一五……

……□〔五七〕鳥不執（鷙）。木堇（槿）華。〔五八〕雞鷄鳴〔五九〕一八一六……

……□桎梏。〔六〇〕青草戴露一八一七……

……勝此力也。不可攻回（圍）。叔（菽）華。可爲嗇夫。以免者□□一八一八……

……至。穜（種）菑冬葵。〔六一〕瓠以堅苞。一八一九

……【爲】嗇夫，婦女，取婦，當（嘗）麻〔六二〕叔（菽）苐菑一八二〇……

……【不】可爲嗇夫，多罪，不可用。下六：生。可以嫁女，取婦，築室，當（嘗）蓄采（菜），薊麻，〔六三〕取稾一八二二

……

……□立廷。不可嫁女，取婦，禱祠。可以徙。草秋生者皆殺其末，〔六四〕不引一八二三上，死亡。閒氣，六日不可有爲也。

一八二三

……□〔六五〕生而外濆若葉生復根一八二四……

……之徒以蕥牙。可以爲門，入益。絶氣中絶〔六六〕帍洛〔六七〕霜氣一八二五……

……□法令者有罪。可築武室，塞故缺，寇一八二六盗弗犯也。可鑄劍戟兵刃器，適（敵）人弗試也。可脩（修）外【□□】

人弗入也。可脩（修）闟閉，鑄銧（管）籥（鑰）。〔六八〕不可取婦，婦善一八二七……

……可發粱（梁）通水，不可雍（壅）名川〔六九〕一八二八……

……不可殺畜生。可以先一八二九……

……□□可以遇旁□不辱。〔七〇〕可一八三〇……

……【爲嗇】夫，嫁女，取婦，使人旁國一八三一……

……其所得不如其所亡。下六：以徙，母死子生。以嫁子，□母死之。不可以出家，家靁。不可出一八三二……

……母死子沽。不可一八三三……

……□者死。可以遠徙，巷人稱一八三四……

……可迎時徙。以戰一八三五……

……可以徙。徒陰之所生□一八三六……

……以嫁女，取婦，冠帶劍，入六畜。可以徙。爲宫室，蓋室屋，環爲之，无傷也。卒歲□一八三七……

……□必三遷，至春二月喜。可冠帶劍，嫁女，取婦，禱祠一八三八……

……爲嗇夫，嫁女，取婦，入人民、六畜。不可動□曷（喝）暑復〔七一〕一八三九……

……嫁女，取婦，立爲嗇夫，冠帶劍，入奴婢、六畜、賤一八四〇……

……□塞禱，入貨。不可入守一八四一……

……利責久責（債）。不可爲□一八四二……

……爲土功百丈千丈□一八四三……

……【爲嗇】夫，多罪。可築室，嫁女，取婦，禱一八四四【祠】……

……可以爲宫室。可以爲嗇夫一八四五……

……可以爲嗇夫操令者，不可爲小嗇夫□一八四六……

……□重□不可爲一八四七……

……□之。可瀆溝渫（洫）。用兵，毄（擊）反（返）入與右與後。一八四八

……□可爲小，不可爲大。用兵，毄（擊）前與左與始出。一八四九

……覈。可爲美事一八五〇……

……爲驩（歡）事不合。以驚不起。不可一八五一……

……令不行。不可□一八五二……

……□不成。一八五三

……□□成。立者不出三年必有死一八五四……

……亡之罪蘄〔七二〕一八五五……

……【百】丈千丈，丈已成，爲憂。〔七三〕立者不出三一八五六【年】……

……室，瀆溝。立者必有死一八五七……

……卒歲必有死亡之憂。下六：不可一八五八……

……死亡之罪□一八五九……

……取婦。外内有憂。不可出貨一八六〇……

……適人之地，有憂。以□一八六一……

……可爲之宮中，有憂。可而禱祠。〔七四〕一八六二

……可築垣薔（牆）、宮室。不可爲嗇夫，嫁女，取婦。以居官，不久，必有天央（殃）。以此亡遺，必再其所一八六三……

……可用。用出其地者有央（殃）。一八六四

……□成功，功若成，必十其央（殃）一八六五……

……勝而十其央（殃）一八六六……

……□暴風發屋折木。不卒歲，兵起一八六七……

……得人之地一里，賞（償）以十【里】。得人民虜，賞（償）以長子。以亡者益祿。一八六八

……䧿（鵲）居巢，鷄居蕦，君子登臺，賤人一八六九……

……□旱暑而昌。君子心勞，賤一八七〇【人】……

……下六：以遇二，筭（葬）貍（埋），分異，茇（祓）除。陰陽一八七一……

……□莽（葬）貍（埋），分異一八七二……

……不報。以冠一八七三……

……□六畜一八七四……

……以嫁女。不可取婦爲令。不可冠帶劍，禱一八七五……

……矣。不可爲□。可以一八七六……

……□陰殺一八七七……

……□不可□一八七八……

……□不可一八七九……

〔一〕本篇性質與《月令》相近，主要講一年中什麼時候可以做什麼事，不可以做什麼事，同時也記録了一些物候現象。不過《月令》是給人君用的，本篇的對象則比較廣泛，所以所舉之事與《月令》有出入。此外，《月令》以月爲單位，本篇則以十二日爲一「時」，並把一「時」分爲前後兩「節」，稱爲「上六」、「下六」。十二日爲一時，一年三十時，每半年十五時。上半年和下半年均自「一時」起算，故最高時數爲「十五」。《管子・幼官》：「春行冬政，肅，行秋政，雷，行夏政，閹。十二，地氣發，戒春事。十二，小卯，出耕。十二，天氣下，賜與。十二，義氣至，修門閭。十二，清明，發禁。十二，始卯，合男女。十二，中卯。十二，下卯。」春季共八個十二，以下夏季爲七個十二，秋季同春季，冬季同夏季，十二應即指十二日。分一年爲三十時，每時十二日（不過《幼官》没有「時」的名稱），與簡文的系統相同，這大概是齊國的習俗。參看本篇註〔五〕。由於本篇竹簡殘斷得很厲害，各簡原來次序已無法恢復，目前的編排，只有一七二七至一七五二號諸簡大體上是按照各時的先後次序排列的。本篇竹簡都不留天地頭，編繩爲兩道，大致分全簡爲三等分。

〔二〕《淮南子・天文》：「日冬至，子午；夏至，卯酉。冬至加三日，則夏至之日也。歲遷六日，終而復始。」

〔三〕《淮南子・天文》：「故曰：子午、卯酉爲二繩，丑寅、辰巳、未申、戌亥爲四鈎。……日冬至則斗北中繩……日夏至則斗南中繩……」

〔四〕「六」上一字已磨滅，當是「十」字。

〔五〕《月令》：「仲冬之月……日短至，芸始生，荔挺出，蚯蚓結，麋角解。」《淮南子・天文》：「日冬至……麋角解，鵲始巢。」簡文「麋解」即麋角解之意。《易緯通卦驗》謂二十四氣「始於冬至」，此簡言及冬至，疑當屬上半年的第一時。但本篇春季佔八時（上半年之第四時至十一時），依此推算，秋季亦應佔八時，冬夏則各佔七時，與《管子・幼官》相同。冬至如在冬季之中（即冬季之第四時），即應屬下半年之第十五時。如屬第一時，「……二日」句可能爲此條第一句，原作「・□□一時十二日」（假定此簡「麋」字上組痕爲第一道編繩痕迹）；如屬第十五時，此句當非首句，而爲「入之二日」或「不盡二日」的殘文（參看一七四〇、一七八〇、一七九五號等簡）。

〔六〕《月令》：「孟冬之月……命有司曰：天氣上騰，地氣下降，天地不通，閉塞而成冬。」冬至在仲冬，故言「天地重閉」。又本篇下半年第十四時亦有「音（？）閉氣也」之語（見一七五二號簡）。

〔七〕《月令》：「仲冬之月……地始坼。」簡文「乎」當讀爲「墷」（一七七八號簡作「虖」），《說文》「墷，坼也」。

〔八〕《詩·小雅·漸漸之石》毛傳：「没，盡也。」冬没猶言冬盡，下文「春没」、「夏没」、「秋没」與此同例。

〔九〕此字疑是「變」之簡體。

〔一〇〕「百丈千丈」指城，看一七三八、一七四四號等簡。

〔一一〕嗇夫，本篇屢見，是古代對部分官長的通稱，縣、鄉之長以及很多地位較低的官府機構的負責人都可稱嗇夫。

〔一二〕「刑」與下文「下六：生」之「生」相對。「生」指生氣佔優勢，「刑」指殺氣佔優勢。

〔一三〕《易緯通卦驗》：「夏日至，成地理。」

〔一四〕「溝漆」當讀爲「溝洫」，「漆」、「洫」古音相近。

〔一五〕《尚書考靈曜》：「氣在季夏，其紀填星，是謂大静。無（毋）立兵，立兵命曰犯命。奪人一畒，償以千里。殺人不當，償以長子。」（據《玉燭寶典》卷六引）用語與此相近。

〔一六〕《淮南子·天文》「日夏至……蝱（蚊）蝱（虻）不食駒犢，鷙鳥不搏黄口。」簡文「閩」當讀爲「蚊」，二字古音相近。「蠆」上一字已殘，下半爲「虫」，上半右側爲「隹」，「隹」、「夆」形近，疑此字爲「蠭」（蜂）之訛寫。

〔一七〕《月令》：「仲夏之月……蟬始鳴。」《淮南子·天文》：「日夏至……蟬始鳴。」簡文「日未至」、「日已至」指夏至未到、夏至已到。簡文意謂：夏至之時應有蟬鳴的物候，如果夏至前蟬已鳴，或是夏至之後蟬仍不鳴，則將有災禍發生。《周書·時訓》：「夏至之日鹿角解，又五日蜩（《說文》：蜩，蟬也。）始鳴……鹿角不解，兵革不息。蜩不鳴，貴臣放逸。」

〔一八〕「入之二日」意謂進入此一「時」的第二日。進入此「時」的第一日稱爲「入之日」或「入之之日」，見下。本篇有「奏黄鐘」、「奏大吕」等語（看一七七九號以下數簡），故知此處「趣」字當讀爲「奏」，二字古音相近。《月令》、《吕氏春秋·音律》、《淮南子·天文》等皆以十二律與四時相配，但其配置方法似皆與本篇不合。

〔一九〕《月令》：「孟秋之月……涼風至。」

〔二〇〕簡文「攻」字下原有句讀號。

〔二一〕「蕢」疑當讀爲「蘀」，二字古音相近。《詩·鄭風·蘀兮》毛傳：「蘀，槁也。」又《豳風·七月》毛傳：「蘀，落也。」一說「蕢」當讀爲「殨」，敗也。

〔二二〕此「十五時」屬上半年抑下半年不能定。

〔二三〕春分及秋分之時，日夜等長。此處之「日夜鈞」，所指爲春分抑秋分不能斷定。

〔二四〕此殘簡由二段拚成，但斷處不十分密合，拚合可能有誤。

〔二五〕「氣」上一殘字可能爲「殺」字。

〔二六〕此句「重」字疑本當在「兵」字下，誤倒在上。一説此句「後」字下脱「重」字。

〔二七〕前一七二七號簡謂「日冬至……天地重閉」。疑此簡與一七二七號簡本屬一條。

〔二八〕「騰」疑當讀爲「乘」，二字古音相近。《淮南子・天文》「冬日至則陽乘陰」。《周書・時訓》「天氣不動，陰不承陽」，「承」似亦「乘」之借字。簡文「騰」讀「勝」亦通。

〔二九〕《月令》：「孟春之月……天地和同，草木萌動……犧牲毋用牝。」

〔三〇〕「述」疑當讀爲「遂」，二字古通。《易緯乾鑿度》謂正月之時「天地交而萬物通」。「遂」字古訓「通」，訓「達」。「陰陽遂」似與「天地交而萬物通」義近。

〔三一〕《月令》「仲夏之月……日長至，陰陽争」。

〔三二〕《月令》「孟夏之月……靡草死」，鄭玄註：「舊説云：靡草，薺、亭歷之屬。」《淮南子・天文》「故五月爲小刑，薺、麥、亭歷枯，冬生草木必死。」亭歷，亦作「葶藶」。

〔三三〕「鼃」疑即「鼃」（蛙）字，此處用爲何義不詳。

〔三四〕此殘簡由二段拚成，但斷處不十分密合，拚合可能有誤。

〔三五〕《月令》「仲冬之月……命有司曰：土事毋作，慎毋發蓋，毋發室屋，及起大衆，以固而閉。地氣沮泄，是謂發天地之房。」「發天地之房」，《淮南子・時則》作「發天地之藏」。《時則》又言：「北方之極……其令曰……毋行水，毋發藏，毋釋罪」。

〔三六〕《易緯通卦驗》「白露，雲氣五色，蜻蛚上堂。」《玉燭寶典》卷八引此，「蜻蛚」作「精列」，與簡文同。蜻蛚即蟋蟀。

〔三七〕一七八四號簡末一字爲「禱」，一七八五號簡首一字爲「祠」，二簡據文義繫聯。但一八四四號簡簡末一字亦爲「禱」，現在的繫聯方法不一定正確。

〔三八〕「䝸」疑是「智」（智）之譌寫，「帛智」未詳。

〔三九〕《月令》：「季秋之月……乃命有司曰：寒氣總至，民力不堪，其皆入室。」

〔四〇〕《淮南子・天文》：「日冬至……萬物閉藏，蟄蟲首穴。」

〔四一〕此殘文當是「七」字或「二」字。

〔四二〕人民指奴隸。

〔四三〕《周書・時訓》：「立秋之日涼風至，又五日白露降……白露不降，民多邪病。」

〔四四〕此殘簡簡首爲一重文號，所重之字已不可知。

〔四五〕此字不清，似是「呂」字，疑爲「奏南呂」句之殘文。

〔四六〕《月令》：「仲春之月……玄鳥至」，鄭玄註：「玄鳥，燕也」。

〔四七〕《月令》：「季冬之月……鵲始巢。」《淮南子・天文》：「日冬至……鵲始巢。」

〔四八〕《月令》：「孟春之月……東風解凍。」《易緯通卦驗》：「立春……冰解……雨水……凍冰釋。」

〔四九〕「始」上一字殘存左半「良」旁，「始」下一字殘存左半「㚔」旁。

〔五〇〕《夏小正》：「正月……囿有見韭。」

〔五一〕《月令》：「仲春之月……蟄蟲咸動，啓户始出。」

〔五二〕《月令》：「孟春之月……王命布農事……掩骼埋胔。」

〔五三〕《月令》：「孟春之月……禁止伐木。」

〔五四〕《月令》「仲春之月……桃始華」，《吕氏春秋·仲春紀》作「桃李華」，《淮南子·時則》作「桃李始華」。

〔五五〕《四民月令》「是月（指二月）也，榆莢成，及青收乾以爲旨蓄」（據《玉燭寶典》卷二引）。

〔五六〕《月令》：「孟夏之月……農乃登麥，天子乃以彘嘗麥。」

〔五七〕此殘文疑是「遂」字。

〔五八〕《月令》：「仲夏之月……鹿角解，蟬始鳴，半夏生，木堇榮。」

〔五九〕《爾雅·釋鳥》「雉之暮子爲鷚」，郭璞註：「晚生者。今呼少鷄爲鷚」。《説文》作「雡」。

〔六〇〕《月令》「仲春之月……命有司省囹圄，去桎梏」，「孟秋之月……命有司脩法制，繕囹圄，具桎梏」。

〔六一〕《四民月令》「中伏後可種冬葵」（據《玉燭寶典》卷六引）。菑，栽植。

〔六二〕《月令》：「仲秋之月……以犬嘗麻。」簡文「麻」下「叔」（菽）字可能應屬此句讀。

〔六三〕「薊」疑當讀爲「漂」。

〔六四〕蔡邕《月令章句》「亭歷、薺、芥之屬，以秋生者，得太陽成而死也」（據《玉燭寶典》卷四引），《淮南子·地形》「麥，秋生夏死。薺，冬生中夏死」，可參考。又《易緯通卦驗》「寒露，霜小下，秋草死」，「秋草」與「草秋生者」疑非一事。

〔六五〕此字已殘，據下文文義似當是「内」字。

〔六六〕「絶氣中絶」之意不詳。《管子·幼官》：「夏行春政，風；行冬政，落，重則雨雹；行秋政，水。十二，小郢，至德。十二，絶氣下，下爵賞。十二，中郢，賜與。十二，中絶，收聚。十二，大暑至，盡善。十二，中暑。十二，小暑終。」其所言「絶氣」、「中絶」，不知是否與此有關。

〔六七〕「帛洛」之意不詳，或疑當讀爲「白露」。

〔六八〕《月令》「孟冬之月……壞城郭，戒門閭，脩鍵閉，慎管籥」。

〔六九〕《月令》「季春之月……修利隄防，道達溝瀆，開通道路，毋有障塞」。

〔七〇〕據文義，「旁」下一字當是「國」。

〔七一〕疑此簡簡尾可能與上一八一九號簡簡首之文字相接，「曷（暍）暑復至」當爲一句讀。

〔七二〕此殘簡可能爲上簡斷片，文字相連。

〔七三〕 此句「千丈」之「丈」下有重文號，句不可通，疑「丈」字下脱一「城」字，本應讀爲：【不可爲百】丈千丈城，城已成，爲憂。」

〔七四〕 「可而」猶言「可以」，古書屢見。

五 【迎四時】

……故距冬日至【□】六日，天子迎春於東堂，〔一〕一八八〇……角，舞之以羽狄（翟），〔二〕此迎春之樂也。距春分卌六日，天子迎夏……高七尺，堂一八八一……天之□，昌（唱）之以羽，舞之以鼓□，〔三〕此迎一八八二……天子迎……九等，白□〔四〕九乘，蘄（旂）一八八三……□〔五〕六等，黑□六乘，蘄（旂）□□〔六〕一八八四……

……□冬夏之樂必□□〔七〕一八八五……

……春養八稺（稚）於東堂，夏養七嬬婦於南堂，秋養九老於西堂，冬養六受（叟）於北堂，養一八八六……

〔一〕 自此以下一段，言天子迎四時之事，文字與下引《尚書大傳》大致相合：「自冬日至數四十六日，迎春於東堂，距邦八里，堂高八尺，堂階八等，青稅八乘，旂旐尚青，田車載矛，號曰助天生，倡之以角，舞之以羽，此迎春之樂也。……自春分數四十六日，迎夏於南堂，距邦七里，堂高七尺，堂階七等，赤稅七乘，旂旐尚赤，田車載弓，號曰助天養，倡之以徵，舞之以鼓鼗，此迎夏之樂也。……土王之日，……迎中氣於中室，樂用黃鍾之宫。……自夏日至數四十六日，迎秋於西堂，距邦九里，堂高九尺，堂階九等，白稅九乘，旌旐尚白，田車載兵，號曰助天收，唱之以商，舞之以干戚，此迎秋之樂也。……自秋分數四十六日，迎冬於北堂，距邦六里，堂高六尺，堂階六等，黑稅六乘，旗旐尚黑，田車載甲鐵，號曰助天誅，唱之以羽，舞之以干戈，此迎冬之樂也。」（明人黄佐《六藝流别》卷十七《五行篇》引）又《管子・幼官》「五和時節，君服黄色，味甘味，聽宫聲，治和氣，用五數……（春）八舉時節，君服青色，味酸味，聽角聲，治燥氣，用八數……（夏）七舉時節，君服赤色，味苦味，聽羽聲，治陽氣，用七數。……（秋）九和時節，君服白色，味辛味，聽商聲，治溼氣，用九數……（冬）六行時節，君服黑色，味鹹味，聽徵聲，治陰氣，用六數……」意亦與此相近。簡文已殘缺，就現在找到的殘簡看，原文似只言四時而不言介於夏、秋之間的「土王之日」（《管子》稱「五和時節」）。

〔二〕 簡文「狄」字當讀爲「翟」，二字古通。《詩・邶風・簡兮》言舞人「右手秉翟」，毛傳：「翟，翟羽也。」《説文》：「翟，山雉尾長者。」《大傳》此句作「舞之以羽」，與下文「舞之以鼓鼗」、「舞之以干戚」等句不稱，「羽」下應據簡文補「翟」字。

〔三〕 簡文「鼓」下一字，右半從「兆」，左半絶大部分缺去，似是「桃」字，在此當讀爲「鼗」。《大傳》謂迎夏之樂「倡之以徵，舞之以鼓鼗」，但《幼官》則謂君主當於夏季「聽羽聲」，尹註：「羽，北方聲也。火王之時，不聽徵而聽羽者，所以抑盛陽。」簡文謂迎夏之樂

「昌之以羽」，與《幼官》合。

〔四〕此字亦見下簡，左半從「彖」，右半殘去。《大傳》與此相當之字爲「税」。「税」字古與「褖」通。《禮記·玉藻》「士褖衣」，鄭註：「褖或作税」。又《周禮·天官·内司服》「緣衣」鄭註：「《雜記》曰：夫人復税衣揄狄。又《喪大記》曰：士妻以褖衣。言褖者甚衆，字或作税。」疑簡文此字亦當讀爲「褖」，「白褖」、「黑褖」，與《幼官》之「服白色」、「服黑色」同意。或以爲「白税」、「黑税」等當指車飾，故言「白税九乘」、「黑税六乘」……待考。

〔五〕此字殘存左半「阜」旁，據《大傳》可能爲「階」字。

〔六〕據《大傳》，以上一段簡文似可補充如下：「故距冬日至【卌】六日，天子迎春於東堂……【堂高八尺，堂階八等，青□八乘……昌（唱）之以】角，舞之以羽狄（翟），此迎春之樂也。距春分卌六日，天子迎夏【於南堂……（據原簡空缺地位推算，此處似僅缺二至三字）堂高七尺，堂【階七等，赤□七乘】……□之□，昌（唱）之以羽，舞之以鼓桃（鼗），此迎【夏之樂也。距夏日至卌六日】，天子迎【秋於西堂……堂高九尺，堂階】九等，白□九乘，蘄（旂）……【昌（唱）之以商，舞之以干戚，此迎秋之樂也。距秋分卌六日，天子迎冬於北堂……堂高六尺，堂】階六等，黑□六乘，蘄（旂）□□……【昌（唱）之以徵，舞之以干戈，此迎冬之樂也】。」

〔七〕「冬」上一字僅存左半「禾」旁，疑是「秋」字。此句原文疑作「春秋冬夏之樂必……」。又「必」下一字殘存右半「頁」旁，疑是「順」字。

六　【四時令】

……與天調，然后天地之報有〔一〕一八八七……

……【正月朔日天子】出令，〔二〕命東輔入御，令一八八八曰：總版，列爵，選賢不宵（肖），受（授）士〔三〕一八八九……禁斬伐，所以養一八九〇……□□□蟄虫（蟲）印剽。〔四〕春辟（避）審，物一八九一生蔭。〔五〕不列抈雛㲉，不列元嬰兒〔六〕一八九二……【四月朔日，天子出令，命南輔入御，令曰：】……馳車馬，所以發大氣也。然【則天無】疾風，草木偃卬（仰），□氣□，民不疾，榮華〔七〕一八九三……□□□緩刑□，免罪人，爲一八九四……□□，草木一八九五養長，五穀蘩（繁）實而英大矣。〔八〕七月朔日，天子出令，命西輔入御，令曰：趣賦斂，興力事，審關市，一八九六斬伐勿禁，弋射田邋（獵）勿禦，〔九〕然則天爲之□寒下霜，草木收斂，五穀成孰（熟）而實堅矣。〔一〇〕十月朔日，一八九七天子出令，命北輔入御，令曰：擅

（繕）甲厲兵，合計爲伍，脩封四彊（疆）□〔一一〕一八九八……【所以】責天地之閉臧（藏）也。審關籥（鑰），計百官之事，决疑獄，□當死。然則天爲下寒合冰，毛虫（蟲）不犢（殰），一八九九繩（孕）婦不消汁，草木根本必美矣。〔一二〕□一九〇〇……

〔一〕此篇簡文與《管子·五行》後半篇接近。《五行》中與簡文此句相近之文字爲：「人與天調，然後天地之美生。」

〔二〕下文言「七月朔日，天子出令，命西輔入御」，「十月朔日，天子出令，命北輔入御」，此句首六字據之補。

〔三〕《五行》中與以上一段相近之文字爲：「日至，睹甲子木行御，天子出令，命左右士師内御，總別列爵，論賢不肖士吏，賦秘賜賞於四境之内，發故粟以田數。」此數句緊接於「天地之美生」句後，故簡文「與天調，然后天地之報有……」（此下僅缺二、三字即足句）與「【正月朔日天子】出令，命東輔入御」亦當緊接，疑一八八七號簡與一八八八號簡爲同一簡之上下兩截。《五行》之「内御」當從簡文讀爲「入御」，即入侍之意。尹註以「内御」爲「内侍之官」，是錯誤的。

〔四〕《五行》中與以上一段相近之文字爲：「出國衡，順山林，禁民斬木，所以愛草木也。然則冰解而凍釋，草木區萌，贖蟄蟲卵菱。」「卵」當是「卬」之形誤，「卬」疑當讀爲「仰」。

〔五〕《五行》作「春辟勿時，苗足本」。簡文「辟」當讀爲「避」。春避審，蓋謂春季所應避免之行事，如斬伐樹木等，皆嚴格加以禁止。蕟，疑當讀爲「茷」。司馬相如《上林賦》「實葉葰茂」，《文選》註引司馬彪曰：「葰，大也。」

〔六〕《五行》作「不癘雛㲉，不夭麑麇，毋傅速，亡（毋）傷繈葆，時則不凋」。「列」、「癘」古音相近，但簡文「列抈」疑當讀爲「裂抈」，《說文》「抈，折也」；「列元」疑當讀爲「裂刓」。《廣雅·釋詁一》：「刓，斷也。」

〔七〕《五行》中與以上一段相近之文字爲：「……君子修游馳以發地氣……然則天無疾風，草木發奮，鬱氣息，民不疾而榮華蕃。」

〔八〕《五行》中與以上一段相近之文字爲：「……大揚惠言，寬刑死，緩罪人，出國司徒令，命順民之功力以養五穀，君子之静居，而農夫修其功力極，然則天爲粵宛，草木養長，五穀蕃實秀大……」。《五行》篇分一年爲五個「七十二日」，此段文字屬於「土行御」之第三個「七十二日」。由於竹簡殘缺，簡文是否在夏秋之間分出代表土德的一段時間與四時並列，已不可知，簡文此數句也可能就屬於「四月朔日……」一段。

〔九〕《五行》篇「睹庚子金行御」（指秋季）一段内，無與「趣賦斂，興力事」等語相類之文字。

〔一〇〕《五行》篇「金行御」一段内有「然則涼風至，白露下」，「然則晝炙陽，夕下露，地競環，五穀鄰熟，草木茂實」等語，與簡文意近。

〔一一〕《五行》中與以上一段相近之文字爲：「天子出令，命左右司馬衍組甲厲兵，合計爲伍，以修於四境之内……」，但其文不屬於與簡文「十月朔日……」相當之「水行御」一段，而屬於與簡文「七月朔日……」相當之「金行御」一段。《五行》之「衍組甲厲兵」與簡文之「擅甲厲兵」相當。「亶」、「善」音極近，「擅」當讀爲「繕」，「衍」應是「擅」、「繕」之音近誤字（「饘」字異體作「飦」，可證「亶」、「衍」音亦相近）。「衍」下「組」字似不應有，疑後人因不明「衍甲」之義而臆加此字。

〔一二〕《五行》中與以上一段相近之文字爲：「……令民出獵禽獸，不釋巨少而殺之，所以貴天地之所閉藏也。然則羽卵者不段，毛胎者不牘，孋婦不銷棄，草木根本美。」簡文「審關籥……」句爲《五行》所無。

七　【五　令】〔一〕

•德令者，求諸孤幼不能自衣食者，稟（廩）氣（餼）之，以助生。〔二〕毋雍（壅）塞川澤。雍（壅）塞川澤，發令者有
一九〇一咎，民多腸疾。〔三〕一九〇二
•義令者，求孝弟（悌）爲□〔四〕鄉里者，賞之，以助長遂。毋□兵令，禁□水代〈伐〉木者。〔五〕□一九〇三之，則五穀
有菑（災），民多單（癉）疾。〔六〕一九〇四
•惠令者，求行年八十者，脩（修）其牀席，問其飲食，以固守。〔七〕一九〇五
•威令者，求不孝弟（悌）、凌暴務（傲）悍，而罰之，以助損氣，使穀毋復。〔八〕毋發贛賜。〔九〕發贛賜，大一九〇六風至，
蚤（早）殺，〔一〇〕馬牛遅一九〇七。
•罰令者，抶盜賊，開詷詐僞人而殺之，〔一一〕以助臧（藏）地氣，使民毋疾役（疫）。毋脩（修）義（議）賞一九〇八之令，
脩（修）義（議）賞之令，羊□遅。一九〇九
故德令失則羽虫（蟲）爲菑（災），義令失則毛虫（蟲）爲菑（災），惠令失則羸〈裸〉〔一二〕虫（蟲）爲菑（災），威令
一九一〇失則界（介）虫（蟲）爲菑（災），罰【令失則鱗虫（蟲）爲災】。一九一一
……【□蟲爲災則發】□令，〔一三〕羸〈裸〉虫（蟲）爲菑（災）則發德令，□□□〔一四〕一九一二菑（災）則發罰令，界
（介）虫（蟲）爲菑（災）則發義令，羽虫（蟲）爲菑（災）則發威令。此順天道。一九一三

〔一〕本篇第六段（一九一〇號及一九一一號二簡）以德令、義令、惠令、威令、罰令爲序，前五段先後順序據此排定。據簡文内容，這五種令是與自然季節相配合的。

〔二〕《淮南子·時則》「仲春之月……養幼小，存孤獨，以通句萌」，與簡文意近。

〔三〕腸，疑當讀爲「瘍」。《説文》「瘍，頭創也」，《釋名・釋疾病》「頭有創曰瘍」。《周禮・天官・醫師》「疕瘍者造焉」，鄭註：「身傷曰瘍」。

〔四〕此字不清，疑是「善」字。

〔五〕「毋」下似是「發」字。「禁」下一字從「弓」從「攴」，疑是「彀」字異體。

〔六〕《素問・瘧論》「名曰癉瘧」，註：「熱也。」《漢書・藝文志》有《五藏六府癉十二病方》，註：「黄病」。《説文》「疸，黄病也」，是「癉」「疸」同字。

〔七〕《淮南子・時則》「季夏之月……行惠令，弔死問疾，存視長老，行稃鬻，厚席蓐，以送萬物歸也」，與簡文意近。

〔八〕《淮南子・時則》「孟秋之月……朝於總章左个，以出秋令。求不孝不悌、戮暴傲悍而罰之，以助損氣」，與簡文合。「使穀毋復」，謂使五穀不復生。《月令》：「仲秋……行夏令，則其國乃旱，蟄蟲不藏，五穀復生。」

〔九〕《説文・貝部》：「贛，賜也。」

〔一〇〕早殺，謂草木早枯死。

〔一一〕《淮南子・時則》「仲冬之月……急捕盜賊，誅淫泆詐僞之人」，與簡文相近。簡文「詷」上一字也可能不是「開」字，待考。

〔一二〕此當是「贏」或「羸」之譌字，即「裸」字。

〔一三〕此字已磨滅，據上下文當是「惠」字。

〔一四〕此三字模糊不可辨識，據文義下二字當是「虫爲」。

八　【不時之應】

•春三月：一不時，孟種不孰（熟）。〔一〕再不時，二種不孰（熟）。三不時，三種不孰（熟）。四不時，四種不一九一四孰（熟）。五不時，五種不孰（熟）。六不時，不出三歲降如脊。〔二〕一九一五

•夏三月：一不時，四足脊。再不時，則四足入邑。三不時，則有喪。四不時，則見血兵。一九一六五不時，則亂。六不時，不出三歲降如【脊】。一九一七

•秋三月：一不時，多夭（妖）言。再不時，多□□□。〔三〕三不時，多殍（戮）死。四不時，四足脊。五不一九一八時，疾。六不時，不出三歲降如脊。一九一九

•冬三月：一不時，則國多風。再不時，多螟虫（蟲）。三不時，旱。四不時，則水。五不時，初旱一九二〇後水。六不時，不出三歲降如脊。一九二一

〔一〕《廣雅·釋詁一》「孟，始也」，孟種，猶言「首種」。《月令》「（孟春之月）行冬令，則……首種不入」。

〔二〕《禮記·曲禮下》「天子死曰崩，諸侯曰薨……羽鳥曰降，四足曰漬。」簡文「脊」當讀爲「漬」，二字古音相近。「降如脊」之「如」當訓爲「與」或「及」（參看王引之《經傳釋詞》卷七）。

〔三〕竹簡左半折損，「多」字下二字似是「四足」。

九　【爲政不善之應】〔一〕

爲正（政）壹擾則虫，再則蛾，〔二〕三則冥（螟），〔三〕四則踲，〔四〕五則螣，六〔五〕則兵作，七則君猝。一九二二

爲正（政）壹暴則胞（雹），再則如坑（丸），三則盈握，四則穿屋，五則如杚，〔六〕六則兵作，七則君猝。一九二三

爲正（政）壹□〔七〕則盈淵，再則盈空，三則□虖，四則□□，五則□□，六則兵作，七則君猝。一九二四。

爲正（政）壹利則長風，再則輬（涼）風，〔八〕三則頎風，〔九〕四則發屋，五則折木，六則兵作，七則君猝。一九二五

【爲正（政）壹□則□】，再則茢生，三則無定，四則渴（竭）澤，五則壞斥，六則兵作，七則君猝。一九二六

爲正（政）壹緩則雨一九二七……

……□□□，六則兵作，七則君猝。一九二八

爲正（政）多使百生（姓）恒於利，風畏運，比三，有天火下，大如雗（鶾）。一九二九

爲正（政）多使百生（姓）分壇（廛）羣居，壞動列（裂），比三，有天火下，大如鷄。一九三〇

爲正（政）多使一九三一……

……□樹，比參（三），有天火下，大如□。一九三二

〔一〕本篇各簡自成起訖，原來次序已無法恢復。

〔二〕蛾，當即《說文》蛩字，今作蟻。《禮記・檀弓》「蟻結於四隅」，註：「蚍蜉也」。或謂此「蛾」字即《說文》訓爲「蠶化飛蟲」之「䖸」字（或體作「蛾」）。

〔三〕《爾雅・釋蟲》「蟲食苗心，螟」。

〔四〕蹢，疑當讀爲「蝝」，「啇」與「彖」古音相近。《爾雅・釋蟲》「蝝，蝮蜪」，注：「蝗子未有翅者。」

〔五〕《詩・小雅・大田》「去其螟螣」，毛傳：「食心曰螟，食葉曰螣。」《月令》「百螣時起」，註：「螣，蝗之屬。」

〔六〕《說文・木部》「杚，平也」，又「槩，杚斗斛也」，徐鍇《說文繫傳》云：「杚即槩也，摩之使平也。」《月令》「正權概」，鄭註：「概，平斗斛者。」

〔七〕此字上半不清，似是「委」字。

〔八〕輬，當讀爲「涼」。《爾雅・釋天》：「北風謂之涼風。」

〔九〕頎，疑當讀爲「凱」。「斤」聲與「豈」聲古音相近。《呂氏春秋・本味》「菜之美者，雲夢之芹」，《說文》所引，「芹」作「䓊」（見艸部「䓊」字下）。又《說文・攴部》「敳，有所治也。從攴豈聲，讀若豤」，《考工記・輈人》「輈欲頎典」，司農註讀「頎」爲「懇」，並可證。《爾雅・釋天》「南風謂之凱風」。《廣雅・釋詁一》「凱，大也」。

一〇 【人君不善之應】〔一〕

•人君好水居澌（漸）臺，〔二〕極舟歓（飲）酒游居，〔三〕磿（歷）二時，五穀湛涂；磿（歷）四時，山出泉；磿（歷）六時，則石辟（劈）一九三三而出泉；磿（歷）八時而國亡。一九三四

•人君好垂（埵）盧（爐）槖，〔四〕抏金盧，反山破石，磿（歷）二時，五穀椅橋；磿（歷）四時，大火焚臧（藏）；磿（歷）六時，則林有一九三五□者矣；磿（歷）八時而國亡。一九三六

•人君好馳騁田邋（獵），則野草□，田壽（疇）葴（穢），國多衝風，折樹木，瀤（壞）大牆，爲正（政）者不易，死一九三七……

•人君好徙邑里，易路巷，則水遷路徙，雉兔皰〔五〕亢（坑），麋鹿皰朝，蜆魚皰□，龔（龍）皰淵，人君有謀一九三八而不成，人民頷，平地□，山巍崩，雖危□一九三九……

……□非狼，狼州而食□，□□之狗州睾，□山化爲晉一九四〇□，晉□化爲人，爲男爲女，處君，則三年而國亡。一九四一

……□□及□有□□□參（三）發而國亡。一九四二

……參（三）發而國亡。一九四三

•人君一九四四……

〔一〕本篇各段自成起訖，原來次序已不可知。

〔二〕漸臺，當即「漸臺」。《漢書·郊祀志下》：「其北治大池，漸臺高二十餘丈，名曰泰液。」顏師古註：「漸，浸也。臺在池中，爲水所浸，故曰漸臺。」

〔三〕極，疑當讀爲「楫」。《詩·大雅·棫樸》：「淠彼輕舟，烝徒楫之。」《釋名·釋船》：「在旁撥水曰櫂……又謂之楫。楫，捷也，撥水使舟捷疾也。」

〔四〕《淮南子·齊俗》：「鑪橐埵坊設，非巧冶不能以冶金。」註：「鑪、橐、埵，皆冶具。」又同書《本經》「鼓橐吹埵，以銷銅鐵。」註：「鼓，擊也。橐，冶鑪排橐也。埵，銅橐口鐵筒，埵入火中吹火也，故曰吹埵。」

〔五〕此字從文義上看似是「充」字之誤，也有可能本爲從「刀」「充」聲之字，讀爲「充」。

一一　天地八風五行客主五音之居

□▬天地八風五行客主五音之居〔一〕一九四五

（一）

▬上旬天在一九四六……

天　正月五月九月

地　二月六月十月一九四七

三月七月十一月一九四八

四月【八月】十二月一九四九

……中旬天地在西方。〔二〕一九五〇

……■下旬天在南方，地在北方。一九五一

……■下旬天地在東方。一九五二

……天地在東方。一九五三

……旬天地在一九五四……

……【天在】北方，地在一九五五……

……方，地在北一九五六……

……□也卒（猝），其巳（已）也匆（忽）。〔三〕其折禍，當之大敗。·並天地〔四〕一九五七……

……順之，致利有功。·以戰□□□□一九五八……

……并天地之所在逆以戰，軍敗。不出三年，將一九五九……

……而逆一九六〇……

……而右之一九六一……

□·天地所一九六二……

春三月右日吉，夏三月逆日吉，秋三月□□一九六三……

〔一〕此篇用短簡書寫，根據一九八六號簡字數推斷，竹簡原長約一八釐米，當是漢代之八寸簡。簡文字體較古，有篆書意味，亦與其他竹書不同。本篇内容記述以天地、八風、五行、日辰、五音占戰争勝負之方法，乃兵家數術之書。由於簡文殘缺不全，原文結構不可確知。現暫按篇題所列天地、八風、五行、客主、五音之順序，將相應簡文分爲五組，無法歸類之簡文列爲第六組。各組内部簡文的順序也是編者以意排定的。本篇簡文中原有朱墨兩色標記，第二組八風圖中有朱色及黑色綫條。凡原簡的黑色標記及綫條，釋文中也用黑色表示，原簡的朱色標記及綫條，釋文僅用綫條勾出輪廓，以示區别。

〔二〕以下各簡及上一九四六號簡下半記天地所在之方位，與馬王堆帛書中的一種占候書所記「中旬天在北，地在南」「中旬天地在西」「中旬天在南，地【在北】」「中旬天地在東」略同。

〔三〕 勿，當讀爲「忽」，與上句「卒」（猝）爲對文。《左傳》莊公十一年：「其亡也忽焉。」註：「忽，速貌。」

〔四〕 下文一九五九號簡云「并天地之所在逆以戰」，上引馬王堆占候書亦有「并天地而逆」「并天地左右之」之語。

（二）〔一〕

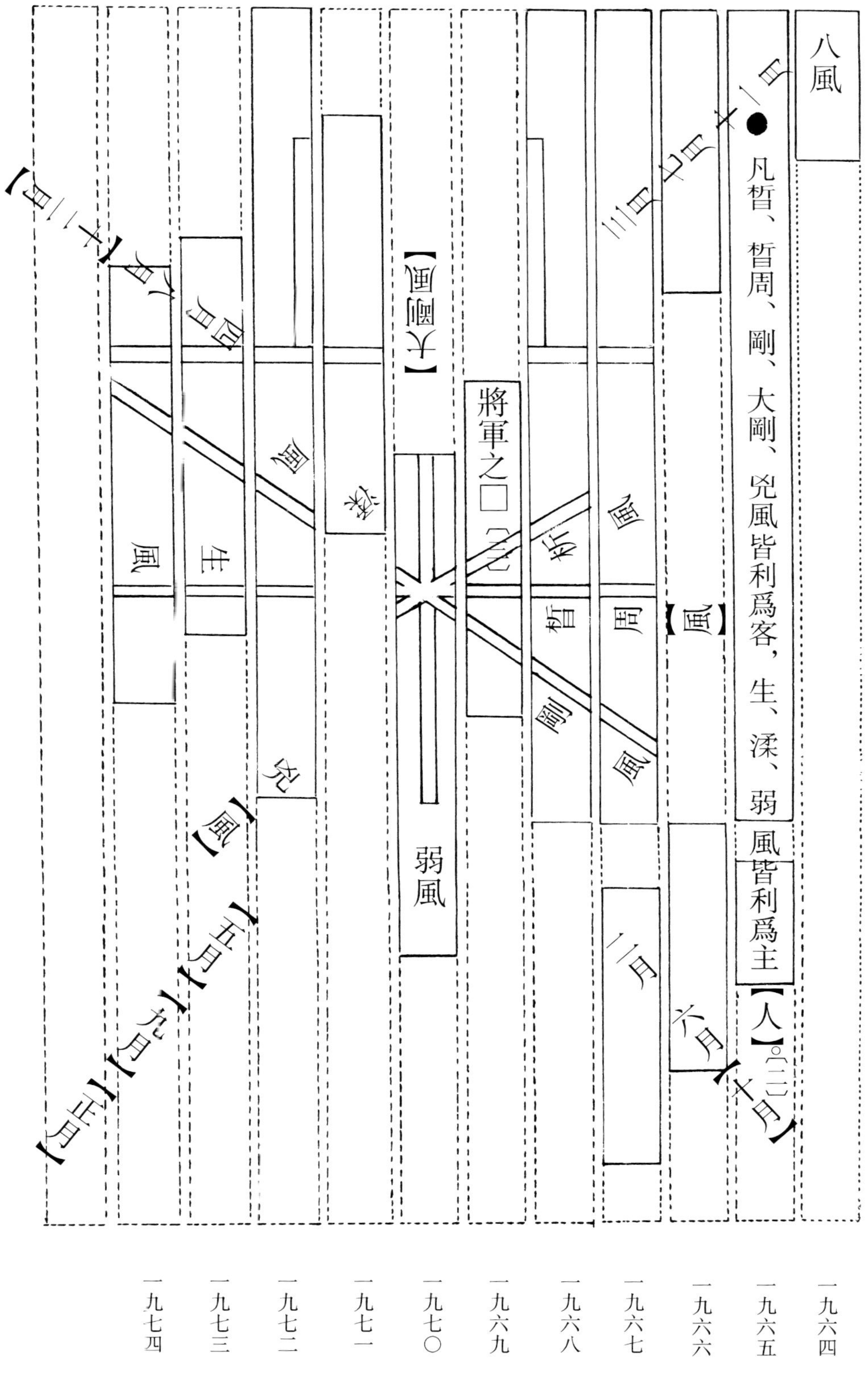

風從剛風來，〔四〕疾而一九七五……

【風】從生風來，疾而暴一九七六……

【風】從溸風來，疾而暴。擊之，破軍禽（擒）將。一九七七

風從弱來，疾而暴。疾從而擊之，破軍禽（擒）將。〔五〕一九七八

【風】從兇風來，疾而暴，主人與客分。禍風北多則客勝，東多則主人勝。〔六〕一九七九

……暴，勿應一九八〇……

……□則主人軍破一九八一……

〔一〕 本組所收簡文屬於標題中「八風」的範圍，内容包括八風圖和風占兩部分。這兩部分原來的順序難於考定，現暫將八風圖列在風占之前。

〔二〕 自此以下十一簡爲八風圖。根據圖中所註月名，可知此圖至少應包括十一根簡。釋文中將所缺最後一簡以及其他各簡的殘缺部分用虛綫補出。殘缺部分只補可以確知爲原來所有的文字，至於朱色及黑色綫條，由於實際情況難以斷定，一概略去不補。圖中所舉八風名目與隋蕭吉《五行大義》及唐李淳風《乙巳占》八風風名大體相合。《五行大義》卷四「論八卦八風」引太公兵書云：「坎名大剛風，乾名折風，兑名小剛風，艮名兇風，坤名謀風，巽名小弱風，震名嬰兒風，離名大弱風。」《乙巳占》卷十占風圖及「占八風知主客勝負法」所舉風名「謀風」作「諫風」（同卷「八方暴風占」云「坤爲謀風」，原註「一名陰謀」），「嬰兒風」作「宄風」（占風圖「宄風」下註云「一名嬰兒」），大剛風、小剛風、大弱風、小弱風、折風則均同於《五行大義》（《乙巳占》大剛風、小剛風之「剛」寫作「罡」），《乙巳占》尚有「衝風」一名，應與《五行大義》的「兇風」相當。簡文之大剛風、剛風當即《五行大義》之大剛風、小剛風，弱風、溸風當即《五行大義》之大弱風、小弱風（《廣雅·釋詁一》「柔，弱也」），晳風當即《五行大義》之「折風」（「晳」字從「日」從「析」，可能是從「白」「析」聲的「晳」字之誤，也可能是從「日」「折」聲的「晢」字之誤。「析」與「折」、「白」與「日」，字形相近易混），「兇風」一名，簡文同於《五行大義》，簡文「生風」似應與《五行大義》之「嬰兒風」相當。如此則簡文所餘「晳周風」一名應與《五行大義》之「謀風」相當。爲了便於比較，現將簡文及《五行大義》《乙巳占》之風名列爲如下的對照表：

《五行大義》		《乙巳占》			簡文		《五行大義》		《乙巳占》			簡文	
坎	大剛風	坎	大罡風	客勝	大剛風	利爲客	坤	謀風	坤	諫風	主人勝 一名陰謀風	晳周風	利爲客
乾	折風	乾	折風	客勝	晳風	利爲客	巽	小弱風	巽	小弱風	主人勝	溸風	利爲主人
兑	小剛風	艮	小剛風	客勝	剛風	利爲客	震	嬰兒風	震	宄風	主人勝 一名嬰兒	生風	利爲主人
艮	兇風	兑	衝風	客勝	兇風	利爲客	離	大弱風	離	大弱風	主人勝	弱風	利爲主人

簡文謂哲風、哲周風、剛風、大剛風、兇風利爲客，生風、渘風、弱風利爲主人，《乙巳占》卷十「占八風知主客勝負法」以折風、大罡風、小罡風、衝風爲客勝，宂風、小弱風、大弱風、諫風爲主人勝，與簡文小異。《乙巳占》卷十占風圖如下：

此圖以四方、干支、八卦、五行與八風相配，簡文風圖不記干支、八卦、五行而有十二月名，與此異。此外，簡文八風方位除大剛風屬北方、弱風屬南方與占風圖相合外，其他六風之方位均與占風圖不同。

〔三〕「之」下一字似是「害」字或「周」字。

〔四〕「風從……來」爲古代占風之習語，例如《史記・天官書》「風從南方來，大旱。西南，小旱。西方，有兵。西北，戎菽爲。小雨，趣兵。北方爲中歲。東北爲上歲。東方，大水。東南，民有疾疫，歲惡。」《開元占經》卷九一「五音相動風占」有「宮日風從子午宮來宮動宮」，「宮日風從丑未寅申徵來爲宮動徵」等語。《乙巳占》卷十「三辱八角風」有「風從辱上來」，「風從殺上來」等語。

〔五〕此簡「風」字上的組繩痕迹當是從別處粘上去的。「弱」下脱「風」字。

〔六〕主人與客分，「分」當訓爲「半」，謂勝負之可能，主客各半。禍，疑當讀爲「課」。《史記・天官書》「故八風各與其衝對，課多者爲勝。多勝少，久勝亟，疾勝徐。」《漢書・天文志》王先謙補註：「《廣雅・釋言》『課，第也』，以八方相衝之風對，次第其多少、久亟、疾徐，以定勝負。」案一九九八號簡云「弱風、渘風、生風，不可以爲客，可以爲主人」，一九九九號簡云「大剛風、哲風、剛風，可以爲客，不可以爲主人」，所舉僅弱、渘、生、大剛、哲、剛六風而不及兇風及哲周風。據此簡「【風】從兇風來……主人與客分」之語，頗疑八風中弱、渘、生三風利主人，大剛、晢、剛三風利客，而兇、晢周二風於主客勝負之機會爲均等。上文第一九六五號簡云「凡晢、晢周、剛、大剛、兇風皆利爲客，生、湥、弱風皆利爲主人」，以晢周風與兇風爲利客，與此不同。

（三）

•五行，德行所不勝，刑行所勝。五歲□一九八二……

……□〔一〕女以金應之，以火應之，以水應之，以□一九八三……

……□故土苦木一九八四，【乃生金】以報木。木苦金，乃生火以【報金。金】苦火，乃生水以報火。火苦水，乃生一九八五土以報水。水苦土，乃生木以報土。•毋以其子孫攻其大父。適（敵）人一九八六……

〔一〕此字左旁從「食」。

（四）

主人　客主人分日，〔一〕甲子、乙丑、戊寅、己巳、庚午一九八七……

利主人•甲寅、乙卯、丙辰、丁巳、戊午、己未……□主人一當客二。〔二〕一九八八

利主人•甲辰、乙巳、丙午、丁未、戊申、己酉、庚戌、辛亥，主人一當客之四。一九八九

利主人•甲午、乙未、丙申、丁酉、戊戌、己亥，主人一當客之【八】一九九〇

利主人•甲申、乙酉、丙戌、丁亥，主人一當客十六。一九九一

利主人•甲戌、乙亥，主人一而當客之卅二。一九九二

利客　客主人勝日，甲子、乙丑、丙寅、丁卯、戊辰、己巳〔三〕一九九三……

利客·丙子、丁丑、戊寅、己卯、庚辰、辛巳、【壬午、癸未】，主人四不如客之一。一九九四

利客·戊子、己丑、庚寅、辛卯、壬辰、癸巳，主人八不如客【之一】。一九九五

利客·庚子、辛丑、壬寅、癸卯，主【人十六】不當客【一】。一九九六

利客·壬子、癸丑，主人卅二不當客一。一九九七

利主人·弱風、渘風、生風，不可以爲客，可以爲主人。一九九八

利客■大剛風、晢風、剛風，可以爲客，不可以爲主人。〔四〕一九九九

……未、庚申、戊戌，主人。二〇〇〇

……丁巳、辛酉、壬戌、癸亥、己未，客。二〇〇一

……寅、丁卯、□〔五〕二〇〇二……

〔一〕客主人分日，指主人與客勝負機會均等之日。此簡下折，簡上所見干支均在甲子旬，唯戊寅在甲戌旬。據下第一九九四號簡戊寅乃利客之日，此「戊寅」疑是「戊辰」之誤寫。

〔二〕自此以下「利主人」五簡所舉干支分別屬於甲寅、甲辰、甲午、甲申、申戌五旬。後四簡簡文基本上完整，其所舉干支日數依次爲八日、六日、四日、二日，據此，本簡所列干支似應爲甲寅旬之十日，但此簡空缺處容納不下這許多字，疑本條原來分兩簡書寫。

〔三〕自此以下「利客」五簡所舉干支分別屬於甲子、甲戌、甲申、甲午、甲辰五旬。本簡下折，據後四簡所舉干支日數依次爲八日、六日、四日、二日，則此簡似應舉全甲子旬之十日。

〔四〕以上二簡謂弱風、渘風、生風利主人，大剛風、晢風、剛風利客，未及兇風及晢周風。參看本篇第（二）組註〔六〕。

〔五〕「寅」上所缺當是「丙」字，此疑是「客主人分日」條之殘簡。

（五）〔一〕

宮·宮風：庚子、辛丑、庚午、辛未、戊申、己酉、戊寅、己卯、【丙】辰、丁巳、丙二〇〇三……

商·商風：庚辰、辛巳、庚戌、辛亥、壬寅、癸卯、壬申、癸酉、甲午、乙未、甲子二〇〇四……

角・角風：戊戌、己亥、戊辰、己巳、庚二〇〇五……

徵・徵風：丙寅、丁卯、甲戌、乙亥、丙申□二〇〇六……

禹（羽）・禹（羽）風：壬辰、癸巳、壬戌、癸亥□□二〇〇七……

……丑、丙午〔二〕二〇〇八……

……□、丙子、甲〔三〕二〇〇九……

□角風當生長，三日宿戒，五日兵□〔四〕二〇一〇……

……不出，三日宿戒，五日□□□□二〇一一

……前無後，三日宿戒，五日□□□二〇一二……

〔一〕本組所收各簡屬於標題所謂「五音」的範圍。簡文列舉宫風、商風、角風、徵風、羽風五種風所屬的日辰。《開元占經》卷九十一「五音六屬法」下云：「五音，一言宫，三言徵，五言羽，七言商，九言角。六屬，……子午屬庚，丑未屬辛，寅申屬戊，卯酉屬己，辰戌屬丙，己亥屬丁」，又云：「以地十二辰合十干，以十干所屬者命之，以其言數納其音，以主一日，日辰相配，共得一音，此納音之法也。」據此，則六十甲子日所屬之音可以據干支本身推定。例如丙寅日，據上引「五音六屬法」，寅屬戊，以丙寅之丙數至戊爲三言（丙、丁、戊），所以丙寅屬徵。以下各簡所缺干支均可據此補足，如宫風條「丙」下應補「戌、丁亥」，商風條「甲子」下應補「乙丑」。

〔二〕此殘簡疑屬上文羽風條。「丑」上所缺當是「丁」字。

〔三〕此殘簡疑亦屬上文羽風條。「甲」下所缺可能是「申」字，也可能是「寅」字。

〔四〕宿戒，齋戒。《禮記・禮器》：「七日戒，三日宿。」鄭註：「戒，散齊也；宿，致齊也。」

（六）

・星　極星而馳，天下日夜不休，求不□二〇一三……

星旗・象蘢（龍）曰輿南方象鳥曰旌二〇一四……

兵忌・凡斗、月、咸池立，〔一〕用兵之夬（決）也。□二〇一五……

兵陳（陣）·木陳（陣）直。·土陳（陣）圜。·水陳（陣）曲。·金陳（陣）〔二〕二〇一六……

……【司】寇先應。·南方以木【陣】二〇一七……

……應。東方以金陳（陣），司馬先應。·西方以火陳（陣）二〇一八……

釜法·此黃帝之見適（敵），不叚（假）焯（灼）龜而卜□〔三〕二〇一九……

斗建·正月斗昬（昏）建寅。〔四〕·食昔卯，〔五〕·少亡喪。·□□□二〇二〇……

九時·一道曰：傳禺未可與俱。·二〇二一……

·九道曰：木欲高，金伐之。·金欲堅，火則鑠之二〇二二……

……·是胃（謂）五勝之常，戒五日□二〇二三……

……是胃（謂）四二〇二四……

……時之用晦一時如〔六〕二〇二五……

……旌，旌在七星，〔七〕後軍建斬，〔八〕斬□二〇二六……

……不出七日，國□□□□二〇二七……

……取，將軍疾死□□二〇二八……

……可有索，三日士可□〔九〕二〇二九……

……□·七日衰，·八日老，·九日死二〇三〇……

……七月八月二〇三一……

·月□二〇三二……

……□子·□□丑□□二〇三三……

……□毋害菽地□二〇三四……

……生長□之□二〇三五……

……風疾者所□二〇三六……

……其□薄二〇三七……

……死地二〇三八……

……□揉二〇三九……

……柔二〇四〇……

……主人得三，客〔一〇〕二〇四一……

……得九二〇四二……

……□而二〇四三……

……之四二〇四四……

……•柖（招）榣（摇）〔一一〕二〇四五……

……□青龔（龍）〔一二〕二〇四六……

……□玄武〔一三〕二〇四七……

……之勝一擊□二〇四八……

……□勝二〇四九……

……□勝□□二〇五〇……

……之大勝二〇五一……

……□將□二〇五二……

……□□若若二〇五三……

……庚子、辛丑□二〇五四……

……出□二〇五五……

……□生□二〇五六……

……□火□二〇五七……

……□□□之□二〇五八……

□二□二〇五九……

……□曰土□□二〇六〇……

……□後□□□□二〇六一……

……□□觀二〇六二……

……□□二〇六三……

……□□□二〇六四……

……□□□二〇六五……

□□二〇六六……

……□□□二〇六七……

○二〇六八……

○二〇六九……

〔一〕斗，北斗七星。咸池，星宿名。《史記·天官書》：「西宮咸池，曰天五潢。」《正義》：「咸池三星，在五車中，天潢南，魚鳥之所託也。」

〔二〕《北堂書鈔》卷一一七「圓者土，方者金」下引《黄帝問玄女兵法》：「敵人爲曲陣，己以圓陣攻之。圓陣者，土陣也。敵人爲直陣，己以方陣攻之。方陣者，金陣也。」《太平御覽》卷三〇一引《黄石公記》：「彼以直陣來者，我以方陣應之。方來鋭應之。鋭來曲應之。曲來圓應之。直木，方金，鋭火，曲水，圓土也。各以能克者應勝之。」據此，簡文「金陣」下可補「方火陣鋭」四字。

〔三〕焯，當讀爲「灼」。《書·立政》「灼見三有俊心」，《説文》所引「灼」作「焯」。

〔四〕《史記·天官書》「北斗七星……用昏建者杓……夜半建者衡……平旦建者魁」，《正義》「言北斗昏建用斗杓，星指寅也」，《集解》引孟康曰「假令杓昏建寅，衡夜半亦建寅」。

〔五〕昔，當讀爲「夕」，二字古通。「食夕」與上句之「昏」，皆當爲時段的名稱，食夕卯，謂食夕之時星指卯。

〔六〕二〇二四號簡爲簡尾，二〇二五號簡爲簡首，二簡文字可能相接，「是謂四時之用」連爲一句讀。

〔七〕七星，即二十八宿中之星宿。《史記·天官書》：「七星，頸，爲員官，主急事。」

〔八〕居延漢簡以「斬」爲「旂」。此簡上言旌，下言斬，「斬」似亦當讀爲「旂」。

〔九〕此殘簡下端右半折損，「可」下一字似是「事」字。

〔一〇〕此簡與下一簡可能是一簡之折，因斷處不連，故未綴合。

〔一一〕《史記·天官書》：「杓端有兩星，一内爲矛，招摇；一外爲盾，天鋒。」

〔一二〕青龍，當即蒼龍。《史記·天官書》：「東宫蒼龍，房、心。」

〔一三〕《史記·天官書》：「北宫玄武，虚、危。」

一二 【占書】〔一〕

帝令司德監觀于下，視其吉兇禍福及以兵時。取人之國而法其鬼社稷（稷），〔二〕立其後，是二〇七〇胃（謂）威（滅）族棄祀，其子孫不有其國。无故而更其城郭、守備之具，是胃（謂）土觀，寇或至于城二〇七一下。无故而益爲國門，是胃（謂）竇德，有害來取其國之重器以出者。无故而自田其城二〇七二下，是胃（謂）窮德，乃有芒（荒）野，四竟（境）不通。无故而國門及巷閭皆自勒（泐），是胃（謂）易德，必亡其要二〇七三塞若邊誠。无故而踐其正卿，〔三〕是胃（謂）務德，適（嫡）□不立。无故而小其衡石斗甬（桶），是胃（謂）削〔四〕二〇七四……□好兵，是胃（謂）盛德，□□□二〇七五……國。无故而田其術巷及廷，是胃（謂）盡德，五穀（穀）大蟲。无故而爲大溝以屬它國之地，二〇七六是胃（謂）通德，必川谷。无故而廷術巷皆高其西方而下其東方，是胃（謂）順德，王公得二〇七七雠〔五〕，以正四方。无故而皆長其纓，是胃（謂）女德，國不甯，女子爲正（政）。无故而服其初國之寂，〔六〕是二〇七八胃（謂）復德，君臣定固，以正四國。无故而短其衣，是胃（謂）棘德，乃亡其邊城。〔七〕天之明，日月乃明。二〇七九……君之强，百姓乃□其正。國之强，四竟（境）甚敬（儆）。都之强，士力多。審察五强，以□二〇八〇天命。天之殆也，日月不明。地之殆也，草木不生。君之殆也，刑罰不行。國之殆也，務於四方。都二〇八一之殆也，不勝甲兵。察審五殆，〔八〕以占吉兇。天愛其精，以立其名。地愛其德，以求其經。二〇八二鬼愛其福，以求其靈。人愛其□，以求其□。〔九〕君愛其士，以求其盈。國愛其聖，以求其正。審察二〇八三□愛，以觀其成。西北以晦，東南以明，〔一〇〕□二〇八四……西風五日，兵甲乃發。東風五日，大木乃伐。南月毋（無）光。〔一一〕地棄之，五穀□山，慶獸作恙。〔一二〕川棄二〇八五之，水漢乃昌。〔一三〕先祖（祖）棄之，宗人起兵。審察五棄，以占吉兇。用兵成名，攻者必先觀君臣二〇八六之德，占天地之恙（祥），順時動之，□□二〇八七……觀其時，以占其德，亦可功（攻）也。是故聖（聖）人慎觀侵（祲）恙（祥），未見其徵，不發其，〔一四〕隨時而動，因毁而伐，二〇八八是以有功而除害。此三王之授伐之道也。其在古之亡國志也，月十三垣（暈），〔一五〕共工亡，離民亡；〔一六〕星貫二〇八九月，苗民亡；月十一垣（暈），昆吾民亡，有狄民亡；月九垣（暈），有快民亡；〔一七〕月八垣（暈），有扈民亡；月七垣（暈），有盡二〇九〇民亡；〔一八〕月六垣（暈），有吴（虞）民亡；月五垣（暈），夏后民亡；月四垣（暈），□患民亡；〔一九〕月並出，〔二〇〕啻〈商〉人亡；反景三日，〔二一〕天二〇九一下□周；〔二二〕日倍僪，〔二三〕智氏亡；月日垣（暈），〔二四〕鄭人亡。此古之亡德之天（妖）也，亡徵也。有道以察此者，可以伐矣。若二〇九二反景之君之勝上者，必其法失之。地觀其野，以授其國，可以錯兵。夫名川絶，大微固（涸），〔二五〕天雨血星，〔二六〕二〇九三月並出，星貫月，反景，倍蝕，篲（慧）星，營（熒）或（惑），雲□，〔二七〕天（妖）恙（祥）見於天，此逆上者也，此皆亂國之氣也。二〇九四天德羍鈞侵（祲）恙（祥）件，而倍（背）衆侍（恃）强以幸殆於天下者，雖勝其民，不有其土。鄭受角、亢、抵（氐），〔二八〕其日二〇九五【□，其辰□。】〔二九〕魏（魏）受房、心、尾，〔三〇〕其日辛，〔三一〕【其辰□。□受箕、斗，其日□，其辰□。〔三二〕□受牽】牛、婺女，〔三三〕其日丁，二〇九六【其辰□。□受虚、危，其日□，其辰□。□受營室、東壁，其日】〔三四〕□，其辰□。魯受奎、婁女、〔三五〕胃，二〇九七【其日□，其辰□。□受昴、畢、觜觿、參，〔三六〕其】日庚，其辰申。秦受東井、輿鬼，其日甲，其辰子。〔三七〕周受柳、二〇九八七星、□，〔三八〕其日丙，其辰午。楚受翼、軫，其日癸，其辰巳。〔三九〕•□寅嬴五月，〔四〇〕凡廿八宿，三百九〈六〉十五度二〇九九四分度一。〔四一〕凡羸（雷）之所，〔四二〕毋先起兵。其在冬春，小兇；在夏，大兇，在日爲幾（饑），在夕爲兵。〔四三〕有音，有將死二一〇〇之。其音大而數，〔四四〕其罰乃大而亟。其音小而秫，〔四五〕其罰乃小而久。春嬴〈雷〉會旦，〔四六〕爲大襄（穰），〔四七〕爲亂，爲役（疫）。二一〇一夏羸（雷）會晝，爲幾（饑），爲……□爲兵氣。嬴〈雷〉□□〔四八〕會莫（暮），爲役（疫）。凡嬴〈雷〉之日，毋以事君入二一〇二室及營軍，皆大兇。•凡周天下三百六十五度四分度一，日行一度，月行十三度四分度一。〔四九〕客星□□□二一〇三有憂，非中亂，〔五〇〕則主兵。國亡，後客星復舍焉，其國將復立。客星抵月，布衣試（弑）其君。〔五一〕二一〇四……□君之所審者五。一曰貪於布，〔二〇五〕乃病都鄙。二曰貪於禾粟，乃病闤市。三曰貪□〔二〇六〕……五曰食於甲兵，內亂乃起。審察五貪，以占其紀。大谷无故而出水，不出三年，國有大喪。〔二〇七〕……

……□无故〔二〇八〕……

……□王，民去其故里〔二〇九〕……

……東，莫居其鄉，〔五二〕國大實，民歷居與六畜□〔二一〇〕……

……□□□□百生（姓）□食，君子不處其〔二一一〕……

……□□□□□此暴君之氣也。□〔二一二〕……

〔一〕此篇内容爲占天象及物異之吉兇並及星宿分野，篇中所記有與《開元占經》《乙巳占》等書相合者。

〔二〕法，疑當讀爲「廢」，二字古通。

〔三〕《尚書大傳》「周公以成王之命殺禄父，遂踐奄。踐之云者謂殺其身，執其家，瀦其宫。」

〔四〕《開元占經》卷一一四引《天鏡》「人君改小秤衡斗桶，是謂裂德，五穀不入倉，民流亡，大饑。」

〔五〕讎，謂仇匹。《詩·周南·兔罝》：「公侯好仇。」

〔六〕寂，疑是「冠」之誤字。

〔七〕《開元占經》卷一一四引《天鏡》「人君及民無故違國制，服上古之服，是謂悖德，君臣有反政」，又曰「無故小其衣服，不出三年，邊有急兵若外國來降服，後大兇」，又曰「人君好爲短小之衣，兵革（此下有脱字）不出六年，邊城有相犯，君弱臣强」。

〔八〕「不勝甲兵」與「察審五殆」之間約有三字空位，似是寫就後又刮去。

〔九〕《淮南子·本經》「天愛其精，地愛其平，人愛其情。天之精，日月星辰雷電風雨也，地之平，水火金木土也，人之情，思慮聰明喜怒也」，所言與此近似，可參考。

〔一〇〕以上兩句末一字右側皆殘去，今據殘存偏旁及文義定爲「晦」「明」二字。自「審察五强，以□天命」至此句，以東、陽、耕三部字爲韻。

〔一一〕此處有脱誤，疑當作「南風五日……天棄之……日月毋光」。

〔一二〕慶，疑當讀爲「獷」，二字古音相近。獷獸猶言猛獸。《後漢書·光武紀》「又驅諸猛獸虎豹犀象之屬，以助威武」，註「猛或作獷。獷，猛貌也」。

〔一三〕漢，當讀爲「暵」，乾旱。

〔一四〕「其」下抄脱一字。

〔一五〕 垣，當讀爲「暈」。《開元占經》卷十五「月暈一」下引《石氏占》曰：「月傍有氣，圓而周匝黄白，名爲暈。」月十三暈，謂月暈十三重。簡文所記最高爲十三重，《開元占經》卷一五「月重暈二」所引諸書最高僅見十二重。

〔一六〕 離，疑讀爲「驪」，驪民當即驪戎。《周書・史記》：「昔有林氏召離戎之君而朝之，至而不禮，留而弗親。離戎逃而去之，林氏誅之。天下叛林氏。」敦煌寫本《六韜》殘卷《周志廿八國》（伯 3454）「離戎」作「麗戎」，麗戎當即驪戎。

〔一七〕 《周書・史記》「昔陽氏之君自伐而好變，事無故業，官無定位，民運於下，陽氏以亡。」疑簡文「有快民」即「陽氏」。

〔一八〕 盡，疑當讀爲「莘」，「有盡民」當即有莘氏。

〔一九〕 「患」上一字從「豕」，似是「冢」字。冢患，疑是「豕韋」二字之譌。《國語・鄭語》「大彭、豕韋爲商伯矣」，又云「彭姓，彭祖、豕韋、諸稽，則商滅之矣」。

〔二〇〕 《吕氏春秋・明理》：「有四月並出，有二月並見。」《開元占經》卷十一「月並出及重累二十五」引《京房易傳》曰「君弱而婦强，爲陰所乘，則月並出」，又引京氏曰「月並出爲並明，天下有兩王立」。

〔二一〕 《吕氏春秋・明理》「其日有鬬蝕，有倍僪，有暈珥，有不光，有不及景」，舊校云「及，一作反」。《開元占經》卷八「日占四」引《孝經内記》云「日暈且冠戴，又有反照於日上，有戴赤青，長四五尺，左右上下有氣各一丈許」，「反照」當即「反景」。

〔二二〕 「周」上一字，左從「合」，右似從「反」，字不識，疑當讀爲「叛」。

〔二三〕 僪，下文又寫作「蚀」，乃從「虫」（虺）得聲之字。倍蚀，當即倍僪，「虫」聲與「矞」聲古音相近。《吕氏春秋・明理》「其日有鬬蝕，有倍僪，有暈珥」，註「倍僪、暈珥，皆日旁之危氣也。在兩旁反出爲倍，在上反出爲僪，在上内向爲冠，兩旁内向爲珥」。《淮南子・覽冥》「君臣乖心，則背譎見於天」，《春秋元命苞》「陰陽交而爲虹蜺，離爲背僪，分爲抱珥」，《漢書・天文志》「暈適背穴，抱珥𧊒蜺」，註「穴多作鐍，其形如玉鐍也」，《開元占經》卷七「日占三」引京氏曰「日背璚，在日之南及其三方者，其國有反臣」。倍僪、背譎、背僪、背穴、背璚，並同。

〔二四〕 《開元占經》卷八「日暈而珥」下引玄冥曰「日月暈，虹蜺彗孛在尾，兵起於宫……」

〔二五〕 黴，疑當讀爲「沼」，「敫」與「召」古音相近。

〔二六〕 「星」字與下一簡「月並出」連讀無意義，因爲星月並出並非怪異的天象，「星」字疑涉下簡「星貫月」之「星」字而衍。另一種可能是此簡與下一簡不連，中間有缺簡。但從文義看，自「名川絶」以下列舉各種災異現象，文字不會太長，二簡之間似無缺簡。

〔二七〕 此字右側從「雲」，左側殘泐。

〔二八〕 自此以下記星宿分野，與《淮南子・天文》、《漢書・地理志》、《廣雅・釋天》、《史記・天官書》正義引《星經》、《開元占經》卷六四「分野略例」所載略同。鄭即韓，戰國人多謂韓爲鄭。《漢書・地理志》「韓地，角、亢、氐之分野也」，與簡文合。它書皆以角、亢之分野爲鄭，氐之分野爲宋。

〔二九〕 此處缺文，據下文補。

〔三〇〕諸書或以畢、觜觿、參爲魏之分野（《史記》正義引《星經》），或以胃、昴、畢爲魏之分野（《淮南子·天文》），而以房、心爲宋之分野，尾爲燕之分野（《漢書·地理志》、《史記》正義引《星經》），與簡文異。

〔三一〕簡文所記每一地區都有一個天干名（日）和一個地支名（辰）與之相配，而《淮南子·天文》、《廣雅·釋天》及《開元占經》每一地區僅有一個天干名或一個地支名與之相配。諸書所記略同，今録《淮南子·天文》有關文字於下，供參考：「甲齊，乙東夷，丙楚，丁南夷，戊魏，己韓，庚秦，辛西夷，壬衛（《漢書·天文志》「衛」作「燕」），癸越（王念孫謂「越」當作「趙」），子周，丑翟，寅楚，卯鄭，辰晉，巳衛，午秦，未宋，申齊，酉魯，戌趙，亥燕。」

〔三二〕上文言房、心、尾之分野，下文言牽牛、婺女之分野，此處缺文中應有「□受箕、斗，其日□，其辰□」十字，但諸書所記星宿分野，無以箕、斗二宿共配一地者。

〔三三〕「牽」字從「牛」，「婺」字從「女」，疑簡文「牽牛」原寫作「牽=」，「婺女」原寫作「婺=」，此簡右側折損，二合文號均殘去。婺女，即須女。《淮南子·天文》以斗、牽牛、須女爲吴越之分野（據王引之校），《史記·天官書》正義引《星經》以牽牛爲吴之分野，以須女爲齊之分野。《開元占經》卷六四「分野略例」亦以須女爲齊之分野。

〔三四〕上文言牽牛、婺女之分野，下文言奎、婁、胃之分野，則此處缺文中應記虛、危、營室、東壁四宿的分野。今參照《淮南子·天文》、《廣雅·釋天》以虛、危爲齊之分野，營室、東壁爲衛之分野，在釋文中補出「□受虛、危，其日□，其辰□。□受營室、東壁，其日」十八字。

〔三五〕諸書皆以奎、婁爲魯之分野，而以胃爲趙之分野（《淮南子·天文》以胃爲魏之分野）。簡文「婁」下兩點應是合文號，「婁=」讀爲「婁女」。簡文稱女宿爲婺女，故「女」不可能指女宿，疑「婁女」爲「婁」之異名。

〔三六〕上文言奎、婁、胃之分野，下文言東井、輿鬼之分野，則此處缺文應記昴、畢、觜觿、參四宿之分野。從缺文字數看，此四宿當是共配一地，釋文據此補出「□受昴、畢、觜巂、參、其」八字。《史記·天官書》以畢、觜觿、參爲魏之分野，以昴爲趙之分野，《漢書·天文志》則以觜觿、參爲魏之分野，以昴，畢爲趙之分野。簡文以房、心、尾爲魏之分野。

〔三七〕諸書皆以東井、輿鬼爲秦之分野，與簡文合。

〔三八〕諸書皆以柳、七星、張爲周之分野，簡文缺字當是「張」字。

〔三九〕諸書皆以翼、軫爲楚之分野，與簡文合。

〔四〇〕「寅」上一字不清，似是「凡」字。「羸」當是「𣎆」字寫誤，讀爲「雷」，參看註〔四二〕。

〔四一〕簡文「九」字當是「六」字之誤。《淮南子·天文》「日移一度，凡行百八十二度八分度之五而復至牛首之山，反覆三百六十五度四分度之一而成一歲。」

〔四二〕「𣎆」字見《説文》，「羸」「嬴」「贏」等字皆從「𣎆」得聲，簡文借爲「雷」字。

〔四三〕《淮南子·天文》：「熒惑……司無道之國，爲亂爲賊，爲疾爲喪，爲饑爲兵。」

〔四四〕數，促也，密也。

〔四五〕 秝，疑是「秝」之誤字，「秝」與上文「數」字爲對文，《説文》：「秝，稀疏適秝也」，《廣雅·釋詁三》「秝，疏也」。

〔四六〕 此「羸」字亦當是「羸」字之寫誤，讀爲「雷」。

〔四七〕 襄，當讀爲穰。《史記·天官書》「所居野大穰」，《正義》「穰，豐熟也。」《開元占經》卷一〇二「雷占」引京房曰「春始雷東方，五穀盡熟，人民蕃殖。若夜雷，歲半熟」。

〔四八〕 此二字已殘，上一字似「在」，下一字似從「女」。

〔四九〕 《淮南子·天文》「月日行十三度七十六分度之二十六」，《開元占經》卷十一「月行度二」云「一日十三度六十七分度之二十五半」。

〔五〇〕 中亂，猶言「内亂」。《開元占經》卷四「地自出泉」引《易候》曰「天不下雨，而地自出泉，其國大水，亂從中生。」

〔五一〕 《開元占經》卷七七「客星犯月三」引《河圖》「客星入月中，有破（應補「軍」字），觸月，臣弑主，有内亂」。又引《洛書》「大星入月中，臣弑主」。

〔五二〕 《開元占經》卷三「天雨灰土」引《易飛候》「天雨土是大凶，民人負子東西，莫居其鄉」。

叁 其 他

一　唐勒

唐革（勒）〔一〕二一一三背

唐革（勒）與宋玉言御襄王前。唐革（靮）先爯（稱）曰：「人謂就（造）父登車嗛（攬）𦔑（轡），〔二〕馬汁（協）險（斂）正（整）齊，〔三〕周（調）均不摯（縶），〔四〕步騶（趨）競久疾數（速），〔五〕二一一三正馬心愈（愉）而安勞，輕車樂進，〔六〕騁若蜚（飛）蘢（龍），免若歸風，〔七〕反騶（趨）逆□，〔八〕夜□〔九〕夕日而入日千里。〔一〇〕今之人則不然，白□堅二一一四……不能及就（造）父趨步□〔一一〕御者詘二一一五……去嚂（銜）𦔑（轡），㣉（撤）□鞁，〔一二〕馬【□□□】自駕，車莫〔一三〕二一一六……胸中，精（精）神俞（喻）六馬。〔一四〕不叱啫，不撓指。〔一五〕步趨二一一七襲□，〔一六〕緩急若意，□若蜚（飛），免若絶，〔一七〕反趨逆□，夜□夕日而入日蒙汜。〔一八〕此□二一一八……月行而日達（動），星躍而玄慣（運），〔一九〕子神賁（奔）而鬼走，〔二〇〕進退詘（屈）信（伸），莫見其壙埃，〔二一〕均□二一一九……□反趨逆二一二〇……入日上皇。〔二二〕故論義（議）御有三，而王梁（良）、就（造）【父】二一二一……

★　★　★　★　★

……知之。此不如塈（望）子華大行者二一二二……

……□□□□□不作千二一二三……

……慮發□□竞反趨二一二四……

……□行雷輿□□□二一二五……

……實大虛通道二一二六……

……□□不伸髮敝二一二七……

……□若□〔二三〕二一二八……

……□□所□威滑□〔二四〕二二二九……

……覆不反□二二三〇……

……□也□□〔二五〕二二三一……

〔一〕此是簡背篇題。「革」、「勒」二字古通（《詩·大雅·韓奕》之「鞗革」，金文多作「鞗勒」）。唐革爲人名，即楚人唐勒。本篇爲賦體，陳述唐勒與宋玉在楚襄王前議論御馬之術的高下。《漢書·藝文志》著録唐勒賦四篇，或以爲此篇即其中之一。但賦體通例，凡二人或數人共論一事，多以先發言者爲客，後發言者爲主。如《古文苑》所載宋玉《大言賦》、《小言賦》，即置唐勒、景差之言於前，宋玉之言於後。此篇文字雖不全，但篇首明言「唐勒先稱」，疑非唐勒所作，而爲宋玉佚賦，或爲戰國末至漢初間人所擬作。篇名題爲「唐勒」，蓋取其篇首二字，與《詩經》之《螽斯》、《羔羊》等篇同例，並不能作爲此賦出於唐勒之證。此賦文字多與《淮南子·覽冥》篇中論御一段相合，當是《淮南子》襲用此賦。

〔二〕《淮南子·覽冥》：「昔者王良、造父之御也，上車攝轡，馬爲整齊而斂諧，投足調均，勞逸若一，心怡氣和，體便輕畢，安勞樂進，馳騖若滅，左右若鞭，周旋若環。」文字與簡文「人謂就父登車嗛搸」以下一段相近。簡文「就父」當讀爲「造父」，「嗛搸」當讀爲「攬轡」，古音皆相近。《開元占經》卷六十六「附路星占三十二」引郗萌曰：「附路一名王濟之太僕，一名伯樂，一名就父。」「就父」亦當讀爲「造父」，與簡文同。

〔三〕「汁」、「協」古通，《周禮·秋官·鄉士》「協日刑殺」，釋文本「協日」作「汁日」，註曰：「（汁）音協，本亦作叶。」簡文「汁險正齊」當讀爲「協斂整齊」，與《覽冥》「整齊而斂諧」同意。

〔四〕《覽冥》有「投足調均」語，故知簡文「周均」當讀爲「調均」。

〔五〕「數」、「速」古通。《禮記·曾子問》「不知其已之遲數」，鄭註「數讀爲速」。

〔六〕以上二句與《覽冥》「心怡氣和，體便輕畢，安勞樂進」三句相當。據簡文，《覽冥》「輕畢」當爲「輕車」之誤。高誘註謂「畢，疾也」，不可信。

〔七〕歸風，當讀爲「遺風」，意謂速度比風還快。《淮南子·説林》「以兔之走，使大如馬，則逮日歸風」，孫詒讓云：「歸當爲遺，聲之誤也。《呂氏春秋·本味》篇云『馬之美者，遺風之乘』，高註云：『行迅謂之遺風』。」（參看劉文典《淮南鴻烈集解》）

〔八〕反驧，後二二一八號簡作「反趨」。「逆」下一字左旁從「馬」，右旁全殘，亦見後二二一八號簡。

〔九〕此字左旁從「走」，右旁全殘，亦見後二二一八號簡。

〔一〇〕《山海經·海外北經》「夸父與日逐走，入日」，郭璞註：「言及日於將入也。」《淮南子·覽冥》「鳳皇之翔……徑躡都廣，入日抑節」，高註：「言鳳皇過都廣之野，送日入於抑節之地」。簡文「入日」當與之同意。

〔一一〕此字已殘，似是「彼」字。

（一二）《覽冥》：「若夫鉗且、大丙之御也，除轡銜，去鞭棄策，車莫動而自舉，馬莫使而自走也。日行月動，星燿而玄運，電奔而鬼騰，進退屈伸，不見朕垠，故不招指，不咄叱，過歸鴈於碣石，軼鶤鷄於姑餘，騁若飛，鶩若絶，縱矢躡風，追猋歸忽，朝發榑桑，日入落棠。此假弗用而能以成其用者也，非慮思之察，手爪之巧也。嗜欲形於胸中，而精神踰於六馬。此以弗御御之者也。」文字與簡文「……去嚂搸，勶□鞁」以下一段相近，但語句次序頗有出入。據《覽冥》，簡文「嚂」當讀爲「銜」，「監」、「銜」古音相近。簡文「勶」即「撤」字古體。鞁，《説文》訓爲「車駕具」。「鞁」上一字上從「竹」，下半不清，當指鞭策之類，疑是「笪」字，《説文》：「笪，笞也。」

（一三）據《覽冥》，以上二句似可補爲「馬【莫□而】自駕，車莫【□而自□】」。

（一四）據《覽冥》，簡文「胸中」之上，可補出「嗜欲形於」四字。但簡文「精神俞六馬」句不用「於」字，「嗜欲」句「形」下也可能無「於」字。簡文「俞」字當讀爲「喻」，今本《淮南子》作「踰」，乃誤字，陳觀樓已指出（參看《淮南鴻烈集解》）。疑二一一七號簡即二一一六號簡之下段，「嗜欲形於胸中」句與「車莫【□而自□】」句相接。

（一五）以上二句與《覽冥》「不招指，不咄叱」相當。「叱啫」疑當讀爲「叱咤」，「者」、「宅」古音相近。

（一六）此字左旁從「食」，右旁殘去。

（一七）以上二句與《覽冥》「騁若飛，鶩若絶」相當。簡文「若飛」上一字殘存「走」旁，疑本作「⿺走甹」，即「騁」字異體。

（一八）《覽冥》有「日入落棠」語，高註「落棠，山名，日所入也」，王念孫云「日入當爲入日，……入日者，及日於將入也」。簡文「蒙」下一字僅存左半「水」旁，據文義定爲「汜」字，蒙汜亦爲日所入之地。《楚辭・天問》「出自湯谷，次於蒙汜」，王逸註：「汜，水涯也。言日……暮入西極蒙水之涯也。」

（一九）以上二句與《覽冥》「日行月動，星燿而玄運」相當。高註：「玄，天也。」據《覽冥》，簡文「愪」當讀爲「運」。據簡文，《覽冥》「燿」字似爲「躍」字之誤。

（二〇）此句與《覽冥》「電奔而鬼騰」相當。簡文「子」字似是衍文。《覽冥》「電」字簡文作「神」，《淮南子・原道》「鬼出電入」之「電」，《文選》卷五十六《新刻漏銘》註亦引作「神」。「電」、「神」二字皆從「申」聲，古音相近。據文義，似以作「神」爲長。《淮南子・兵略》「神出而鬼行，星燿而玄運，進退詘伸，不見朕埜」，文字與此相近，亦以「鬼」「神」對舉。

（二一）以上二句與《覽冥》「進退屈伸，不見朕垠」相當。簡文「埃」上一字不識。

（二二）據上文，「反趨逆……入日上皇」似可補爲：「反趨逆【□，夜□夕日而】入日上皇。」

（二三）「若」上一字，上從「竹」，下半似「夭」非「夭」，疑爲「笶」（策）之訛體。「若」下一字不清，似從「門」。

（二四）「所」上一字殘存「女」旁，疑是「如」字。「所」下一字殘存「言」旁，疑是「謂」字。

（二五）「也」下殘文疑爲「鞭策」二字。

二　【定心固氣】〔一〕

……素達者，非己也。故其色不□於天子，〔二〕不困於百二二三二萬之衆。悊（怵）惕，心不……也。〔三〕心不僮（動），氣不侈（移）。實者，心定氣固也。虚者，心悊（怵）惕，二二三三氣從而不反（返）者也。心失其知，氣離二二三四……

……生，天也。刑，地也。氣二二三五……

……□〔四〕之以參氣，守之以大（太）一，臨之以天。倅發二二三六……

……而種，〔五〕必心全志而不慕名譽，天下智（知）之弗爲勸，弗知弗爲殆（怠），□□〔六〕必脩（修），獨内奞（奮），終身二二三七不拳（倦）。隱居而不失其志，踐軒到戈，制萬乘之衆而不易其氣。天能忘（亡）其刑（形），不能粃（奪）其二二三八志。君能殺其身，不能易其事。□二二三九……

……□□□之行不止於身，蓋囂然唯道之親二二四〇而已矣。〔七〕是以侍立不喬，〔八〕神悊（怵）而二二四一……

……□□而不疑，志定而不□□□□其志明獨見威二二四二……

……□時獨意二二四三……

〔一〕本篇標題未發現，其内容似乎主要是論士的修養的。

〔二〕「不」下一字較怪，疑是「郴」字反寫，讀爲「懔」。

〔三〕據下文，並參照缺字地位，此句似可補足爲：「悊惕，心不【定氣不固者】也。」

〔四〕此字殘存右半「責」旁，疑是「積」字。

〔五〕疑上簡簡尾與此簡簡首之文字本相接，「倅發而種」當讀爲「猝發而動」。

〔六〕以上二字，第一字頗似「一志」二字，但彼此相距過近，似仍以視作一從「心」之字爲宜；次一字右旁爲「戌」，左旁已殘。

〔七〕《爾雅·釋言》「囂，閑也」，郭註：「囂然，閑暇貌」。《孟子·盡心上》趙註：「囂囂，自得無欲之貌也。」

〔八〕「喬」疑當讀爲「驕」。

三　【相狗方】〔一〕

•相狗方：肩□〔二〕間參（三）瓣者，及大禽；〔三〕二者，及中禽。臀四寸，及大禽；三寸，及中二二四四禽。權（顴）間四寸，及大禽；深四寸，及大禽。卻（腳）橈筋高結寸半，及大禽。髂長三二二四五寸，〔四〕及大禽，髂下欲生毛。凡相狗，卻（腳）高於厀（膝），尻高於肩。脅欲長以前句（鉤），次【□】二二四六直。喙欲如竽箭（筒），次鳿同，〔五〕次服翼。〔六〕耳欲殺薄數置，次厚而置，次如稱□二二四七……

……□如□大□□曲□直卻（腳）鶩白肉復衛毛。二二四八

……【八】膽者八齊，七膽七齊，六膽【六齊】，五膽五二二四九齊。凡如此者，膽一里。相成狗，其臥也，兔起而栗，目中皮復（覆）艮（眼），須臾乃視二二五〇……

……行□膽□者，其臥也，臧（藏）頭喙若枕之。凡九里至五里，狗行皆如級也。二二五一……

……其起也，目烏覆。二二五二

……三里，筮（噬）禽五步外。其頸大，下有餘□二二五三……

……□大頸下□餘〔七〕二二五四……

……□者□〔八〕其毛色而已矣二二五五……

•深知相狗生未過三日者，肩臂外毛靡，頰外靡。二二五六

•相□二二五七……

〔一〕本篇爲《相狗方》。《漢書・藝文志》數術家刑法類有《相六畜》三十八卷，當包括相狗之書在內，不知本篇是否與之有關。

〔二〕此字不清，似是「黿」字。

〔三〕及，追及。禽，禽獸。

〔四〕髂，疑當讀爲「涿」（启）或「州」，《爾雅・釋畜》「白州，驠」，郭註：「州，竅。」

〔五〕《淮南子》數見「鴻洞」之詞，如《原道》論水之「至德」，謂水「靡濫振蕩，與天地鴻洞」。高誘註：「鴻，大也。洞，通也，讀同異之

同。」《太平御覽》卷五十八引《原道》作「鴻同」。簡文之「鳿同」與「鴻同」當爲一語，但確切意義不詳。

〔六〕服翼爲蝙蝠别名，簡文之意疑謂狗喙之形與蝙蝠之喙相似。

〔七〕「餘」上一字疑是「無」字。

〔八〕此字似是「反」字。

四 【作醬法】〔一〕

……□□醬方器□□斗□□□□各一□二二五八……

……□足以□器扁（漏）取其二二五九汁以湛醬可也。器大小□□必以二二六〇……

……乃□〔二〕煮辨汁之，如家人之煮辨也。〔三〕□□□□□二二六一……

……辨之日湇（漬）□〔四〕□□□□□□如家人之□□二二六二……

……辨□上使之清，并置二二六三……

……辨汁器中應□之□□□〔五〕二二六四……

……□□□□□日孰（熟）□醬□二二六五……

……扁（漏）□□其汁□□□二二六六……

……□□辨使□□二二六七……

〔一〕本篇言作醬之法，惜簡皆殘斷，文字又多不清，内容已不能悉。此篇中較長的殘簡，大都留存兩道編繩，但兩繩相距僅四釐米弱，與銀雀山一般竹簡不同。疑此篇所用之簡爲短簡。如假定第二道編繩以下部分與第一道編繩以上部分等長，全簡長度當在十九釐米左右，相當漢尺八寸略强。

〔二〕此字不清，疑是「止」字。

〔三〕此篇中「辨」字屢見，似指作醬之原料。馬王堆一號漢墓隨葬陶罐所繫木牌有書「□辨醬」者，江陵鳳凰山一六七號漢墓遣册所記有「辨醬一器」，八號漢墓遣册所記有「豍醬一罃」。「豍」從「豆」「扁」聲。「扁」、「辨」音近古通。《荀子・修身》「扁善之度」，楊倞註：

「扁，讀爲辨。《韓詩外傳》曰：君子有辨善之度。」「辨醬」之「辨」及此篇「辨」字，似皆應讀爲「𤬪」。古代「扁」、「卑」二聲關係密切，如《集韻》銑韻以「藊」、「豍」爲一字，「扁」、「庳」爲一字。疑「𤬪」即「豍」之異稱或異體。《齊民要術·卷二·大豆》「崔寔曰：正月可種豍豆，二月可種大豆」。《廣雅·釋草》：「豍豆、豌豆，蹓豆也。」《集韻》銑韻「豍」字指扁豆，似與漢代人所說之「豍」無關。

〔四〕此字殘存左半「𦍌」旁，漢代人書「鞫」、「鞠」等字，左旁多如此作。此字當爲「鞠」之殘文（漢代人書此字，多從米不從麥），今字作「麴」。

〔五〕疑此簡與上一簡本相接，「并置辨、汁器中」當連爲一句讀。

五　【算　書】〔一〕

……二方積于反見尾二六八……

……陳于反佖積□二六九……

……有陳于反見二七〇……

……山陳□〔二〕見尾去二七一……

……見尾三分去二□□□□□□〔三〕二七二……

……尾五分去三，有（又）分之五，咸步去□二七三……

……見尾三分加二七四……

……隋行萬□三分去二□□〔四〕□二七五……

……□五分去三□二七六……

〔一〕本篇竹簡殘缺過甚，內容不明。從現存殘簡看，似與算術有關。

〔二〕此字殘存右半「攴」旁。

〔三〕此簡「二」字以下一段印有他簡字迹，以致本簡之字無法辨識，「二」下一字從「阜」，疑是「陳」字。

〔四〕「三分去二」下疑是「方積」二字殘文。

六　選……

選〔一〕二一七七背……

·治亂二一七七正……

〔一〕此爲簡背標題，此篇其他簡未找出。

七　許則……

許則〔一〕二一七八背……

許則二一七八正……

〔一〕此爲簡背標題，此篇其他簡未找出。

八　清禾

清禾〔一〕二一七九……

〔一〕自此以下五簡皆爲標題簡，有關簡文未找出。

九　國□□□

國□□□二一八〇

一〇　□忌

□忌二一八一

一一　能……

能〔一〕二一八二……

〔一〕第三輯所收篇題木牘殘片上有一篇題曰「能爲……」，疑此標題殘簡所記即此篇篇名。

一二　官……

官二一八三……

一三　傳言

……傳言〔一〕二一八四

〔一〕此爲簡尾標題，此篇其他簡未找出。

附：摹本

壹　論政論兵之類

五五 議

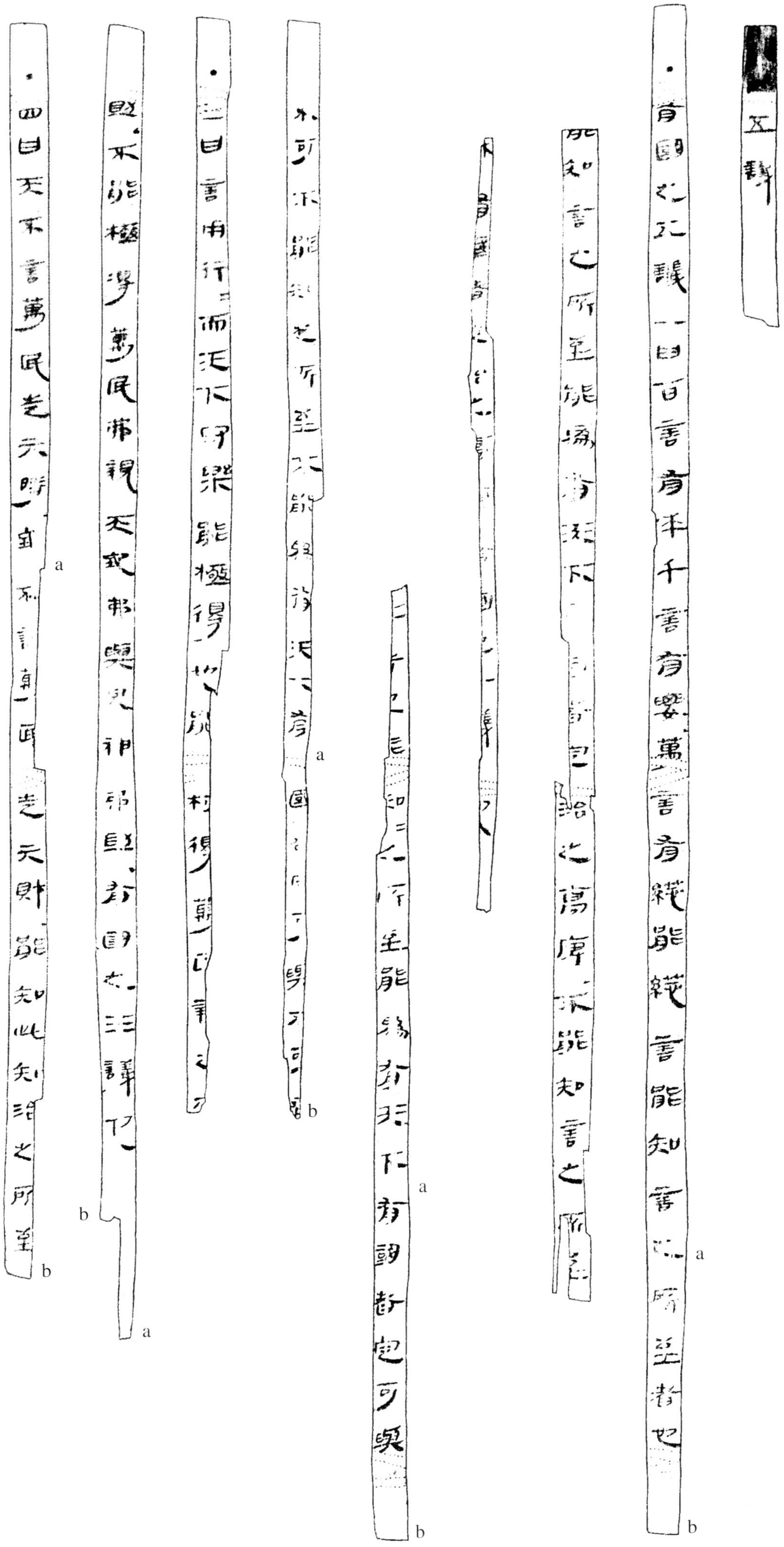

一〇二七 一〇二八 一〇二九 一〇三〇 一〇三一 一〇三二 一〇三三 一〇三四 一〇三五

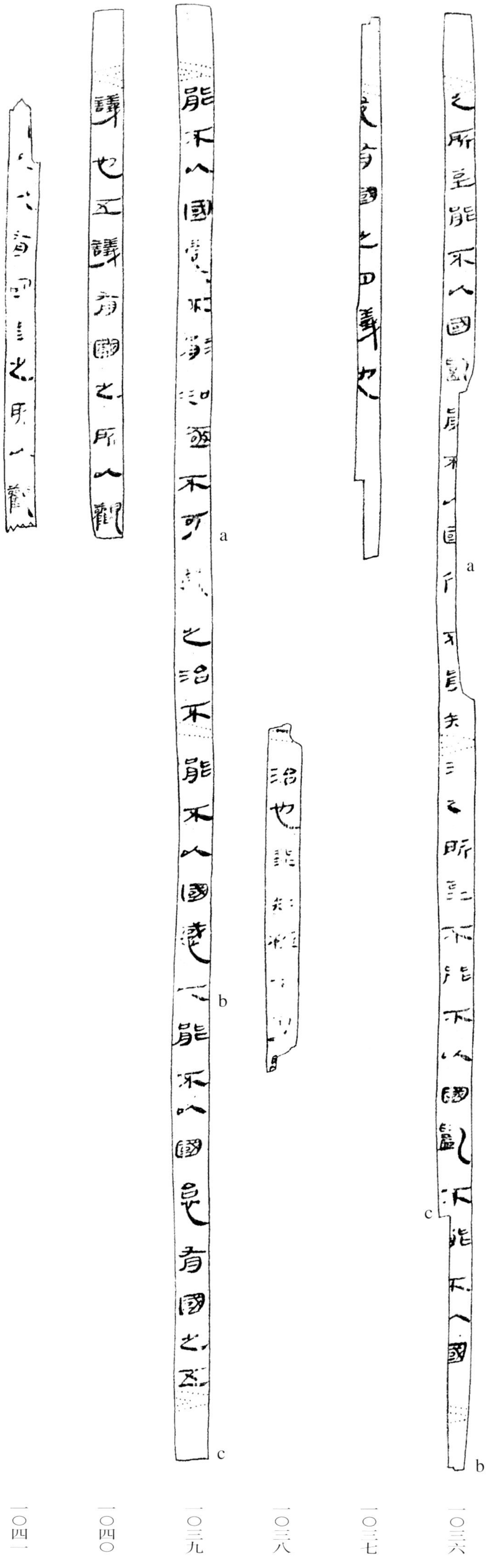

一〇三六 一〇三七 一〇三八 一〇三九 一〇四〇 一〇四一

六 效賢

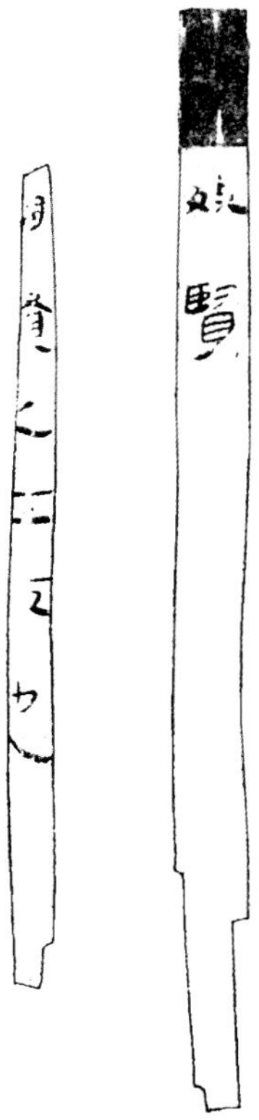

一〇四二 一〇四三

二一　程兵

一二〇〇背

一二〇〇正

二八　【選卒】

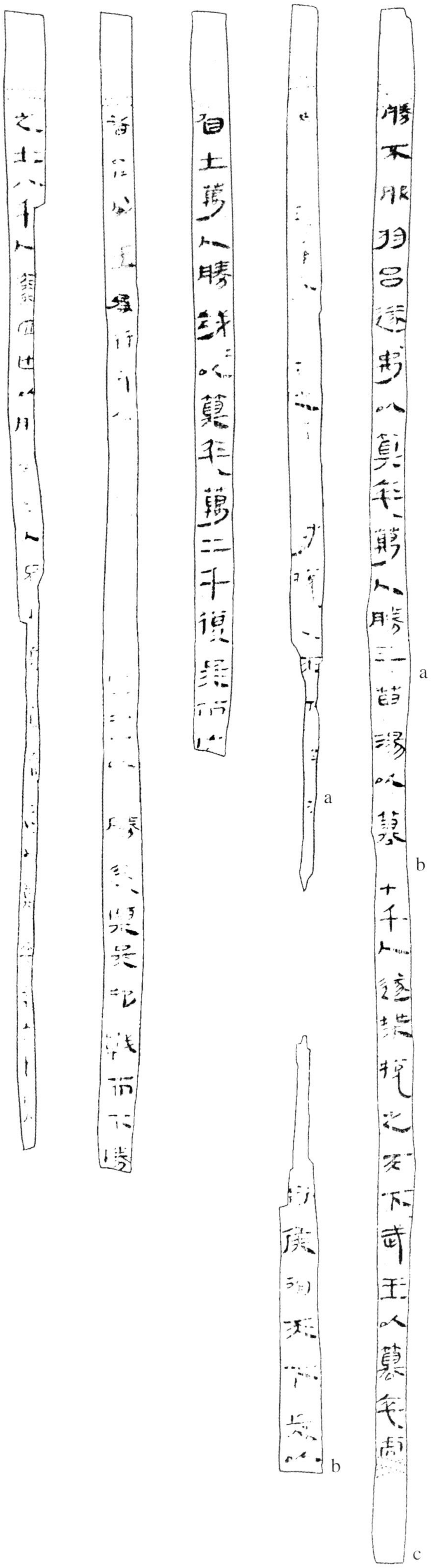

一二三三

一二三四

一二三五

一二三六

一二三七

附：摹本　壹　論政論兵之類

三七 【郭偃論士】

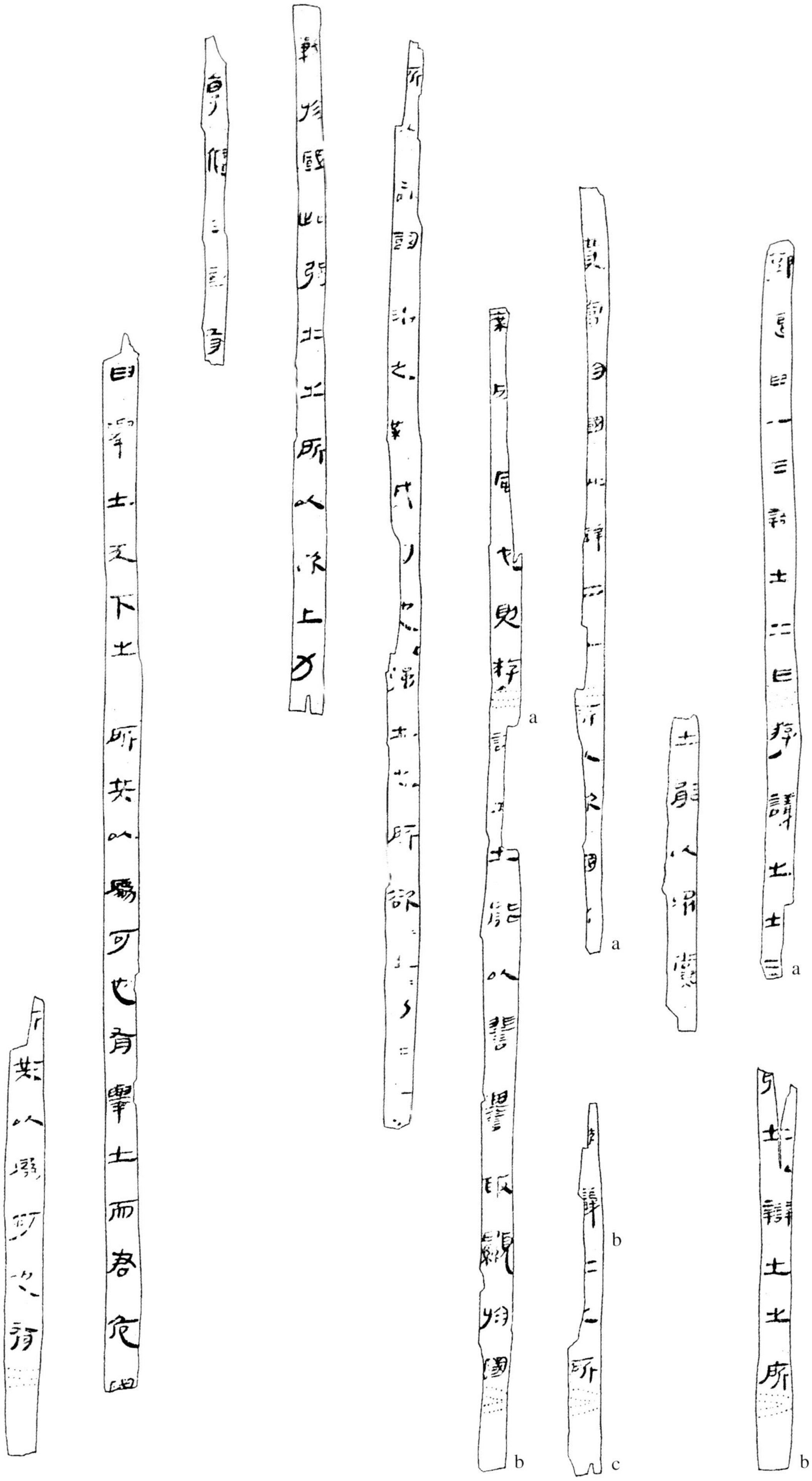

一四三八 一四三九 一四四〇 一四四一 一四四二 一四四三 一四四四 一四四五 一四四六

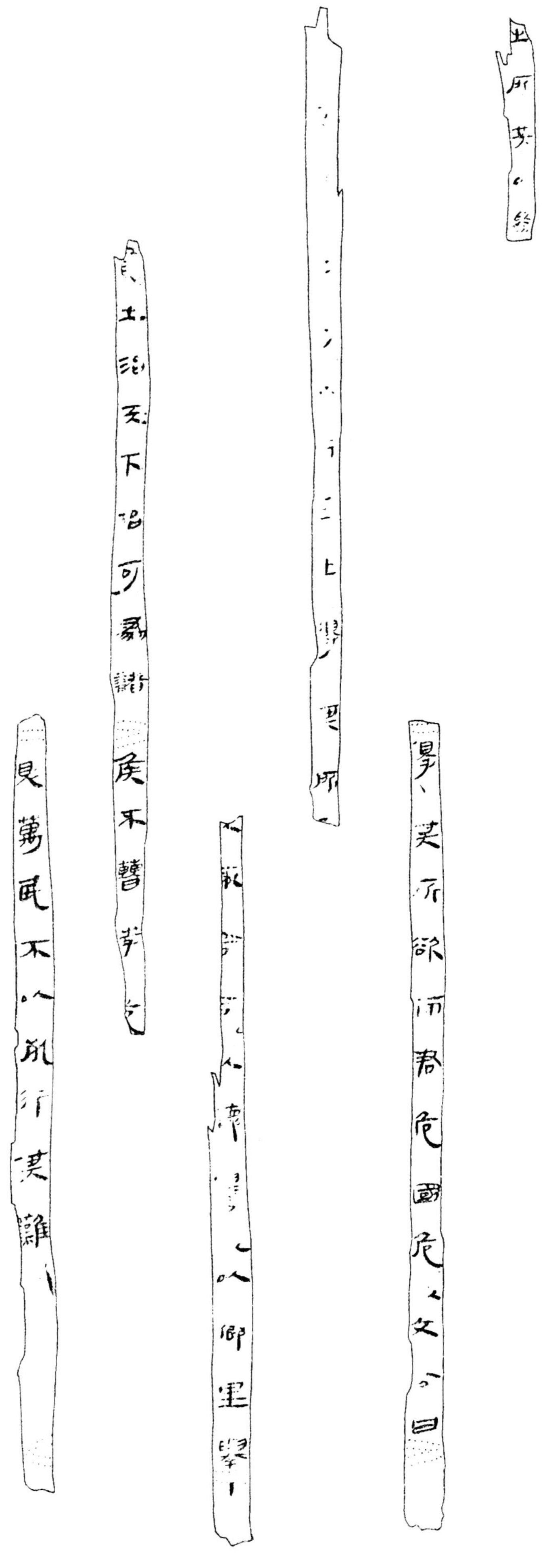

一四四七 一四四八 一四四九 一四五〇 一四五一 一四五二

四八 萬乘

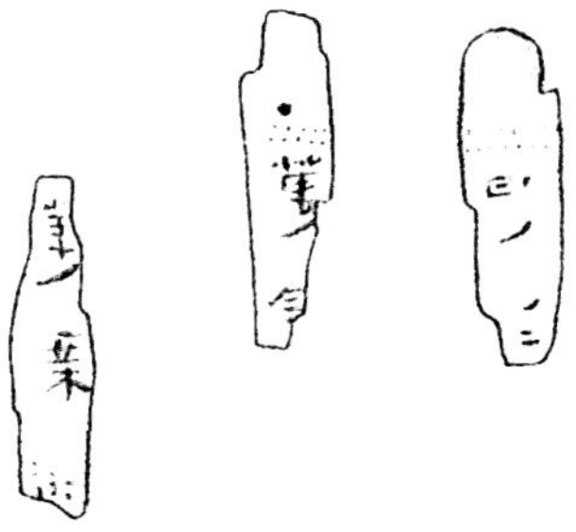

一五八九背 一五八九正 一五九〇

五〇 【三算】

一九九一

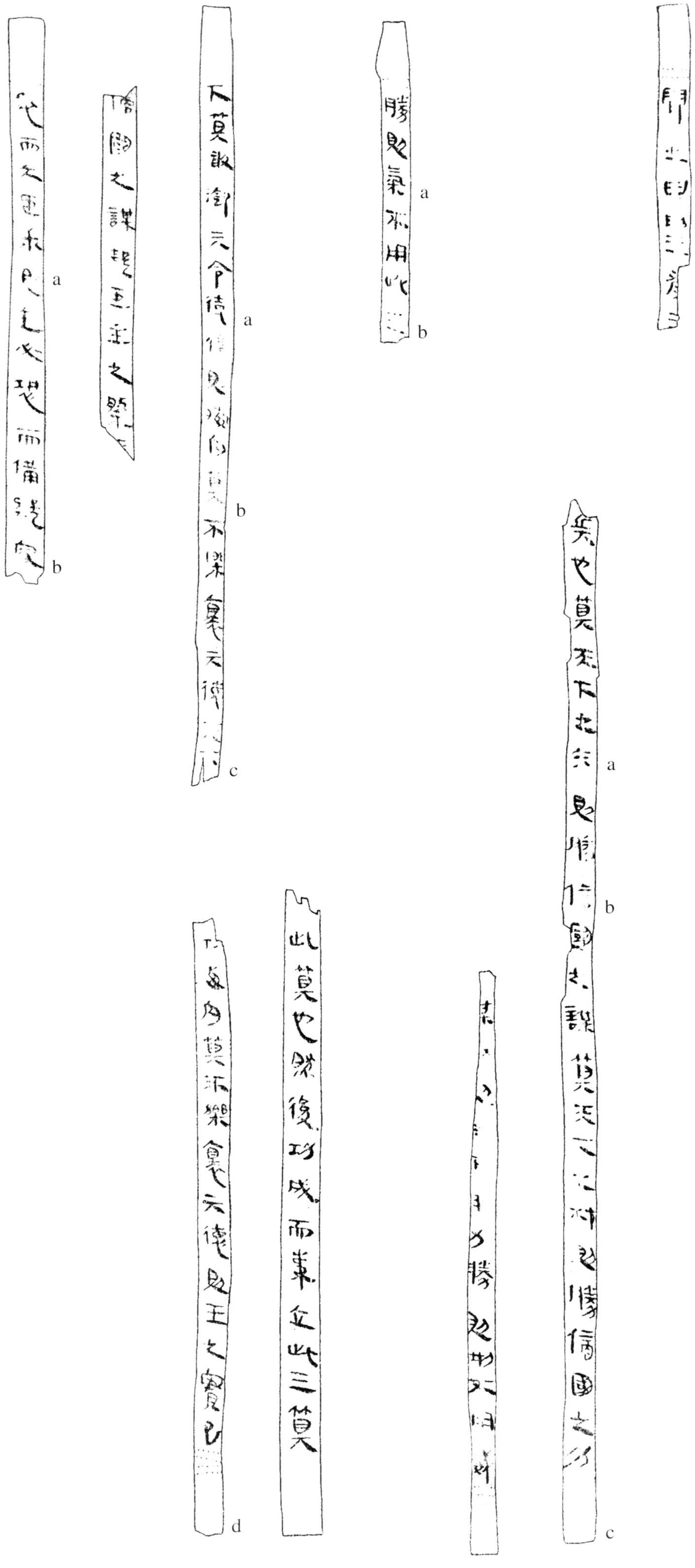

一六一〇　一六一一　一六一二　一六一三　一六一四　一六一五　一六一六　一六一七

一六一八

一六一九

一六二〇

一六二一

貳　陰陽時令、占候之類

一　曹氏陰陽

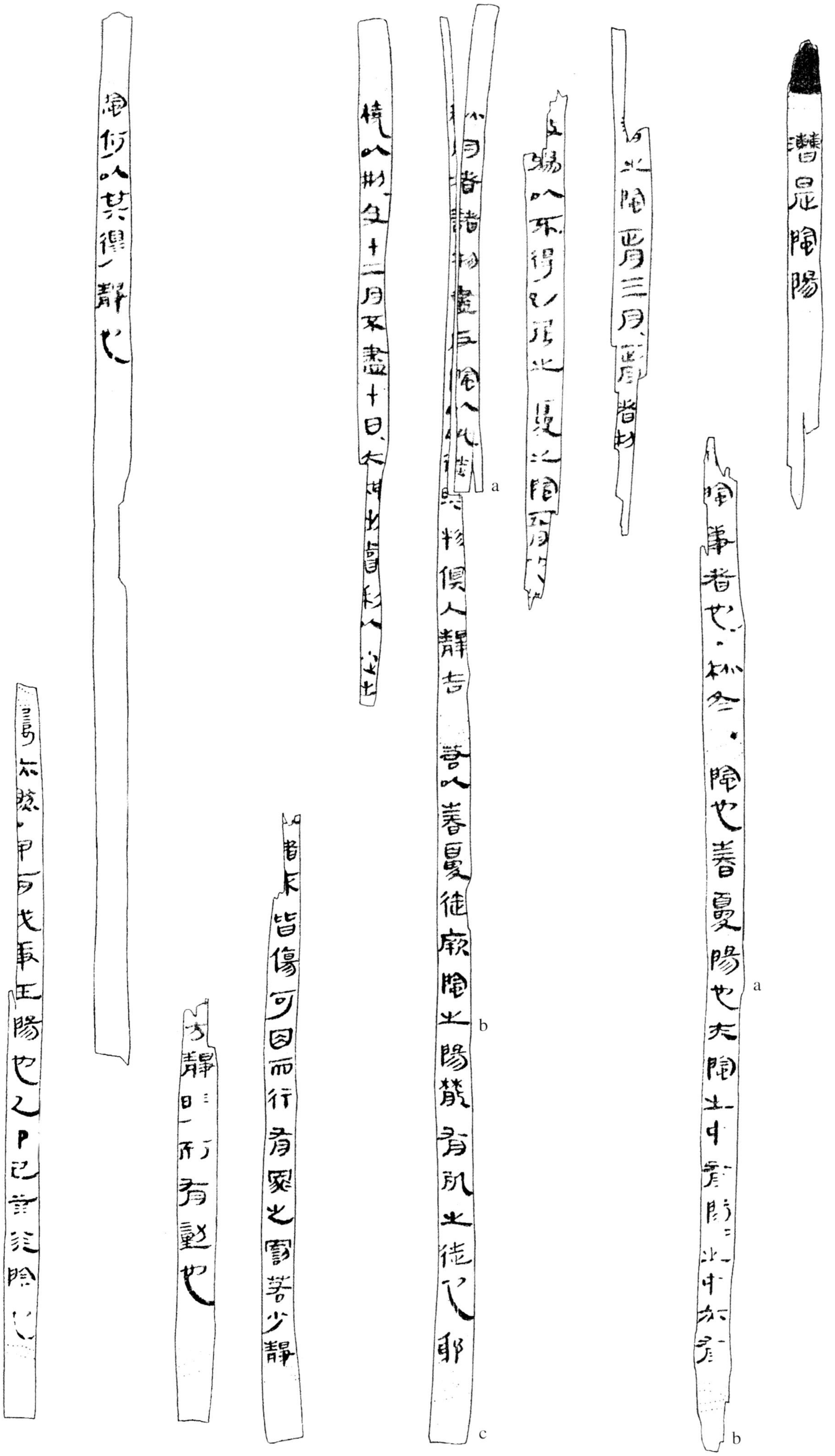

一六二二　一六二三　一六二四　一六二五　一六二六　一六二七　一六二八　一六二九　一六三〇　一六三一

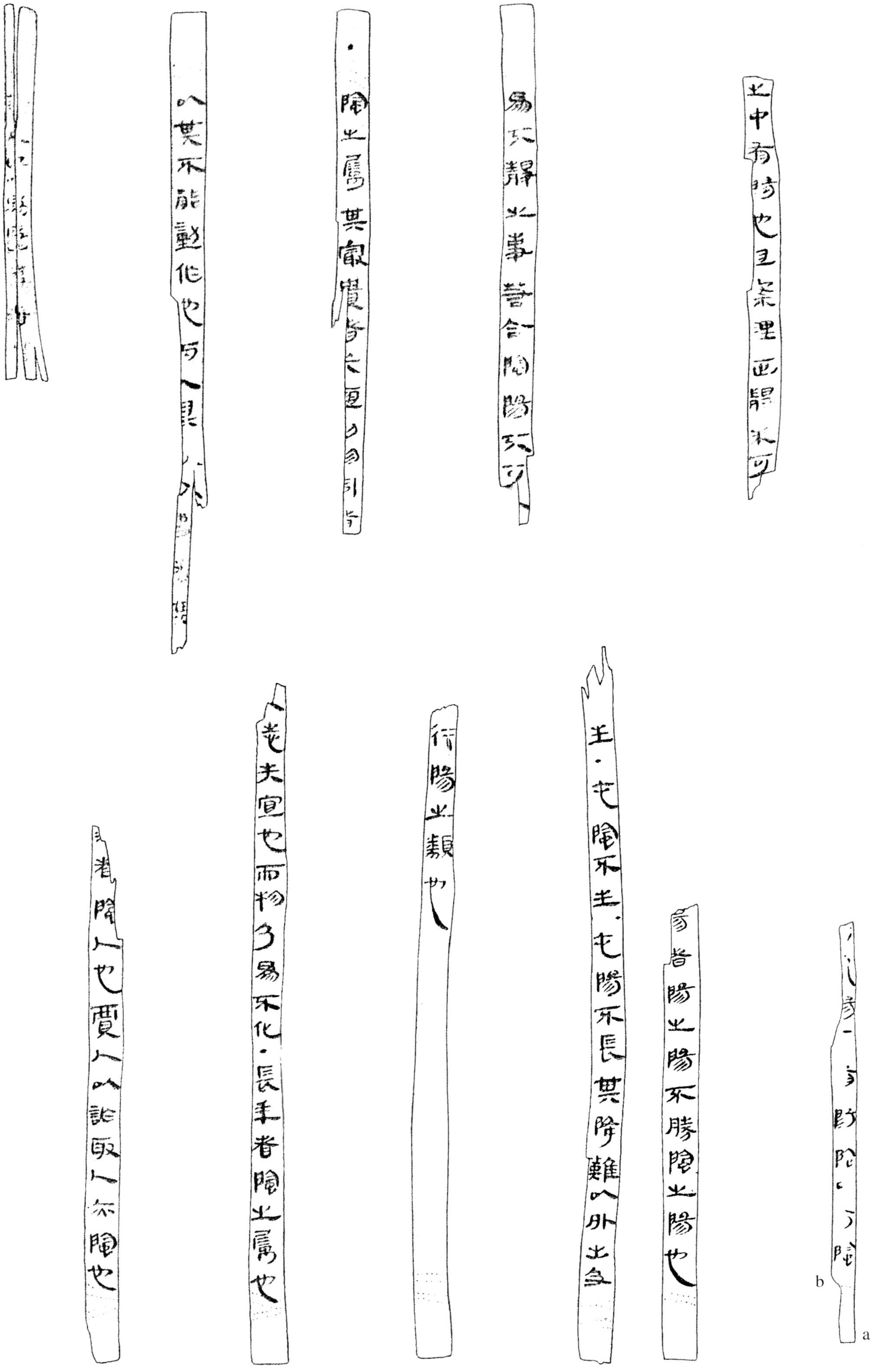

一六三二 一六三三 一六三四 一六三五 一六三六 一六三七 一六三八 一六三九 一六四〇 一六四一 一六四二 一六四三

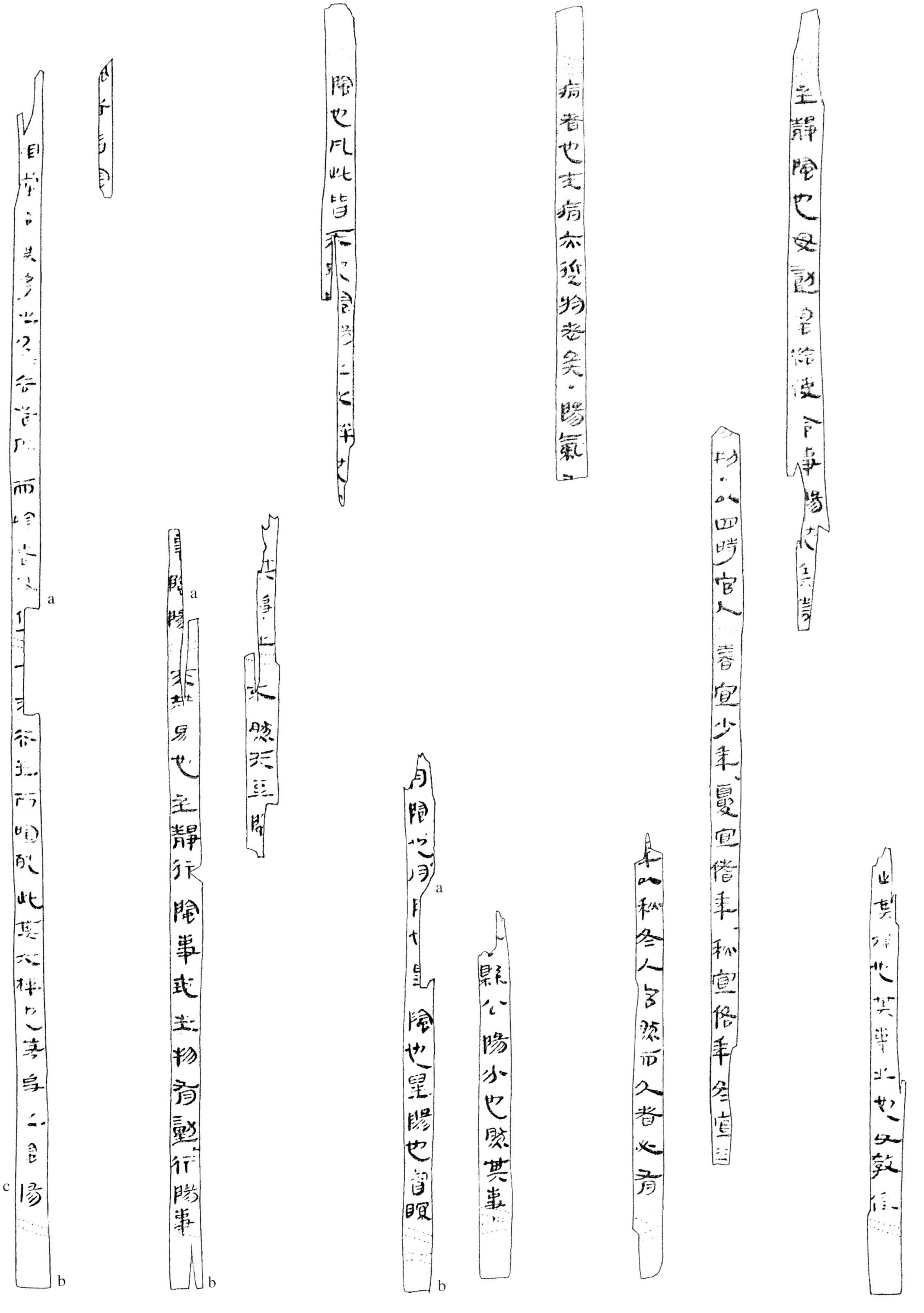

一六四四 一六四五 一六四六 一六四七 一六四八 一六四九 一六五〇 一六五一 一六五二 一六五三 一六五四 一六五五

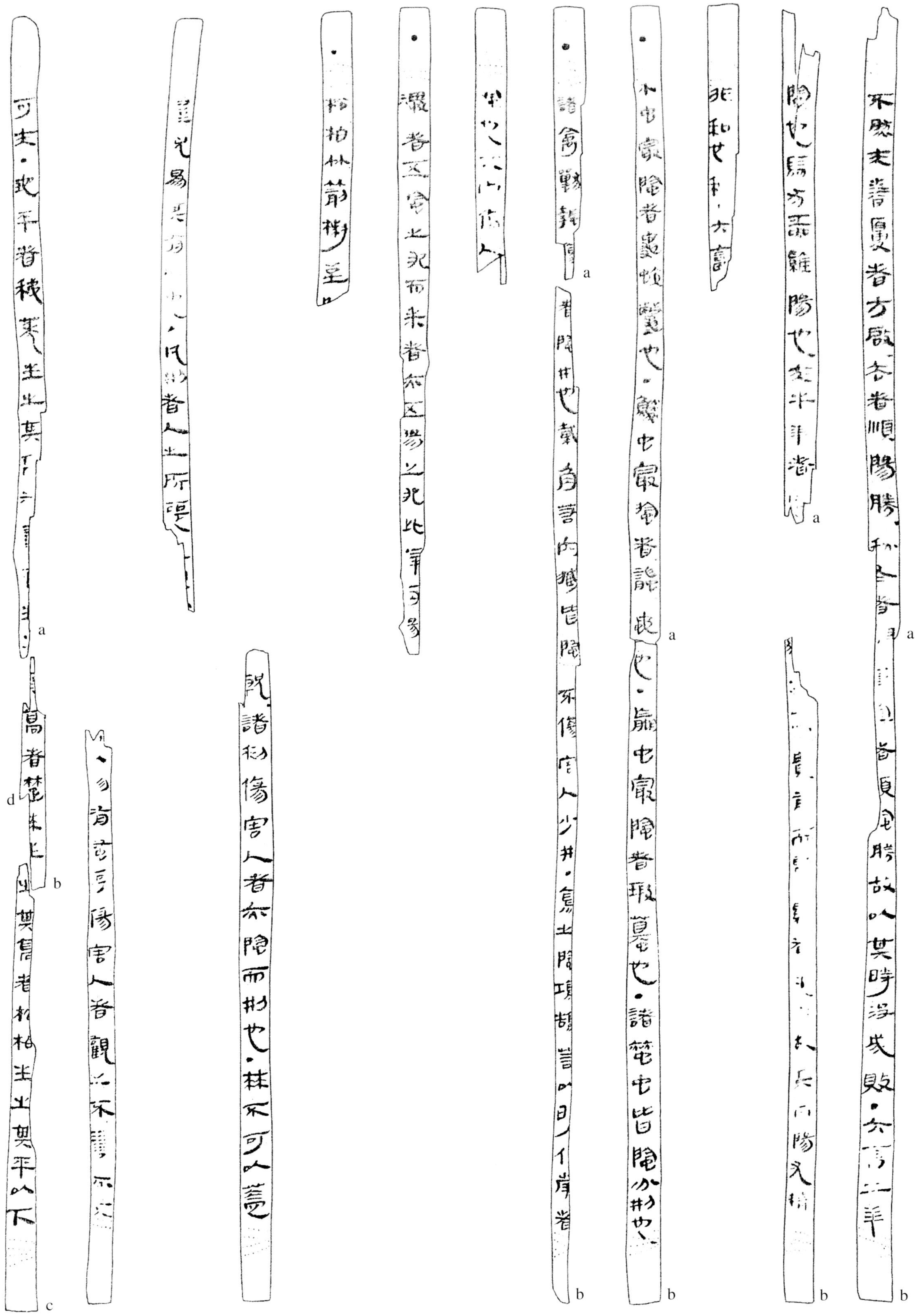

一六五六　一六五七　一六五八　一六五九　一六六〇　一六六一　一六六二　一六六三　一六六四　一六六五　一六六六　一六六七

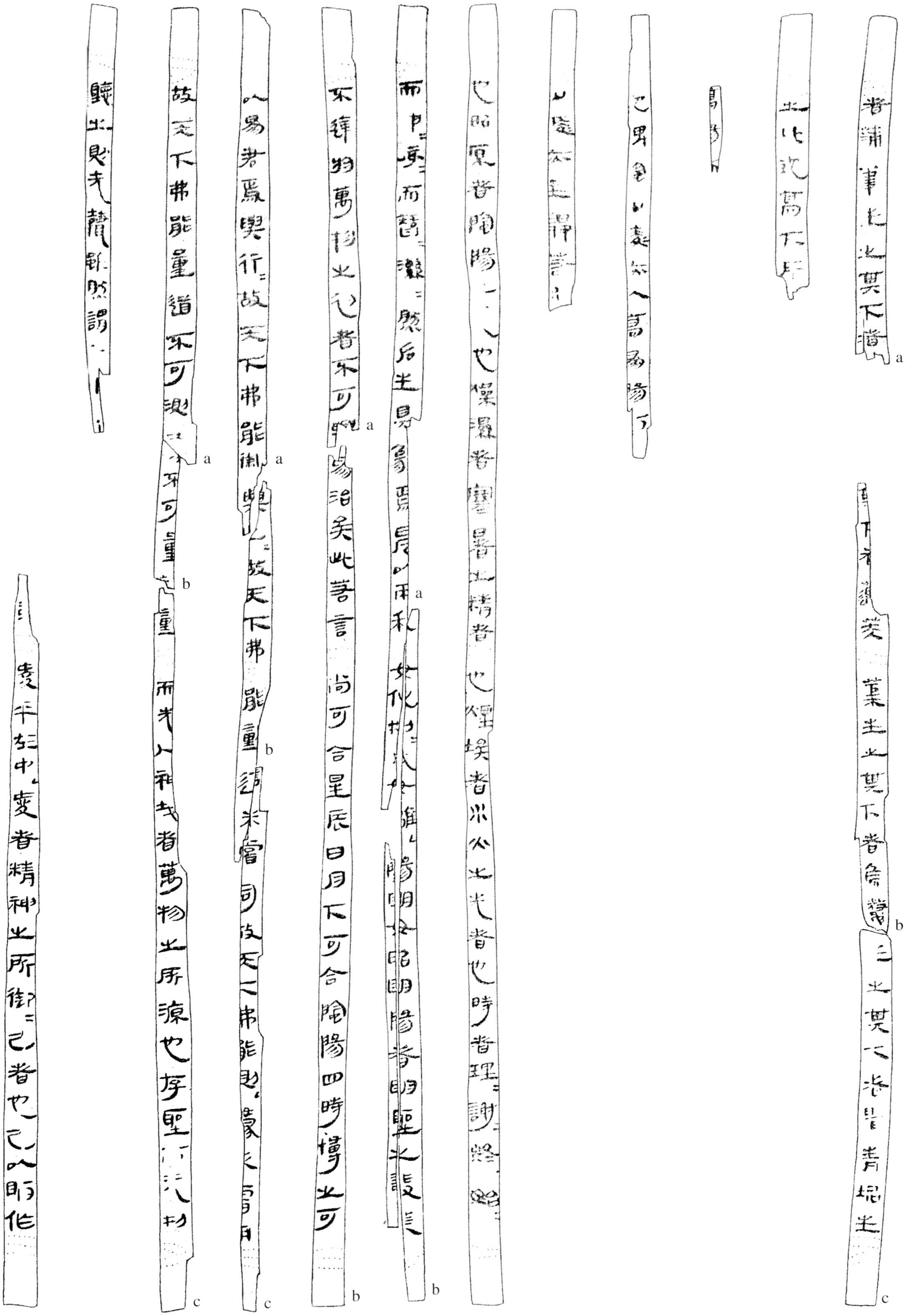

一六六八　一六六九　一六七〇　一六七一　一六七二　一六七三　一六七四　一六七五　一六七六　一六七七　一六七八　一六七九

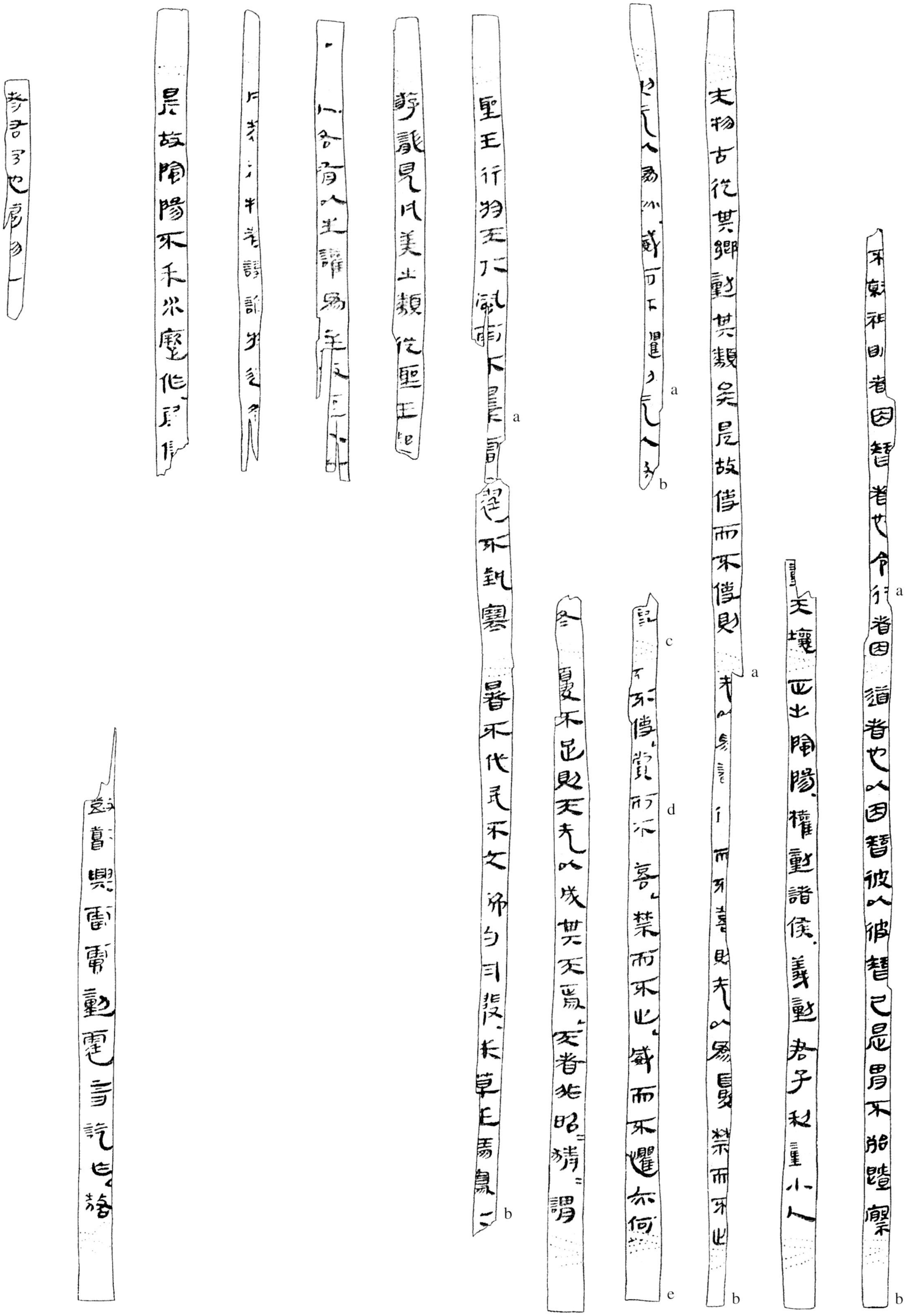

一六八〇　一六八一　一六八二　一六八三　一六八四　一六八五　一六八六　一六八七　一六八八　一六八九　一六九〇　一六九一

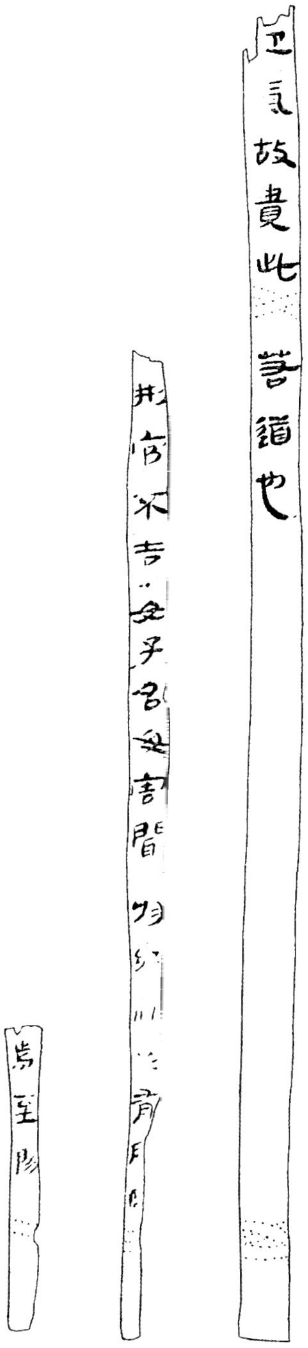

一六九二 一六九三 一六九四

二 陰陽散

一六九五

三 禁

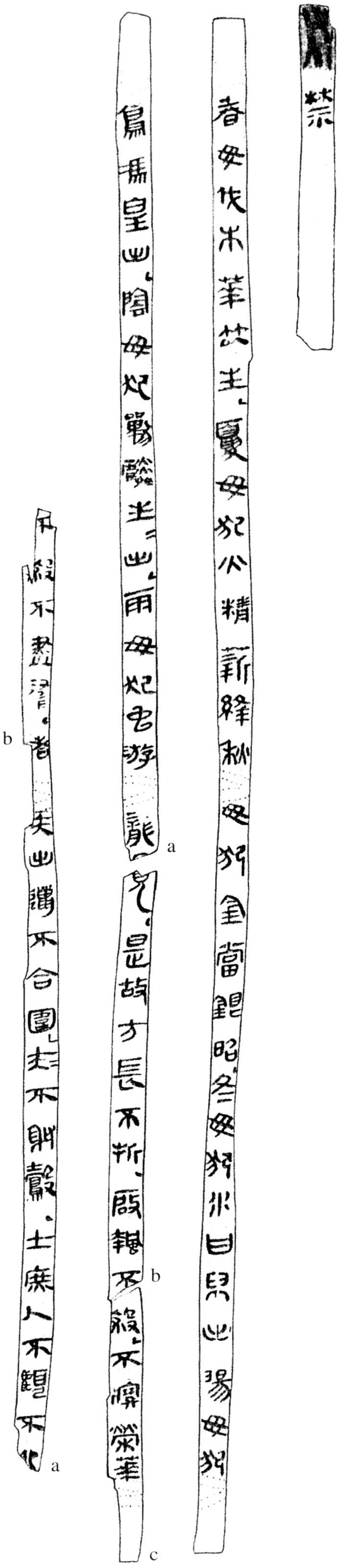

一六九六 一六九七 一六九八 一六九九

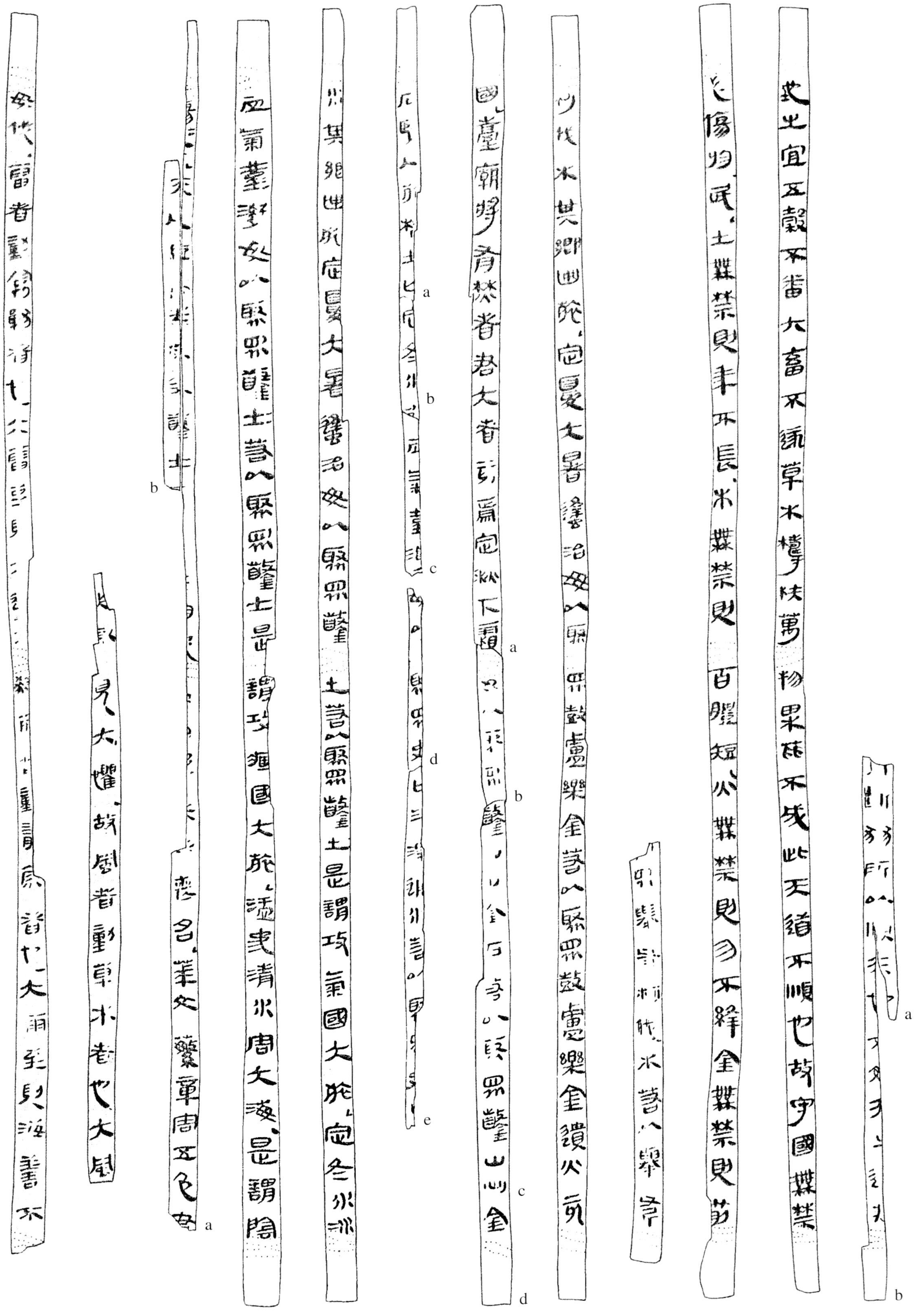

一七〇〇　一七〇一　一七〇二　一七〇三　一七〇四　一七〇五　一七〇六　一七〇七　一七〇八　一七〇九　一七一〇　一七一一

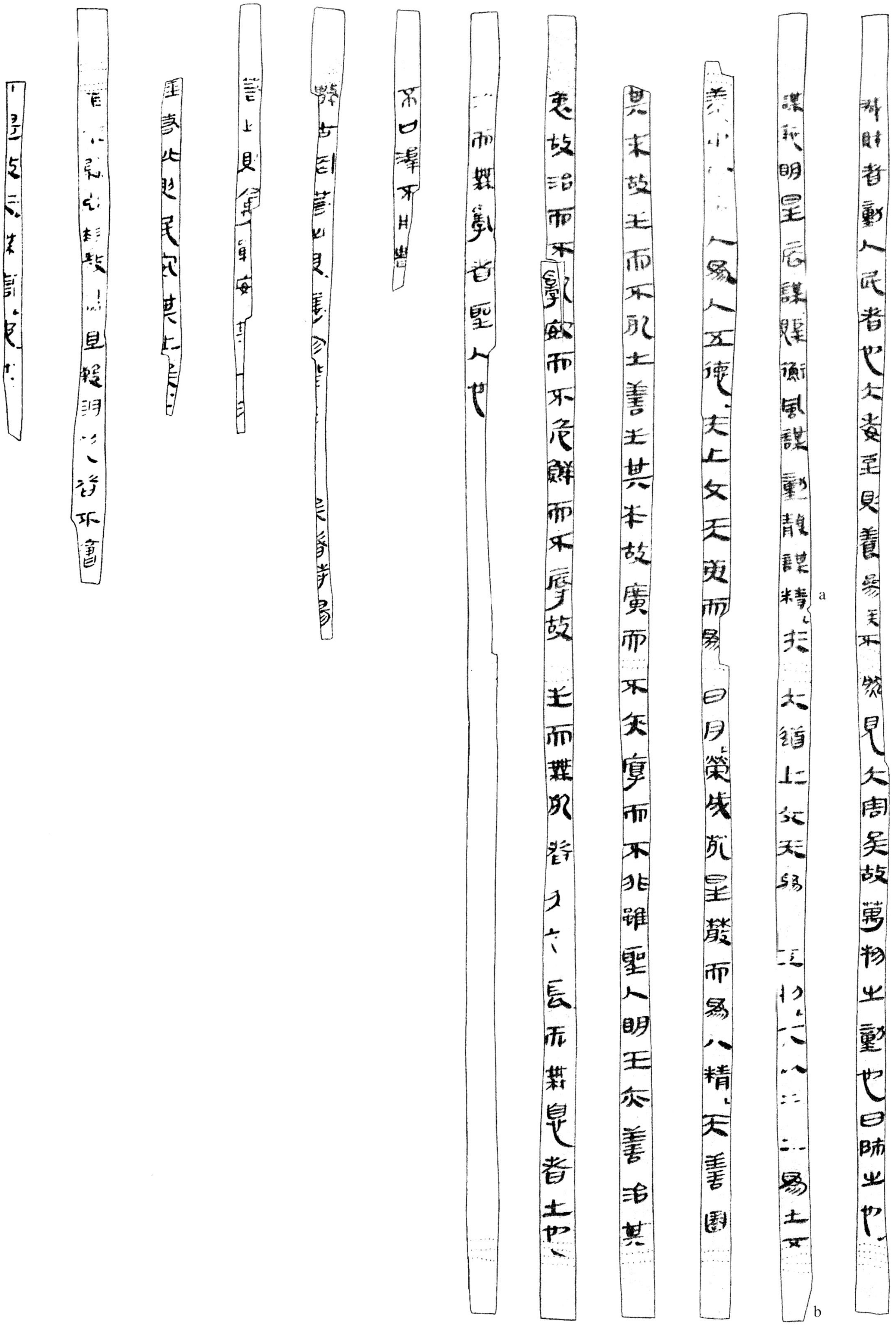

一七一二 一七一三 一七一四 一七一五 一七一六 一七一七 一七一八 一七一九 一七二〇 一七二一 一七二二 一七二三

四　【三十時】

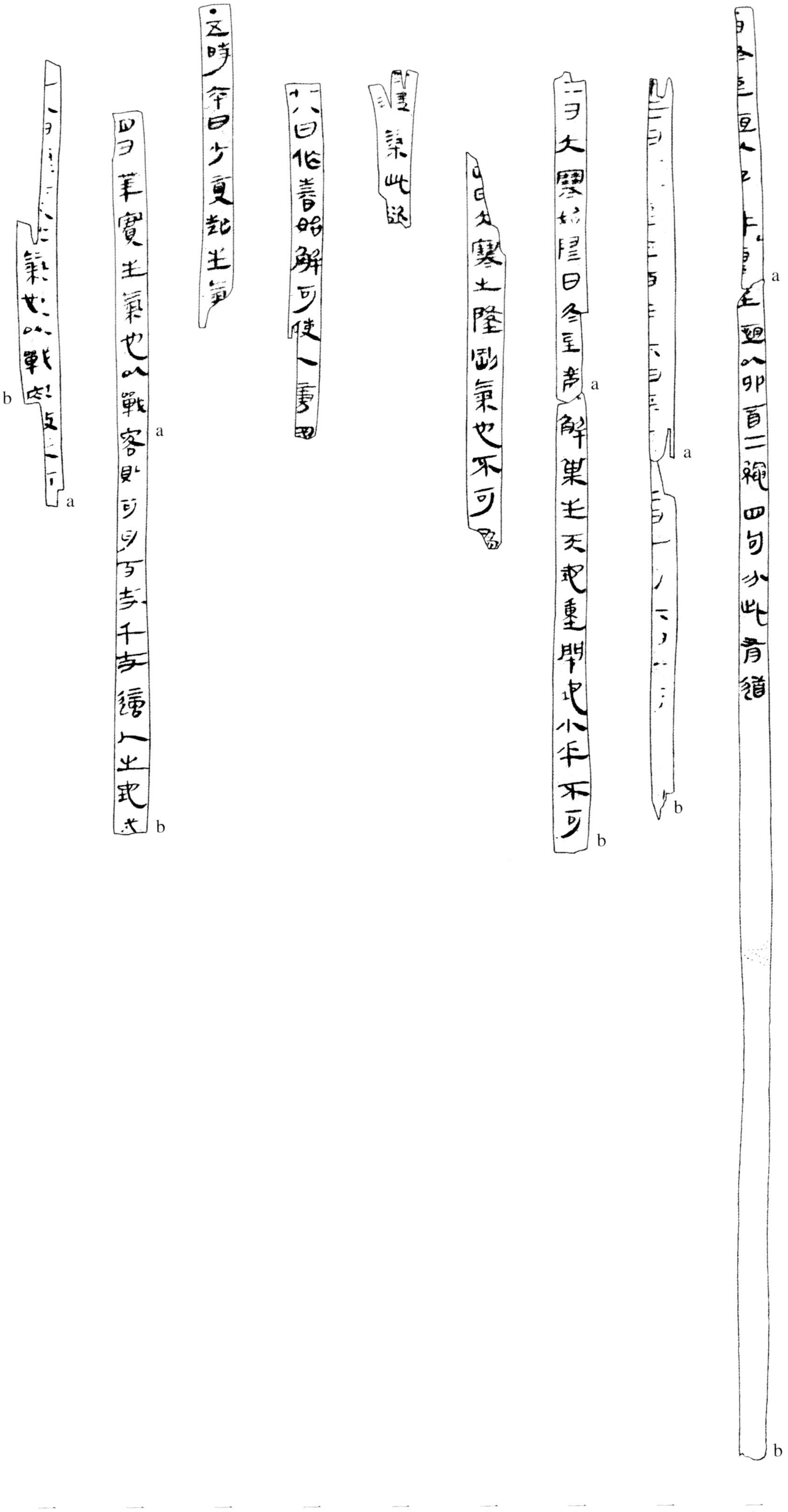

一七二四　一七二五　一七二六　一七二七　一七二八　一七二九　一七三〇　一七三一　一七三二　一七三三

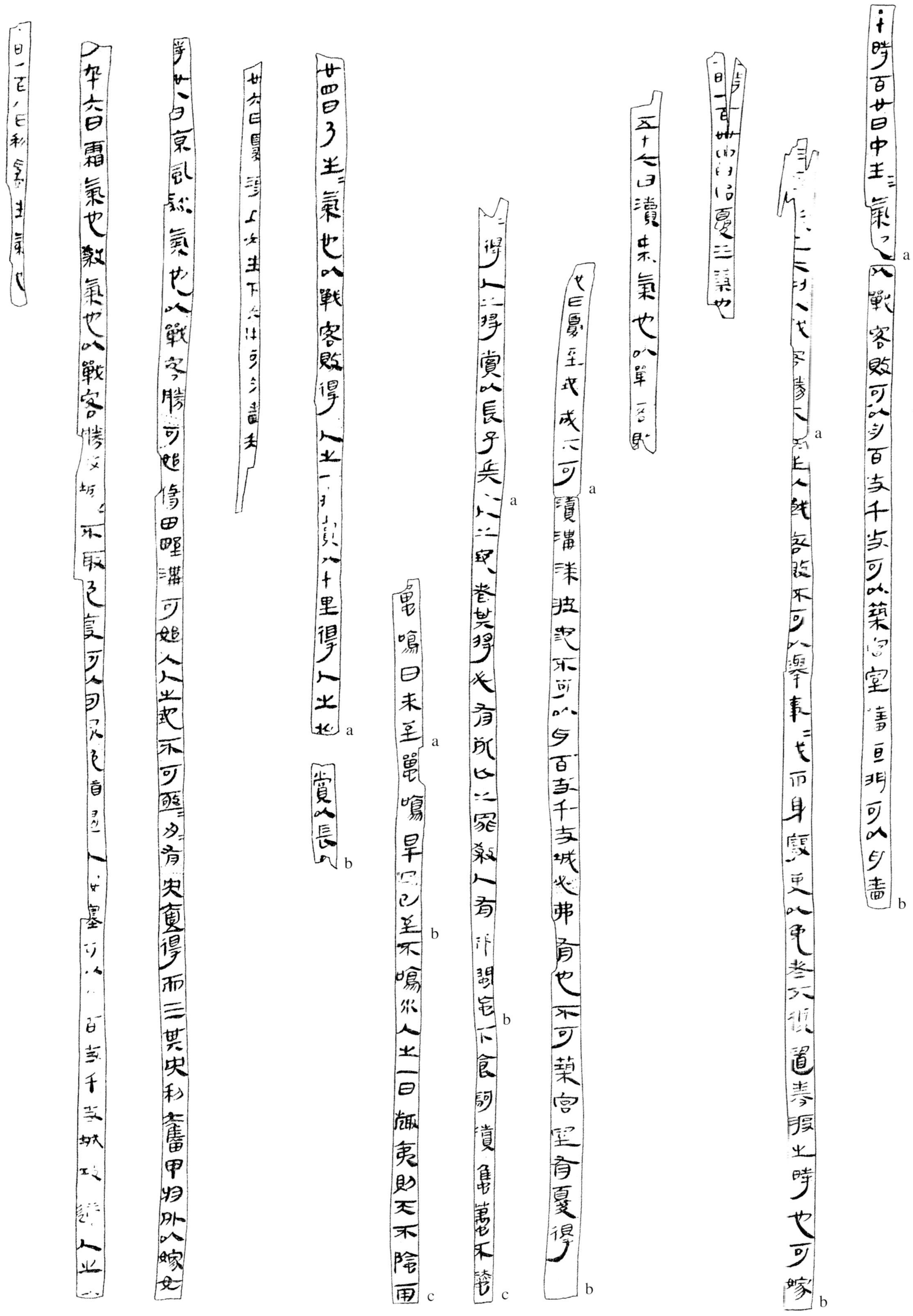

一七三四　一七三五　一七三六　一七三七　一七三八　一七三九　一七四〇　一七四一　一七四二　一七四三　一七四四　一七四五

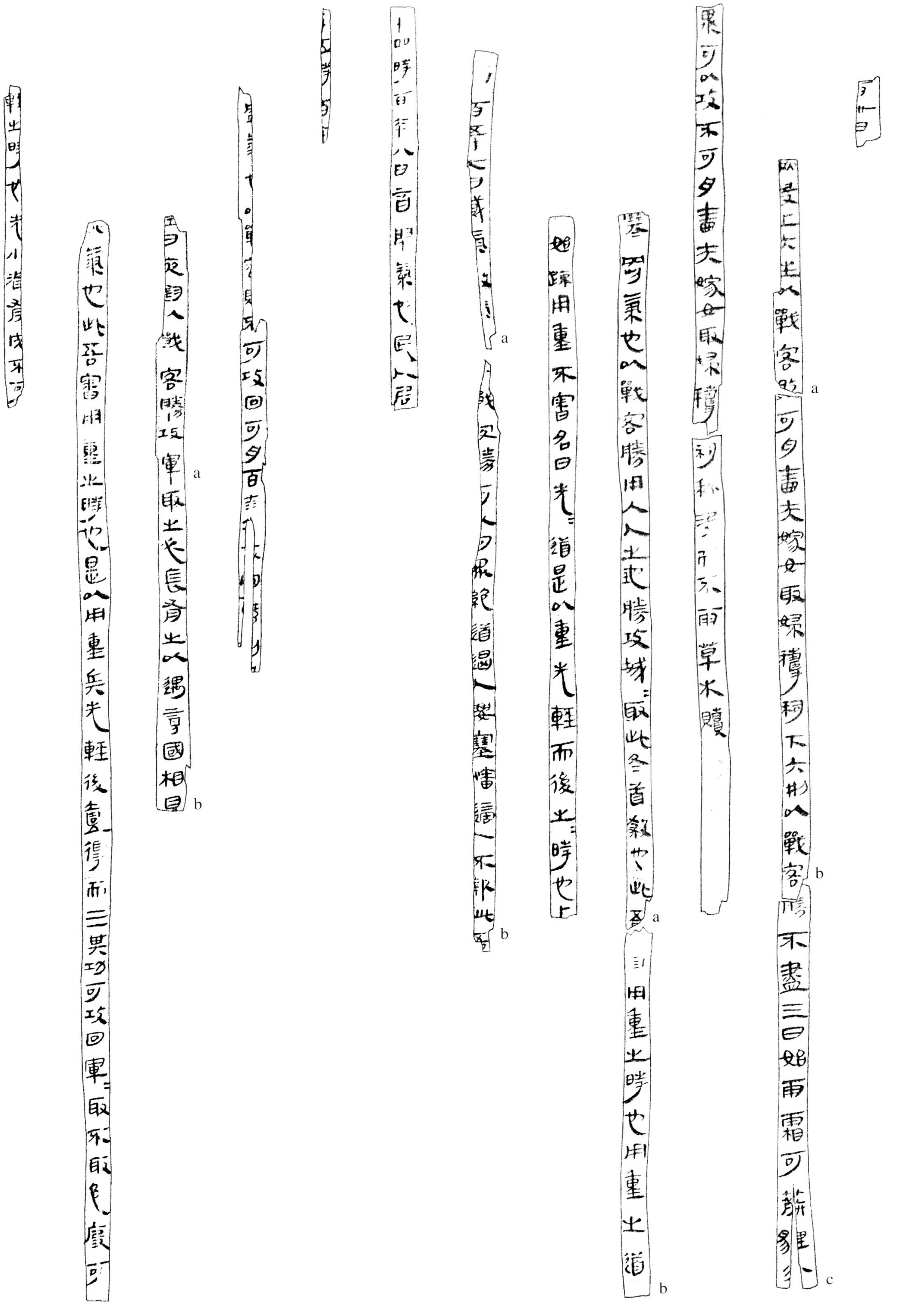

一七四六 一七四七 一七四八 一七四九 一七五〇 一七五一 一七五二 一七五三 一七五四 一七五五 一七五六 一七五七

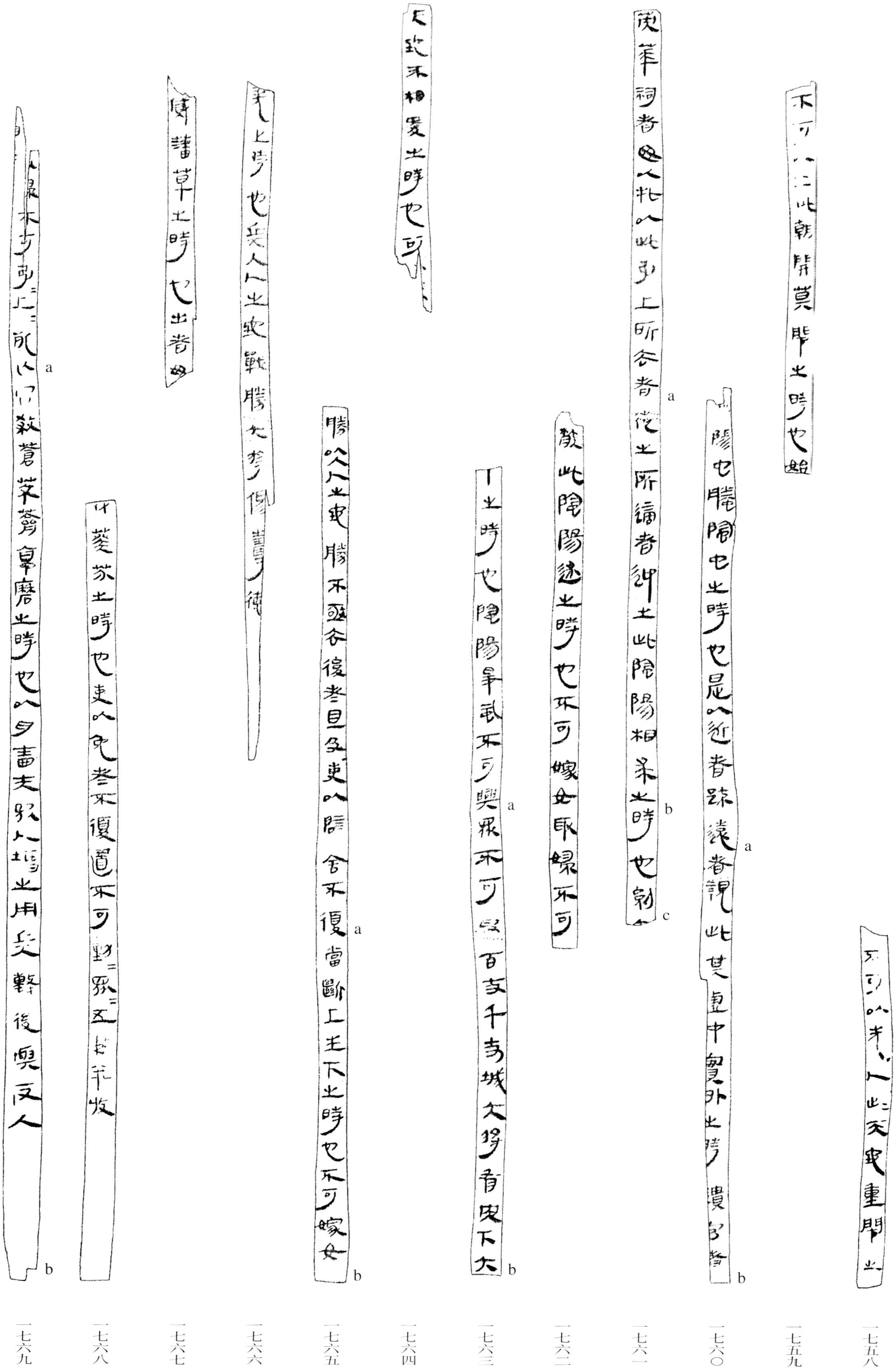

一七五八 一七五九 一七六〇 一七六一 一七六二 一七六三 一七六四 一七六五 一七六六 一七六七 一七六八 一七六九

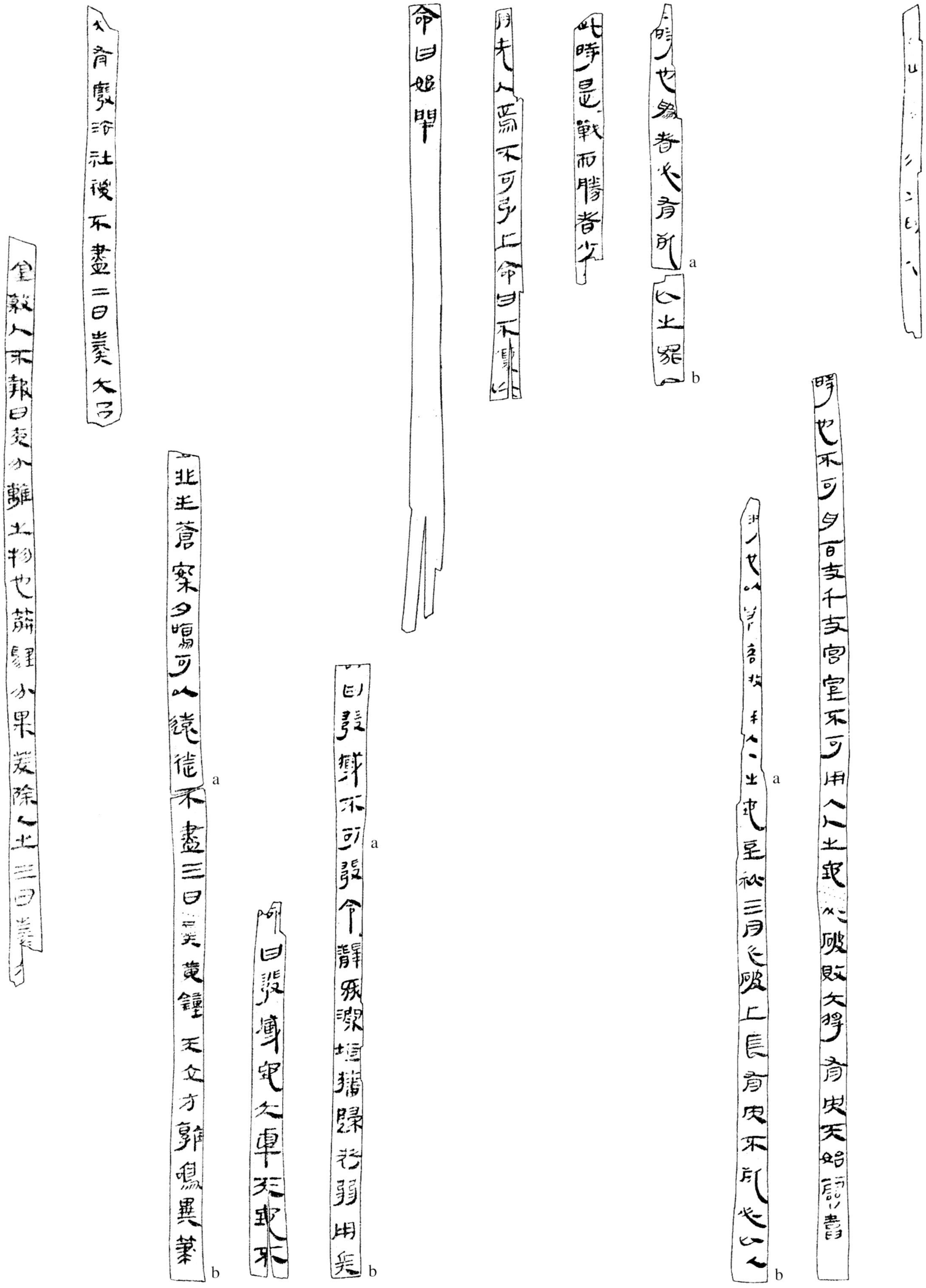

一七七〇 一七七一 一七七二 一七七三 一七七四 一七七五 一七七六 一七七七 一七七八 一七七九 一七八〇 一七八一

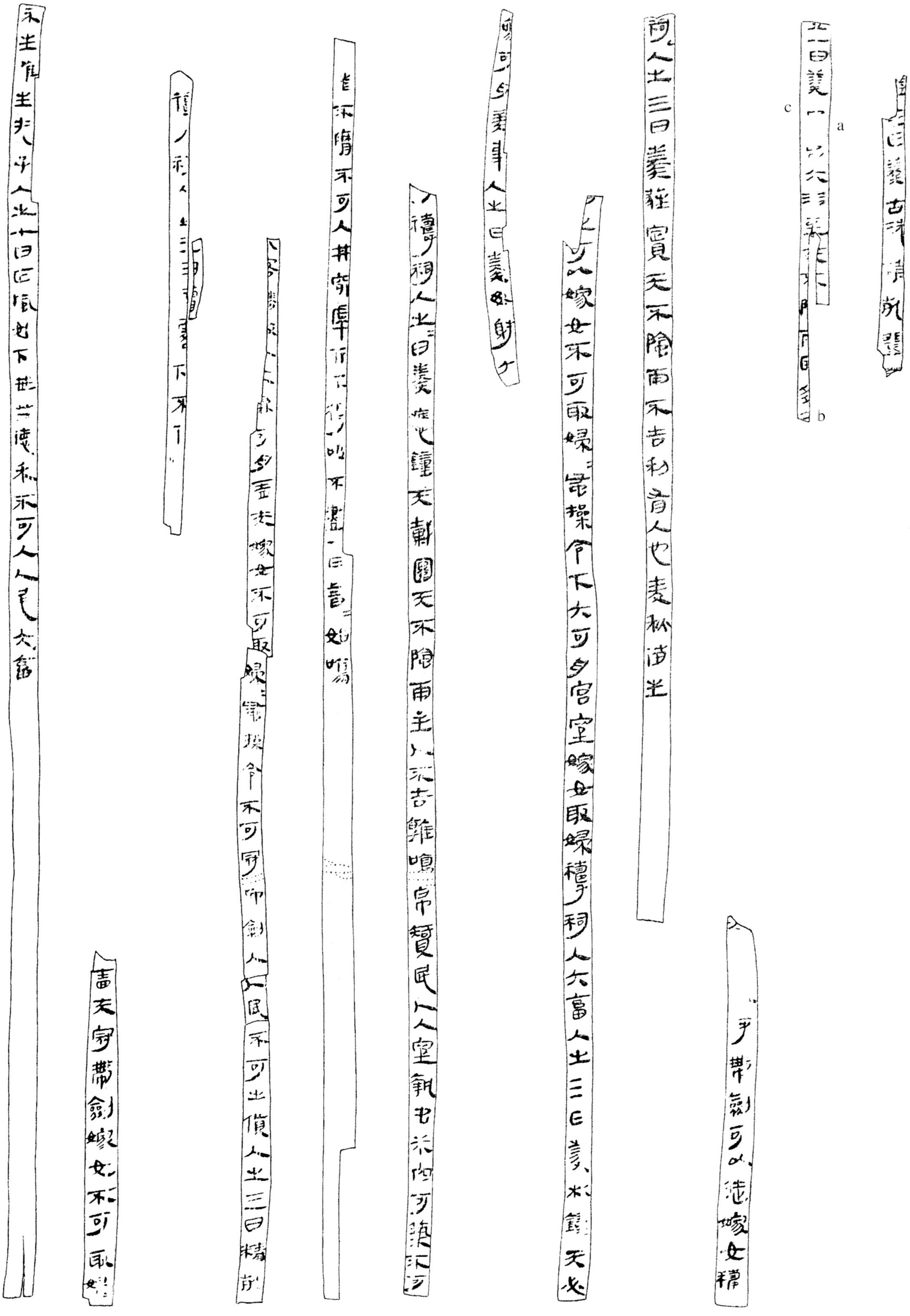

一七八二 一七八三 一七八四 一七八五 一七八六 一七八七 一七八八 一七八九 一七九〇 一七九一 一七九二 一七九三

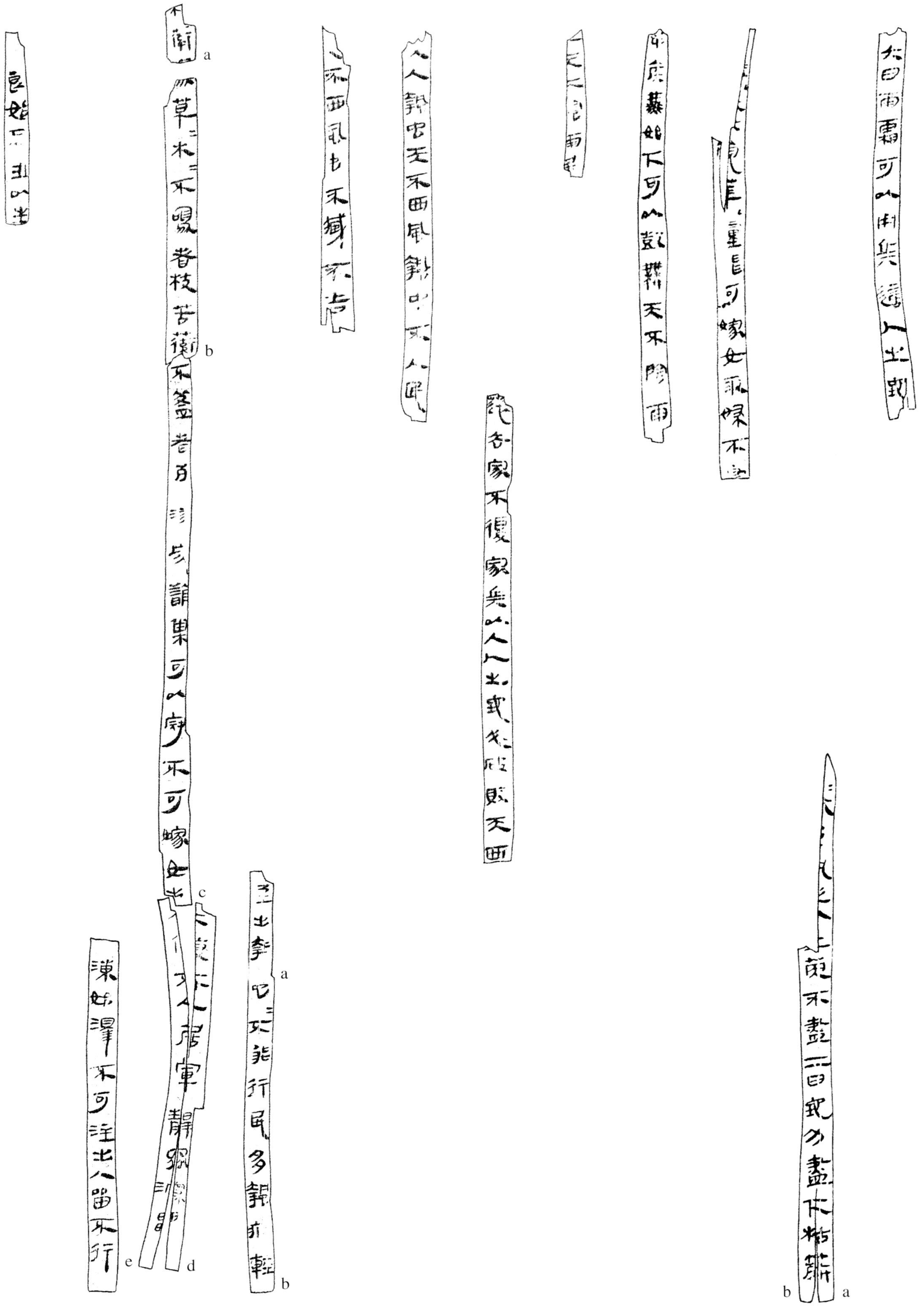

一七九四 一七九五 一七九六 一七九七 一七九八 一七九九 一八〇〇 一八〇一 一八〇二 一八〇三 一八〇四 一八〇五

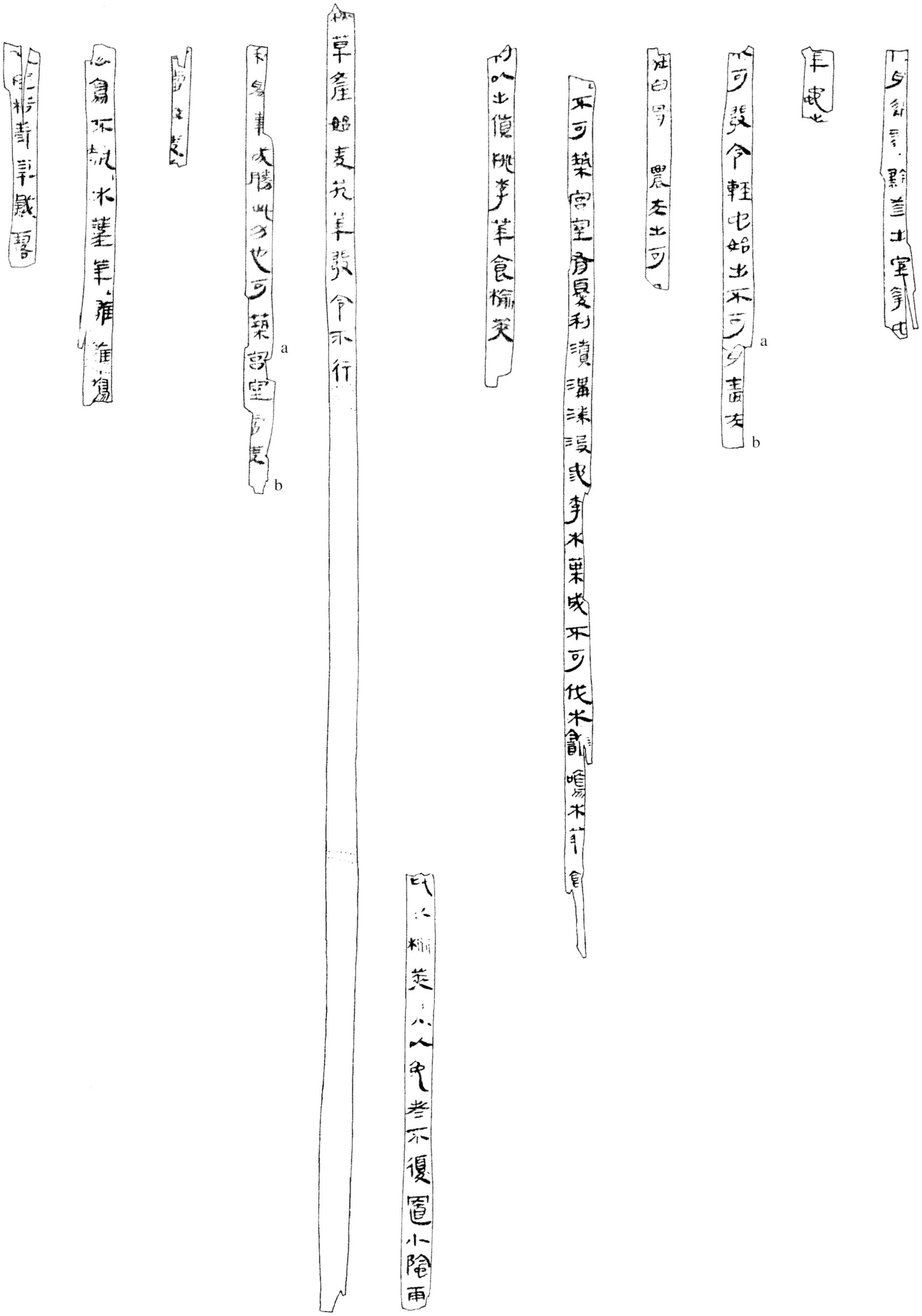

一八〇六 一八〇七 一八〇八（a、b） 一八〇九 一八一〇 一八一一 一八一二 一八一三 一八一四（a、b） 一八一五 一八一六 一八一七

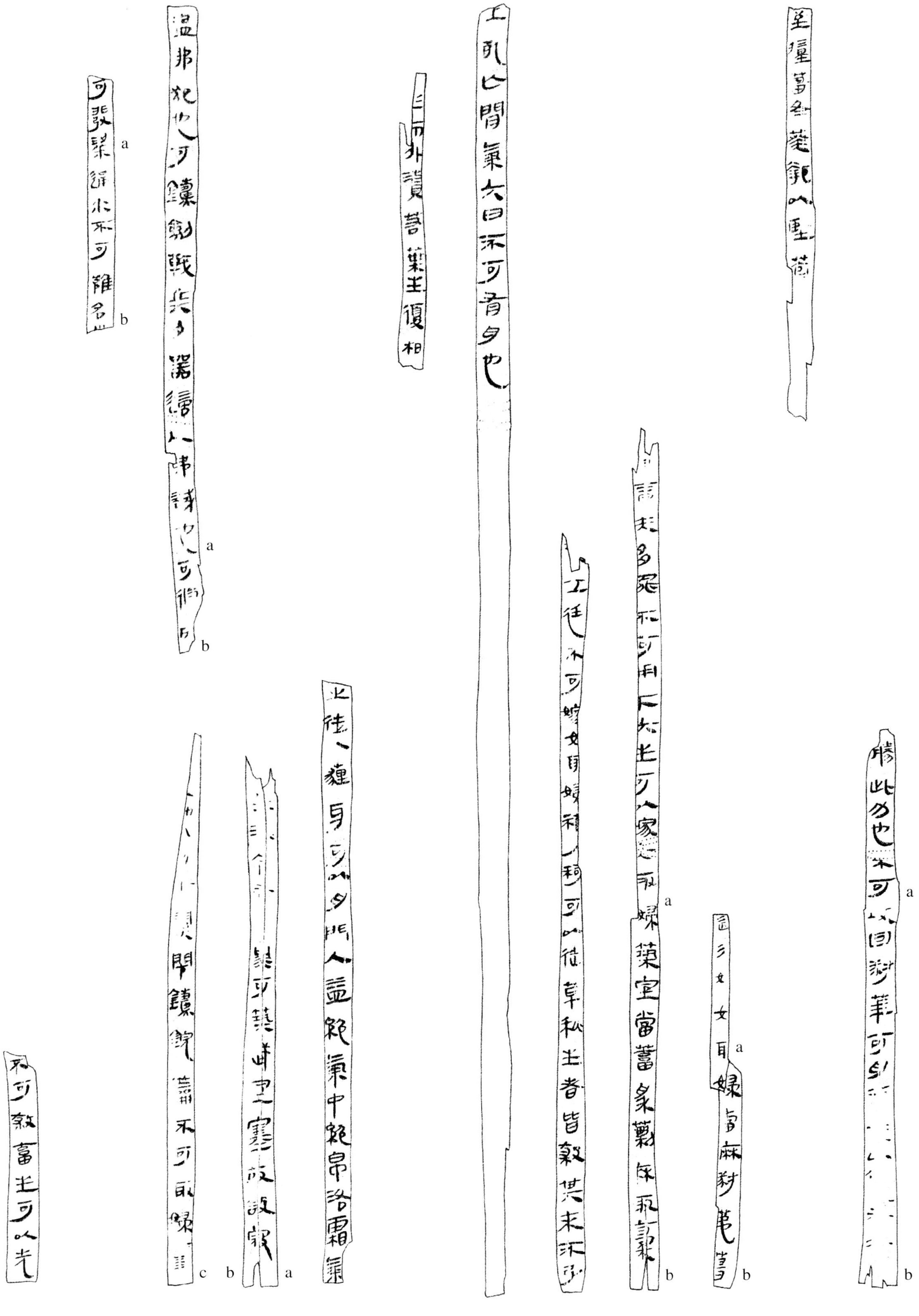

一八一八　一八一九　一八二〇　一八二一　一八二二　一八二三　一八二四　一八二五　一八二六　一八二七　一八二八　一八二九

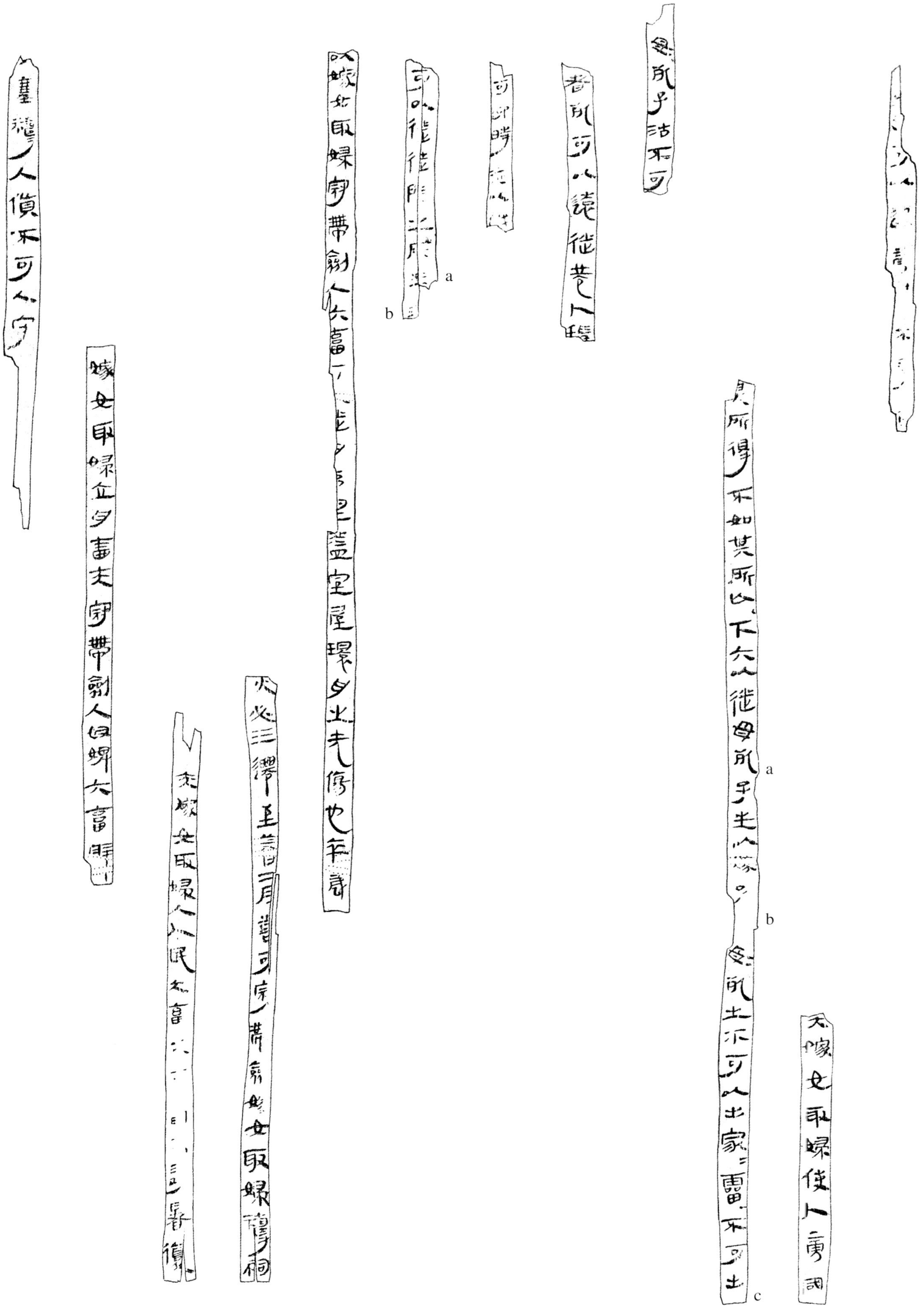

一八三〇　一八三一　一八三二　一八三三　一八三四　一八三五　一八三六　一八三七　一八三八　一八三九　一八四〇　一八四一

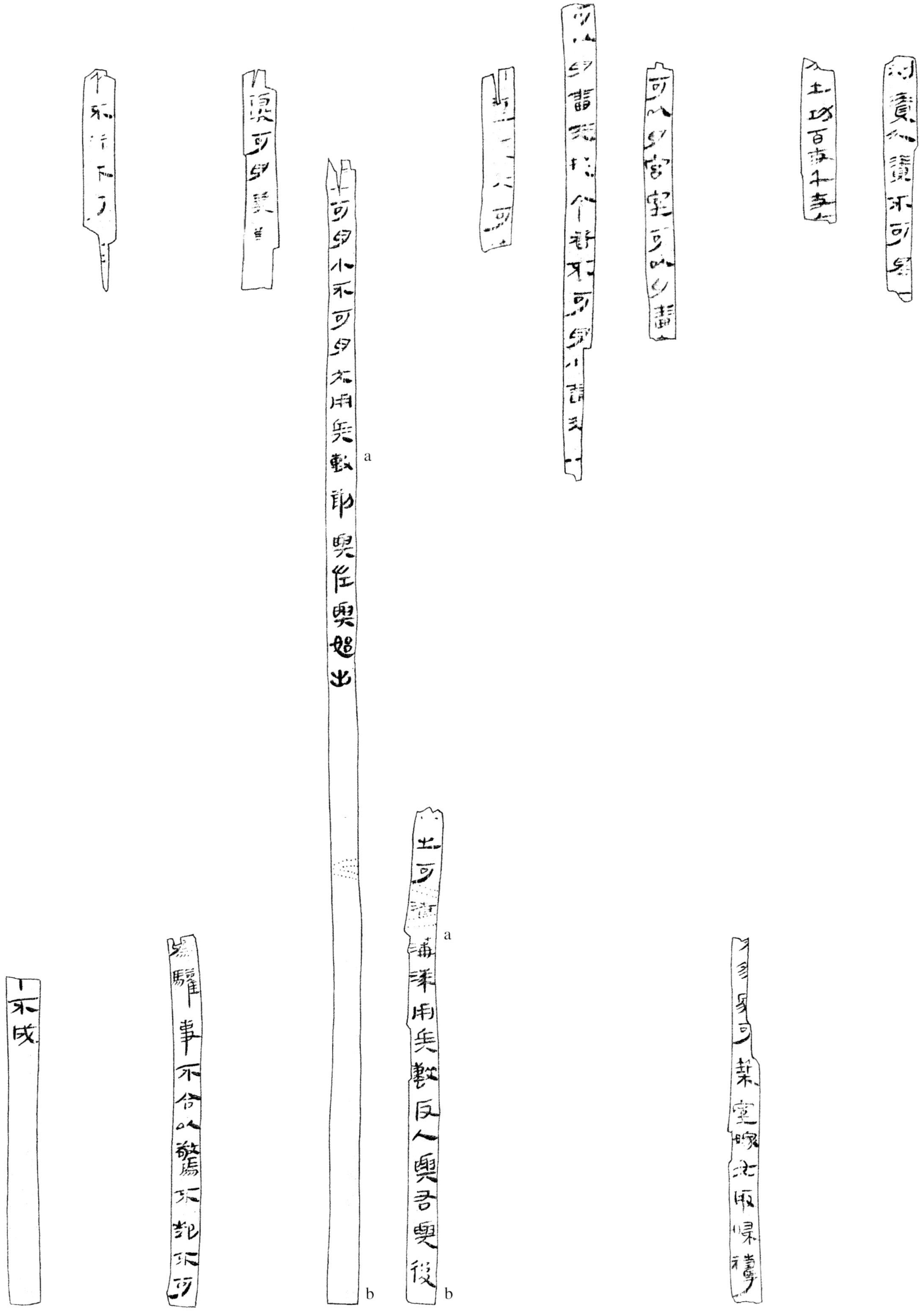

一八四二 一八四三 一八四四 一八四五 一八四六 一八四七 一八四八 一八四九 一八五〇 一八五一 一八五二 一八五三

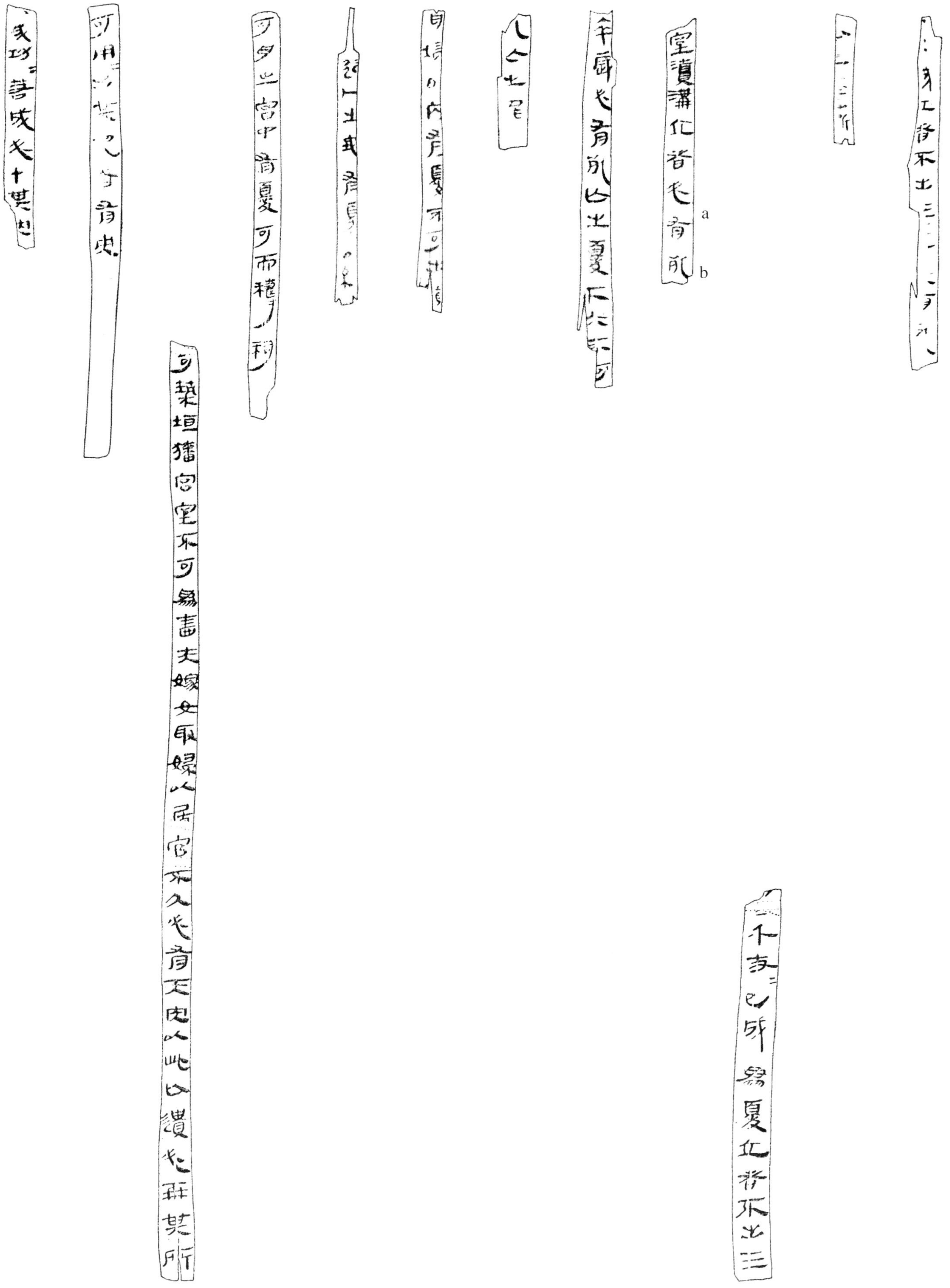

一八五四 一八五五 一八五六 一八五七 一八五八 一八五九 一八六〇 一八六一 一八六二 一八六三 一八六四 一八六五

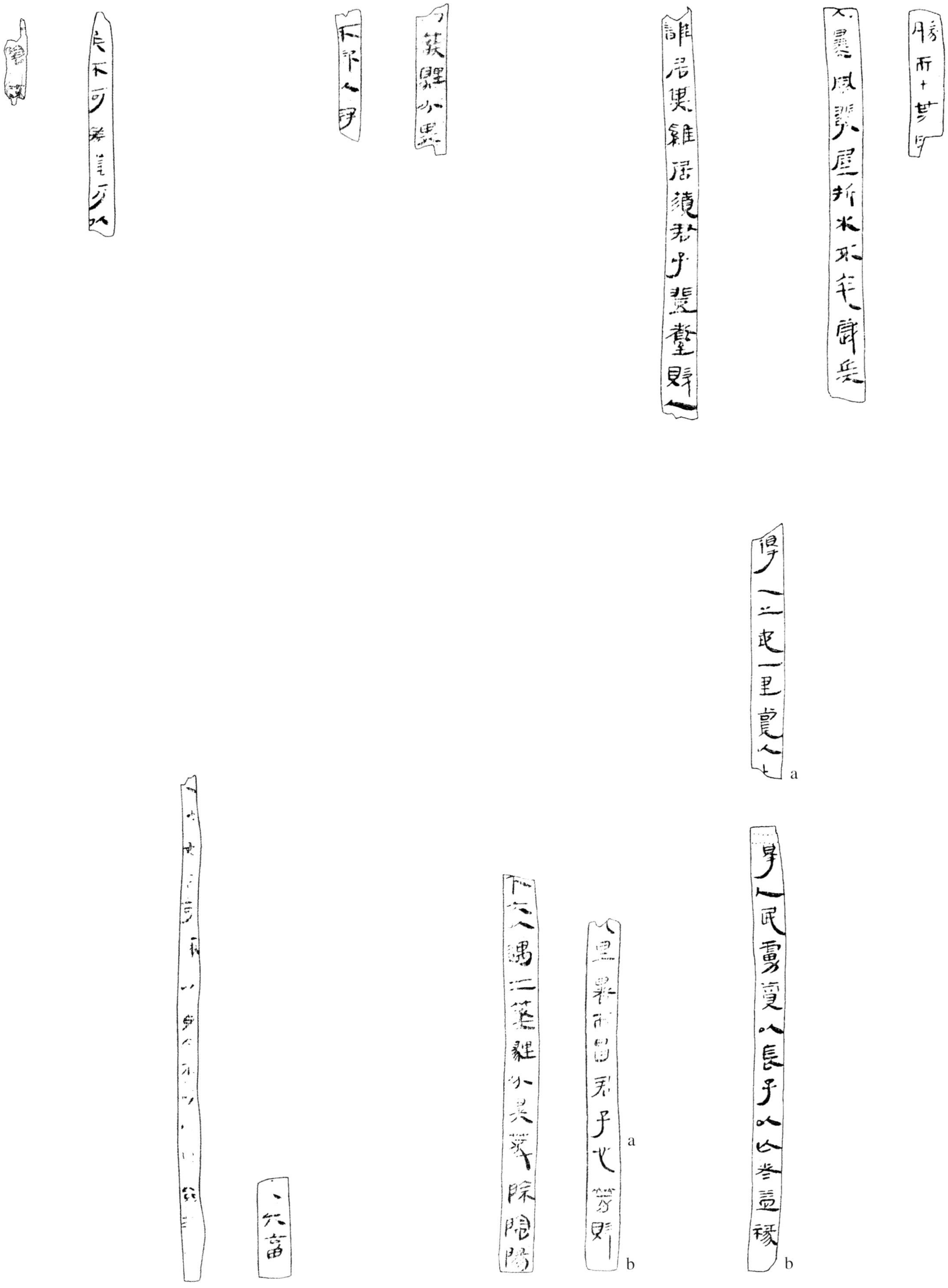

一八六六　一八六七　一八六八　一八六九　一八七〇　一八七一　一八七二　一八七三　一八七四　一八七五　一八七六　一八七七

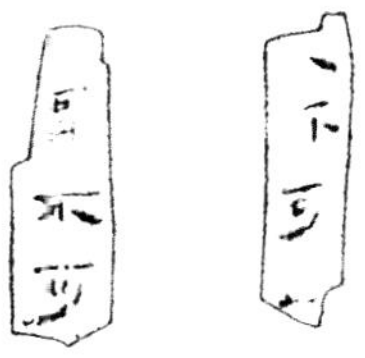

一八七八　一八七九

六　【四時令】

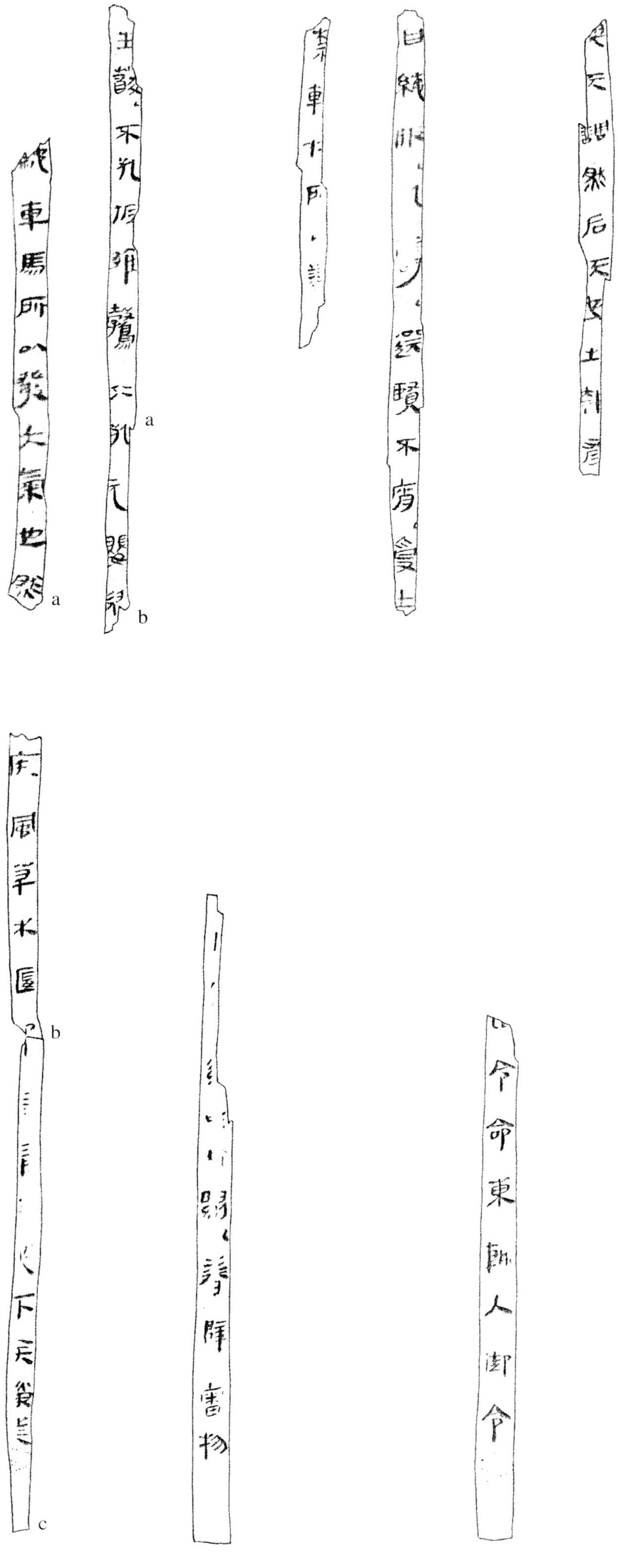

一八八七　一八八八　一八八九　一八九〇　一八九一　一八九二　一八九三

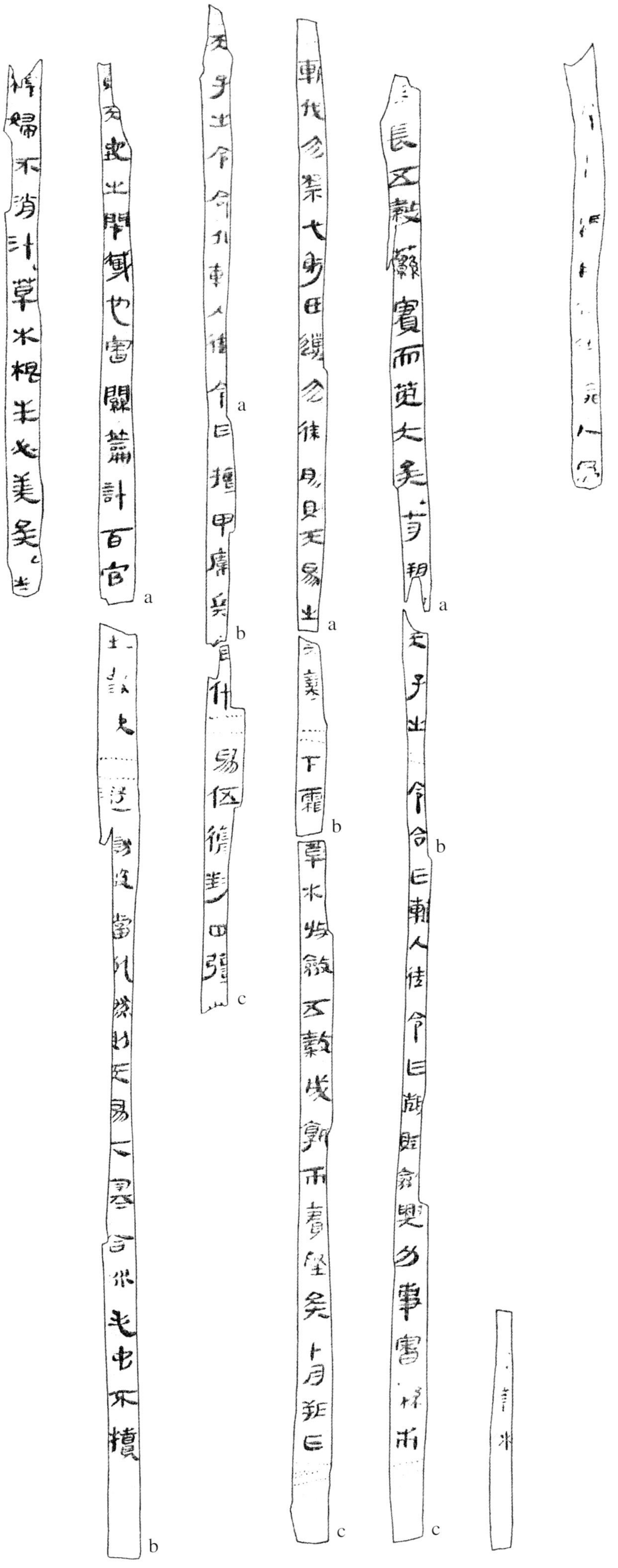

一八九四　一八九五　一八九六　一八九七　一八九八　一八九九　一九〇〇

七　【五令】

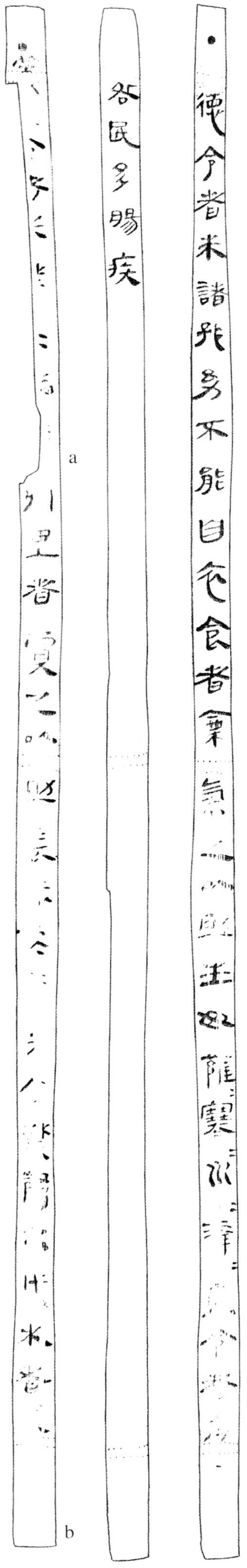

一九〇一　一九〇二　一九〇三

八 【不時之應】

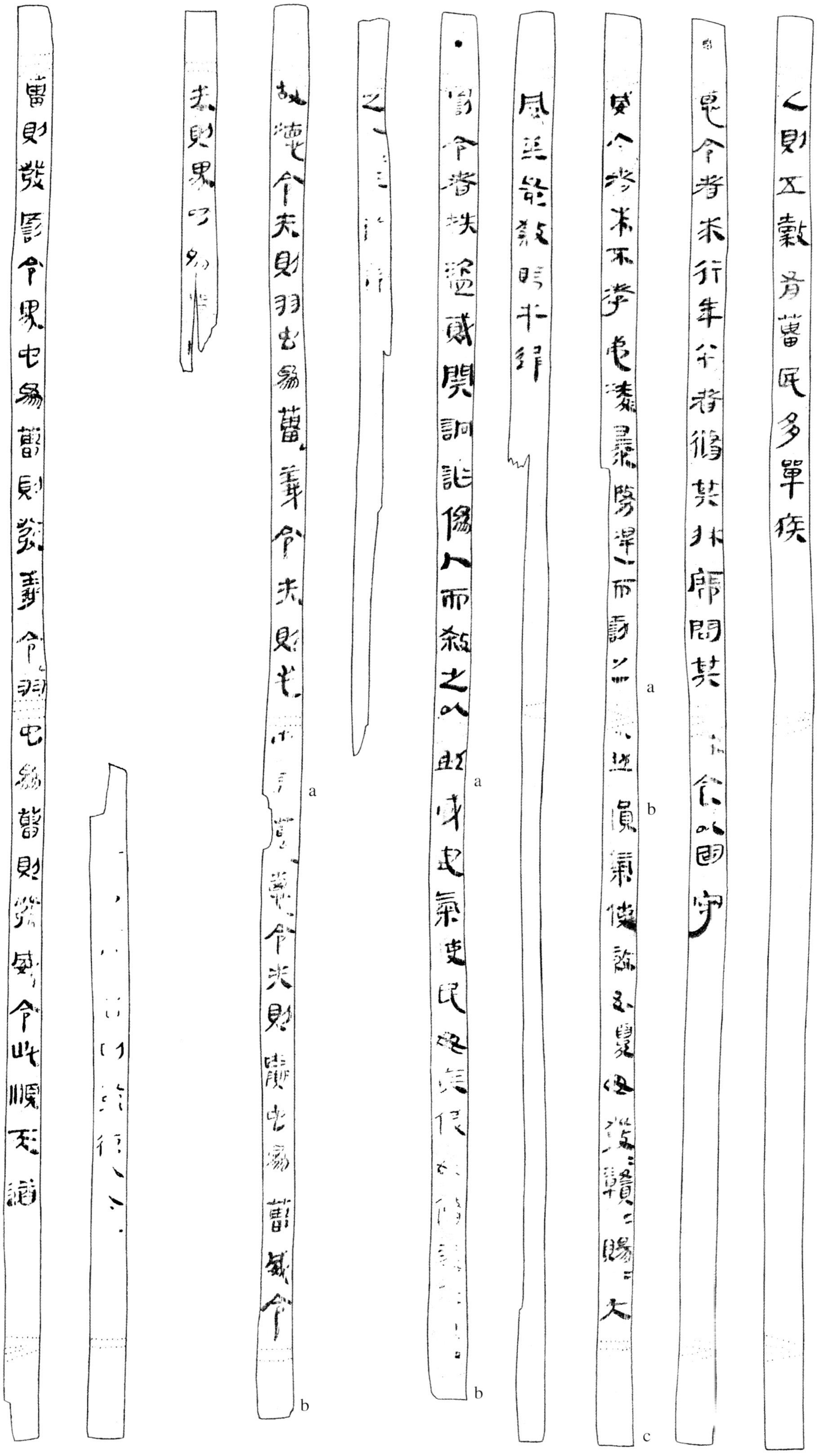

一九〇四 一九〇五 一九〇六 一九〇七 一九〇八 一九〇九 一九一〇 一九一一 一九一二 一九一三

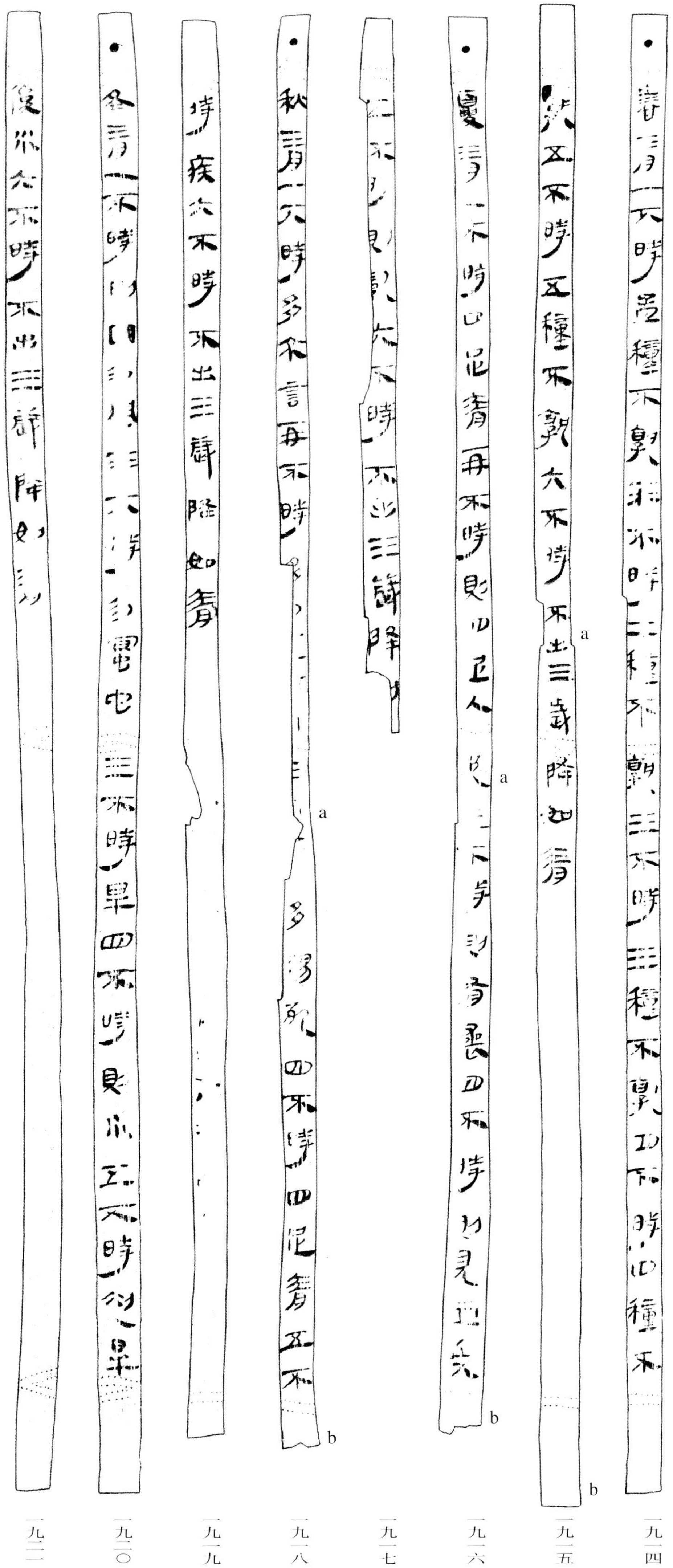

一九一四　一九一五　一九一六　一九一七　一九一八　一九一九　一九二〇　一九二一

九　【爲政不善之應】

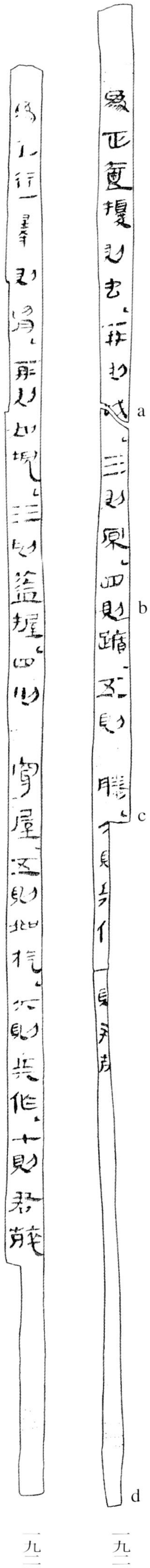

一九二二　一九二三

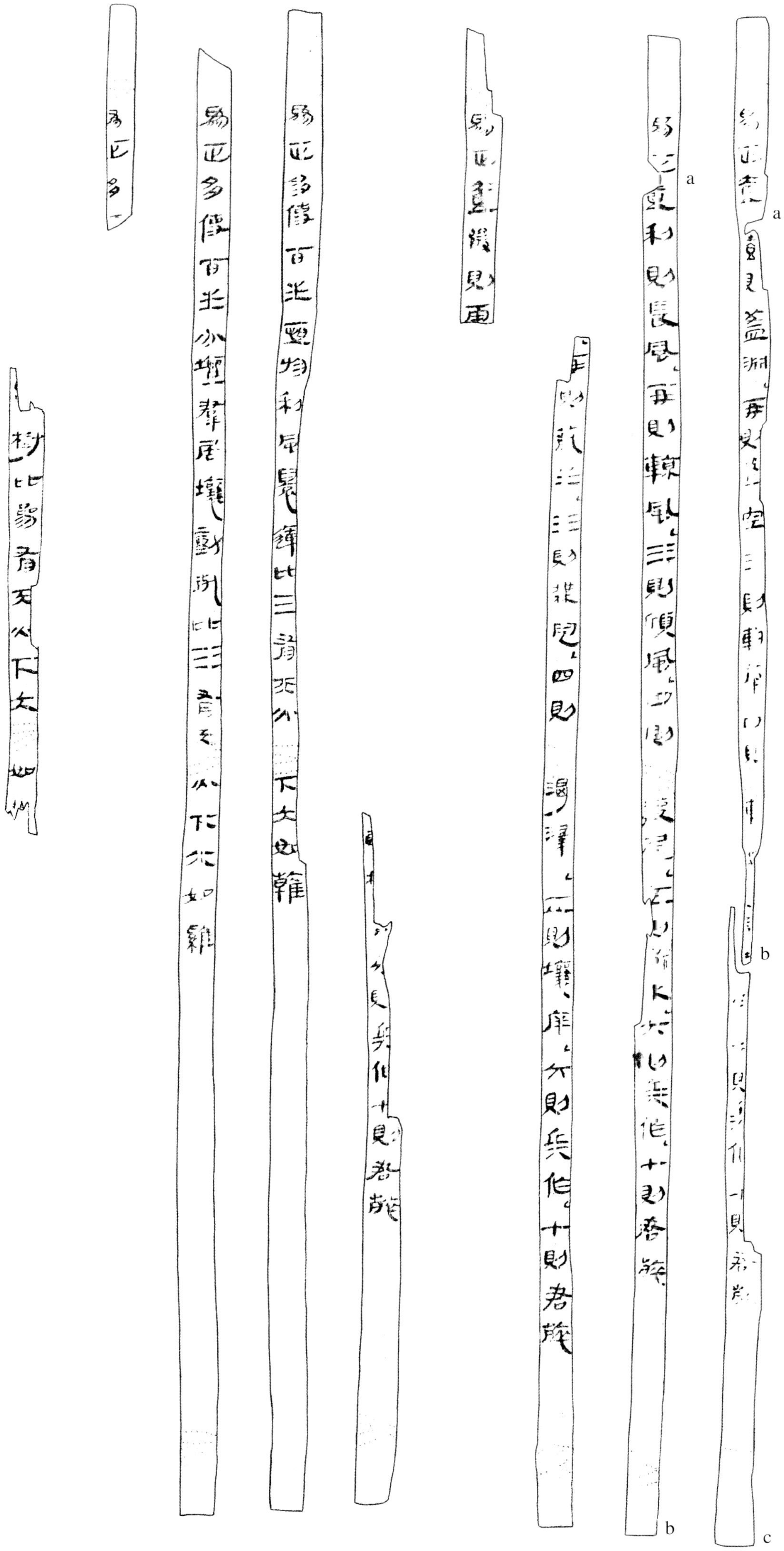

一九一四　一九二五　一九二六　一九二七　一九二八　一九二九　一九三〇　一九三一　一九三二

一〇　【人君不善之應】

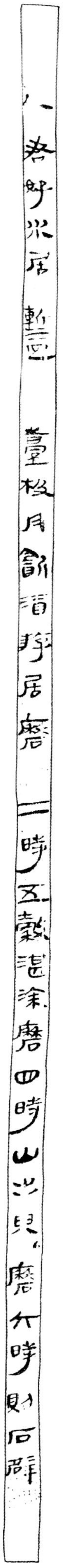

一九三三

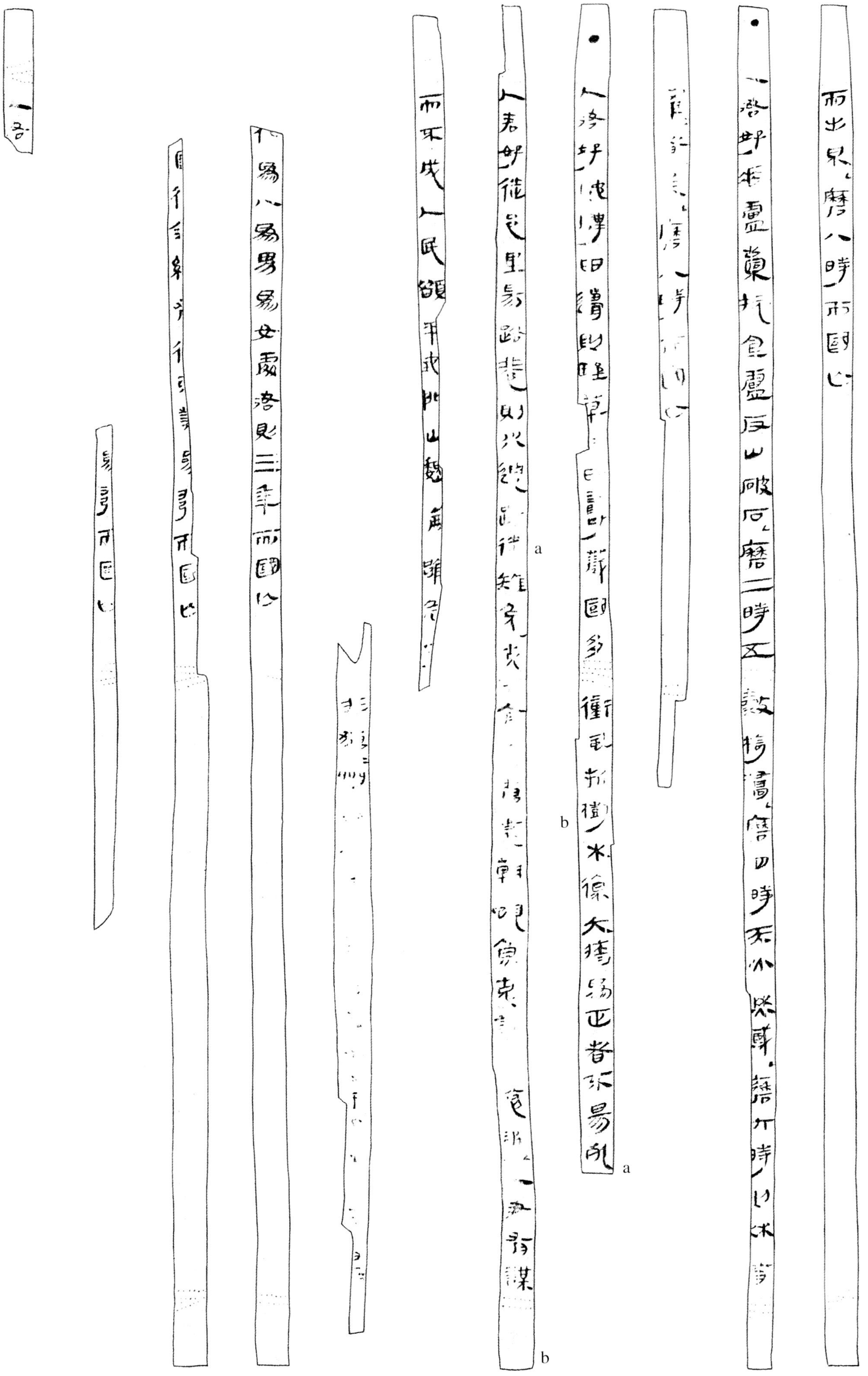

一九三四　一九三五　一九三六　一九三七　一九三八　一九三九　一九四〇　一九四一　一九四二　一九四三　一九四四

一一　天地八風五行客主五音之居

（一）

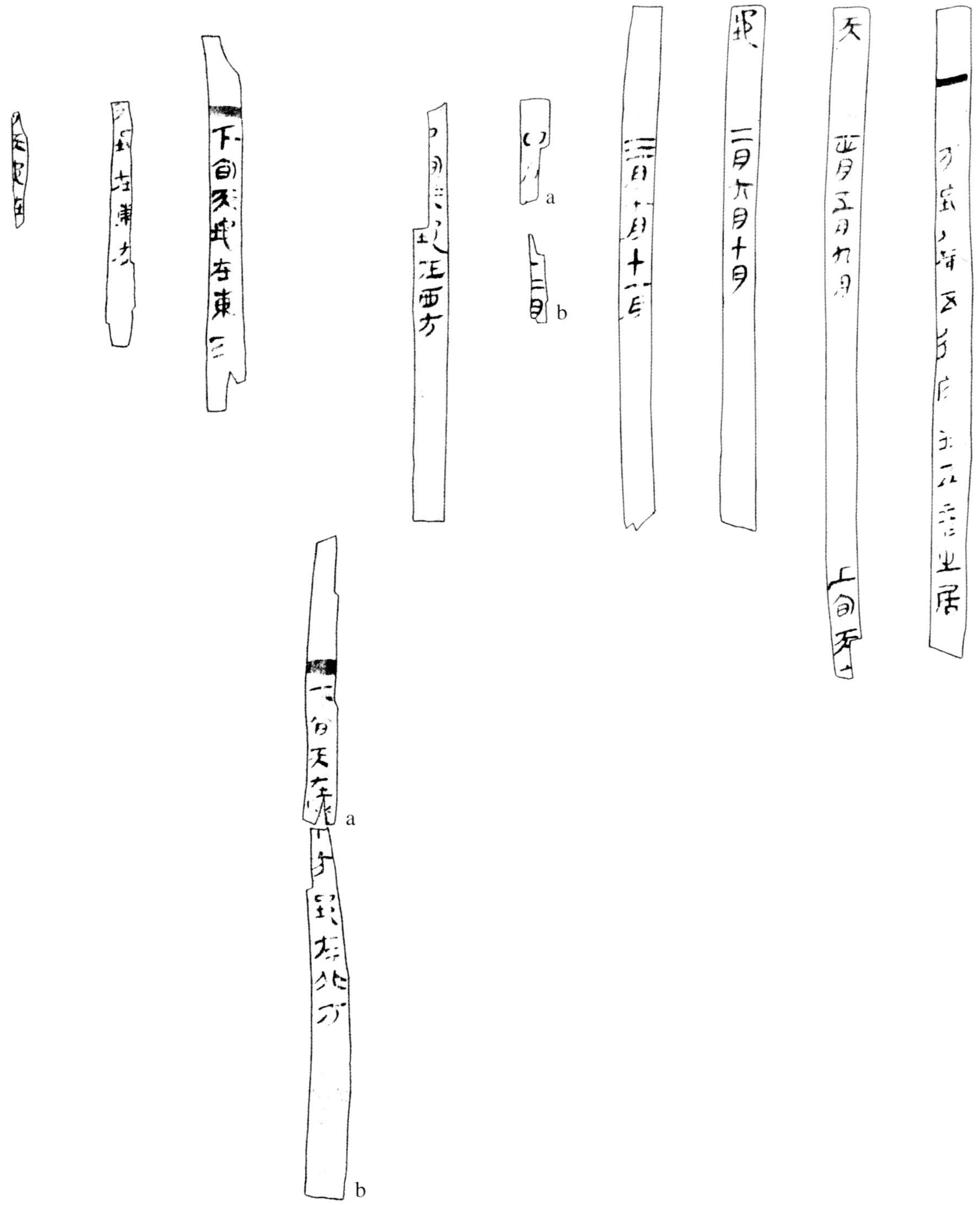

一九四五　一九四六　一九四七　一九四八　一九四九　一九五〇　一九五一　一九五二　一九五三　一九五四

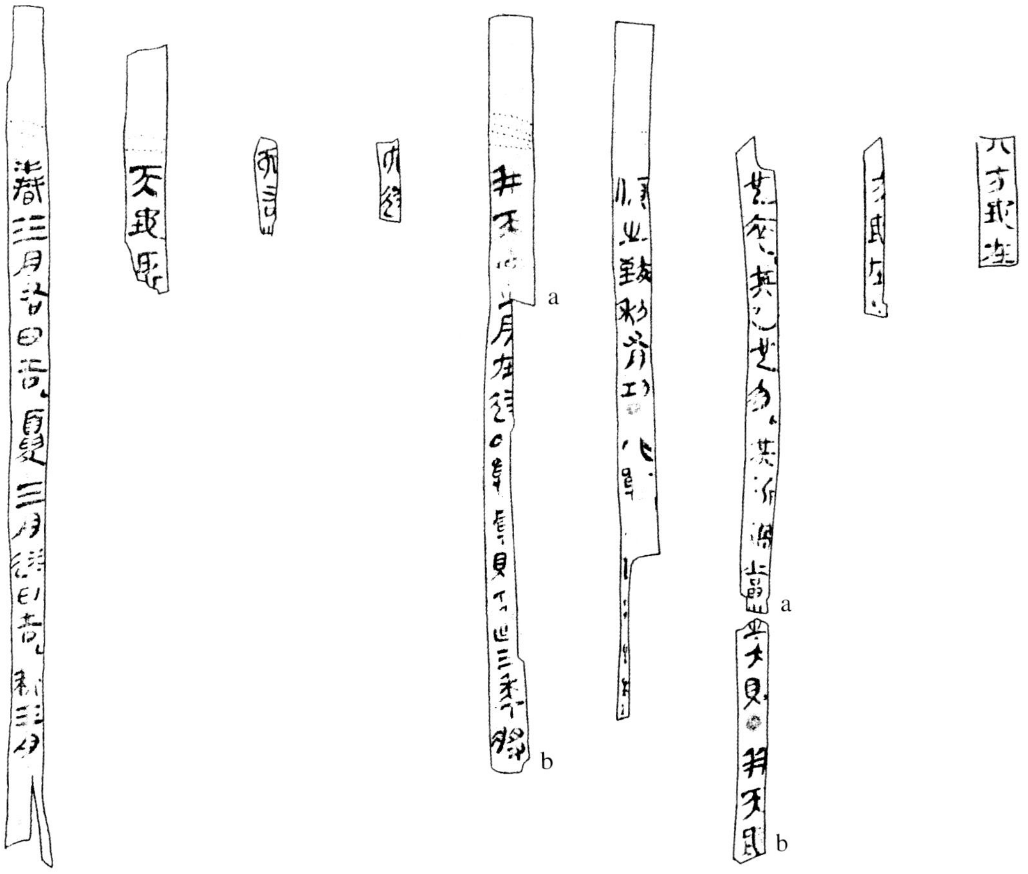

一九五五 一九五六 一九五七 一九五八 一九五九 一九六〇 一九六一 一九六二 一九六三

（二）

一九六四

附：摹本 貳 陰陽時令、占候之類

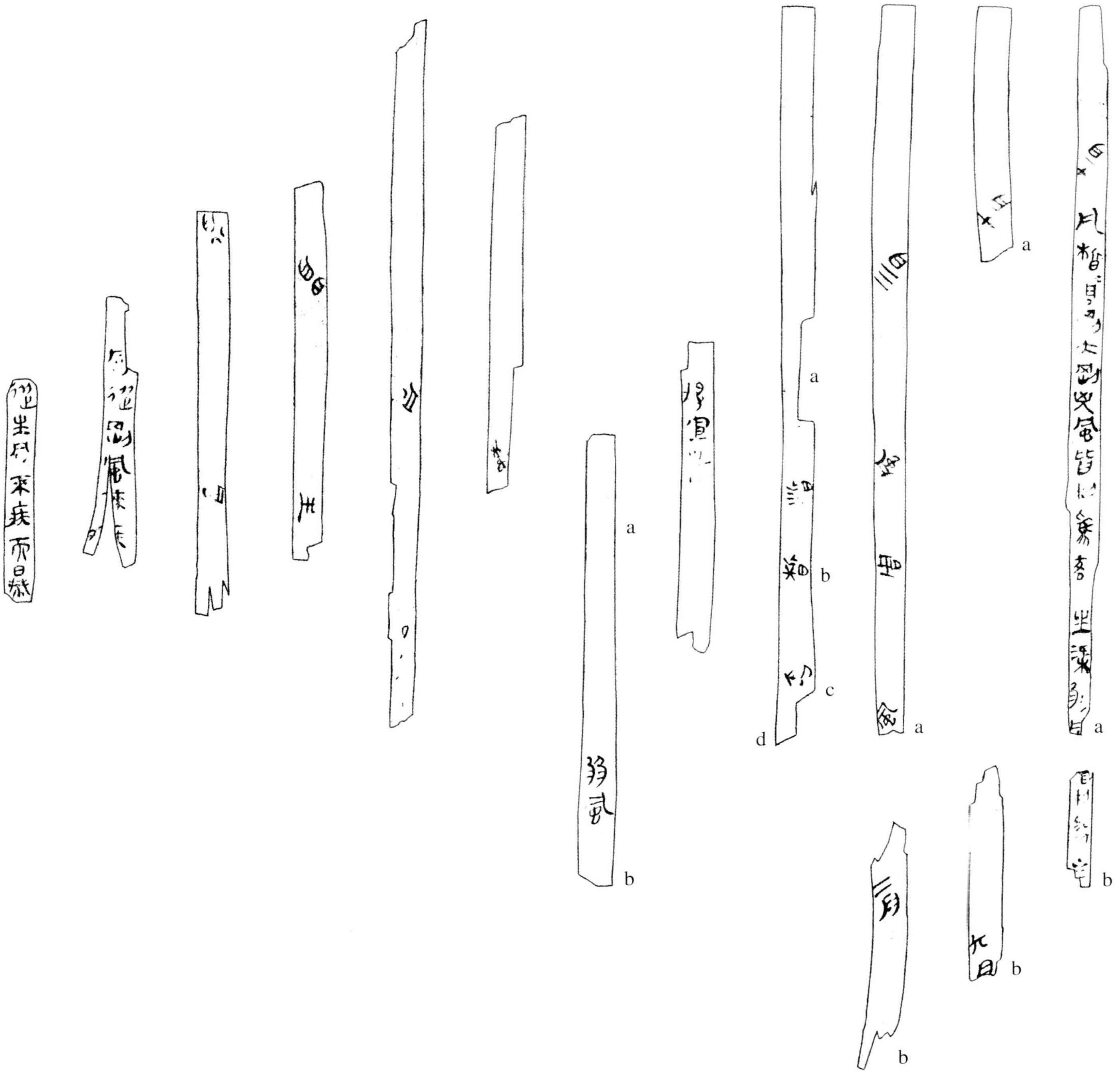

一九六五 一九六六 一九六七 一九六八 一九六九 一九七〇 一九七一 一九七二 一九七三 一九七四 一九七五 一九七六

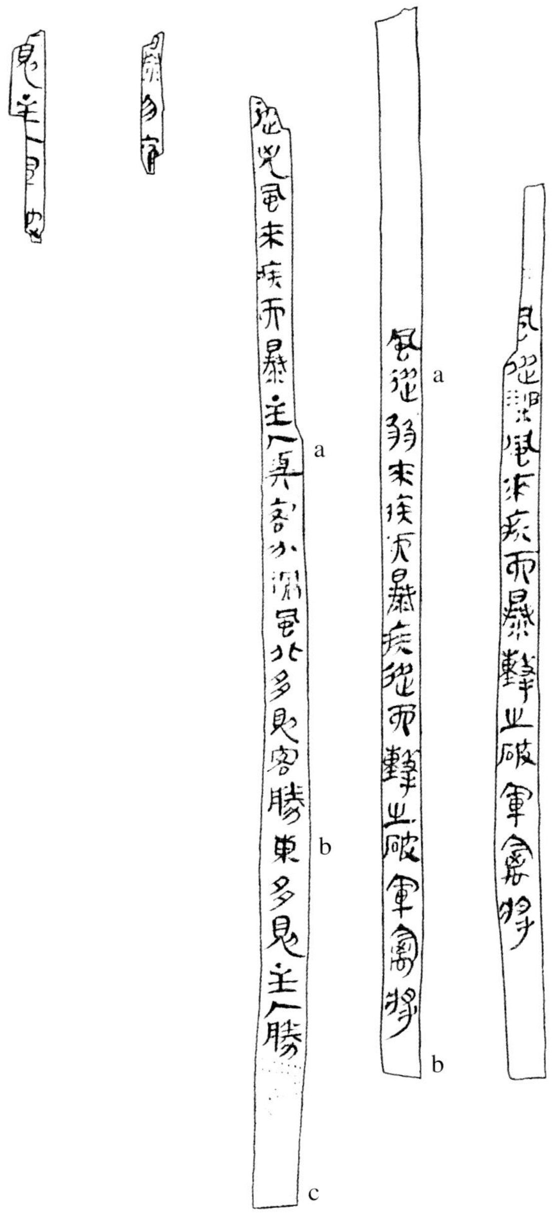

一九七七　一九七八　一九七九　一九八〇　一九八一

（三）

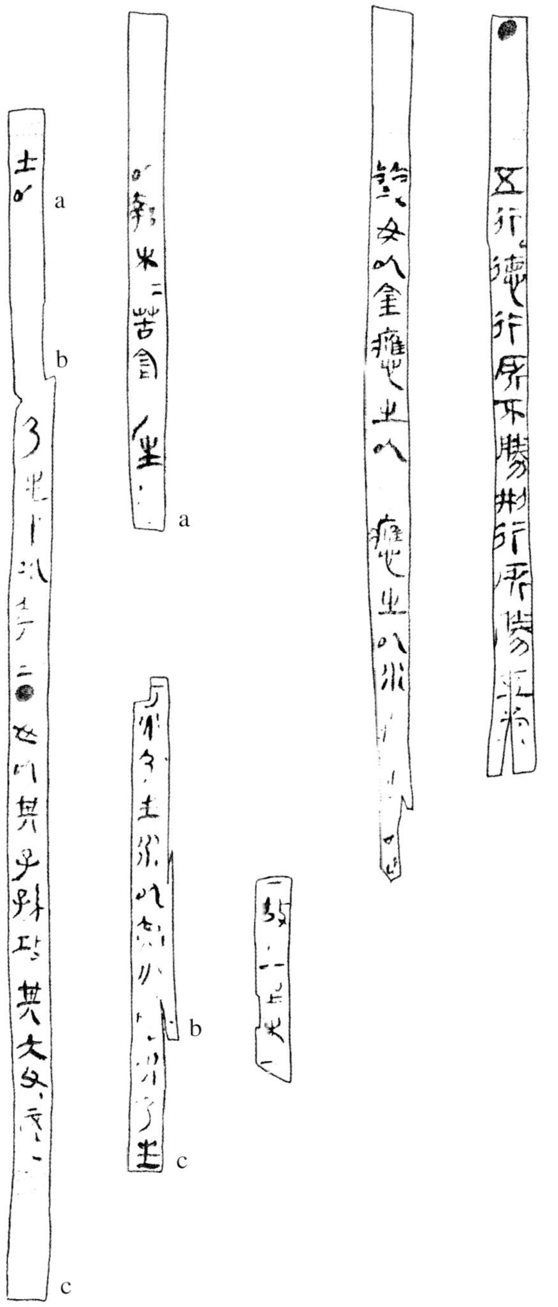

一九八二　一九八三　一九八四　一九八五　一九八六

（四）

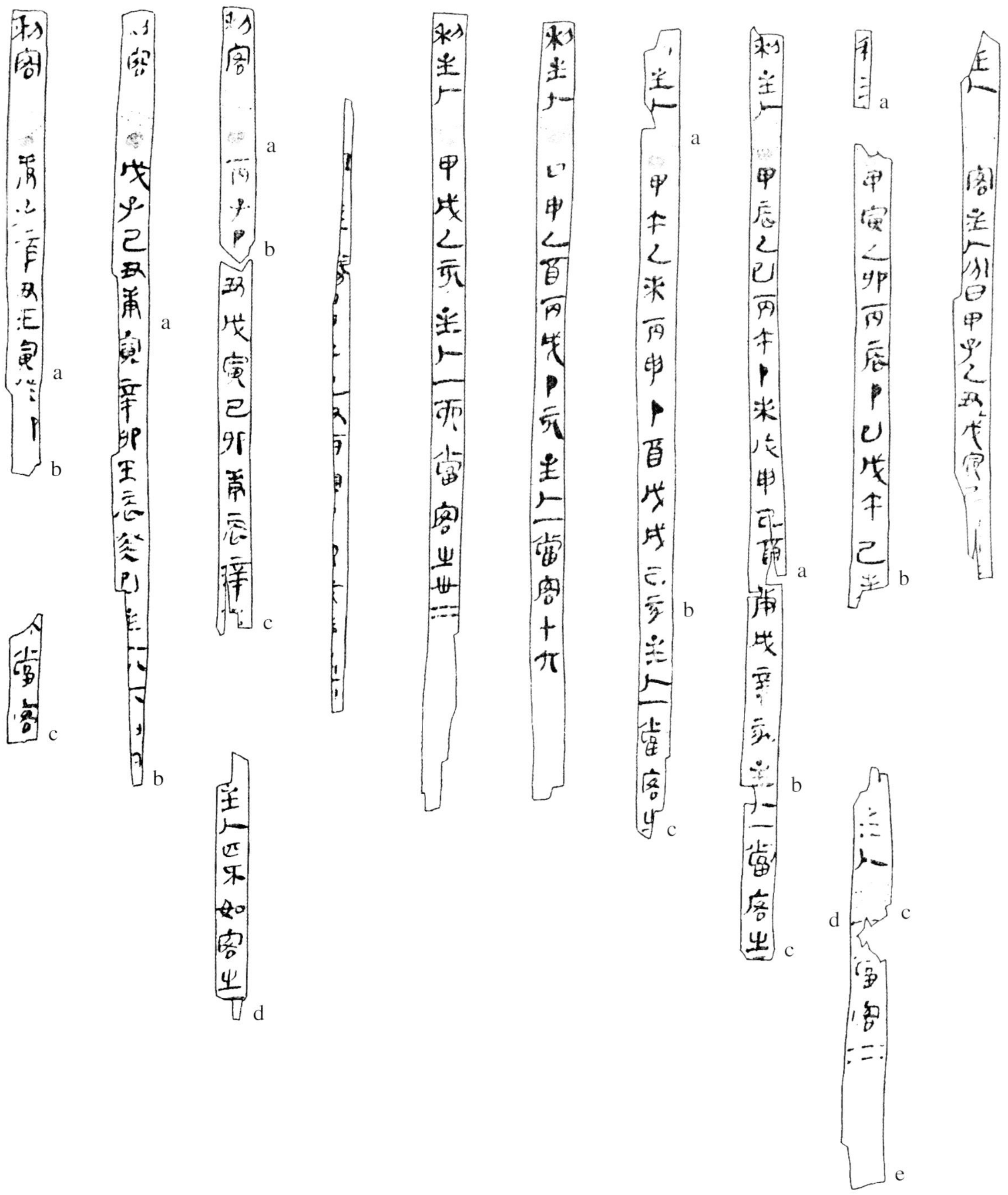

一九八七 一九八八 一九八九 一九九〇 一九九一 一九九二 一九九三 一九九四 一九九五 一九九六

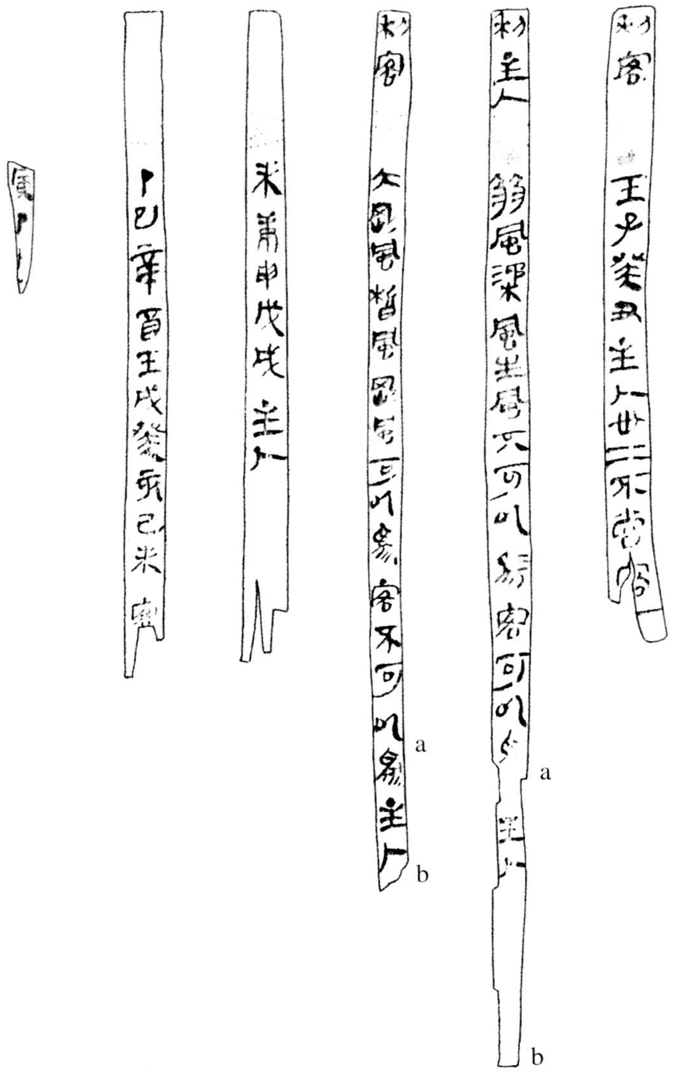

一九九七 一九九八 一九九九 二〇〇〇 二〇〇一 二〇〇二

（五）

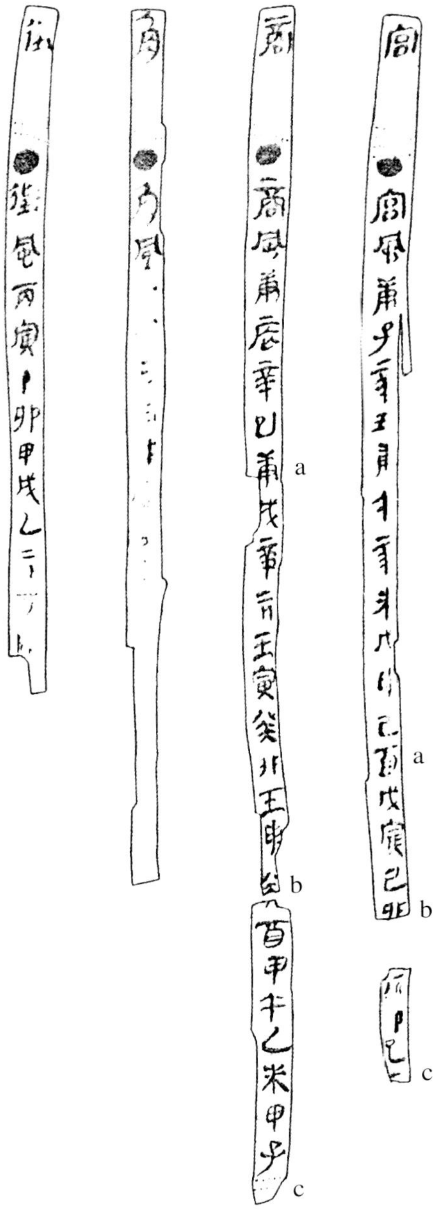

二〇〇三 二〇〇四 二〇〇五 二〇〇六

（六）

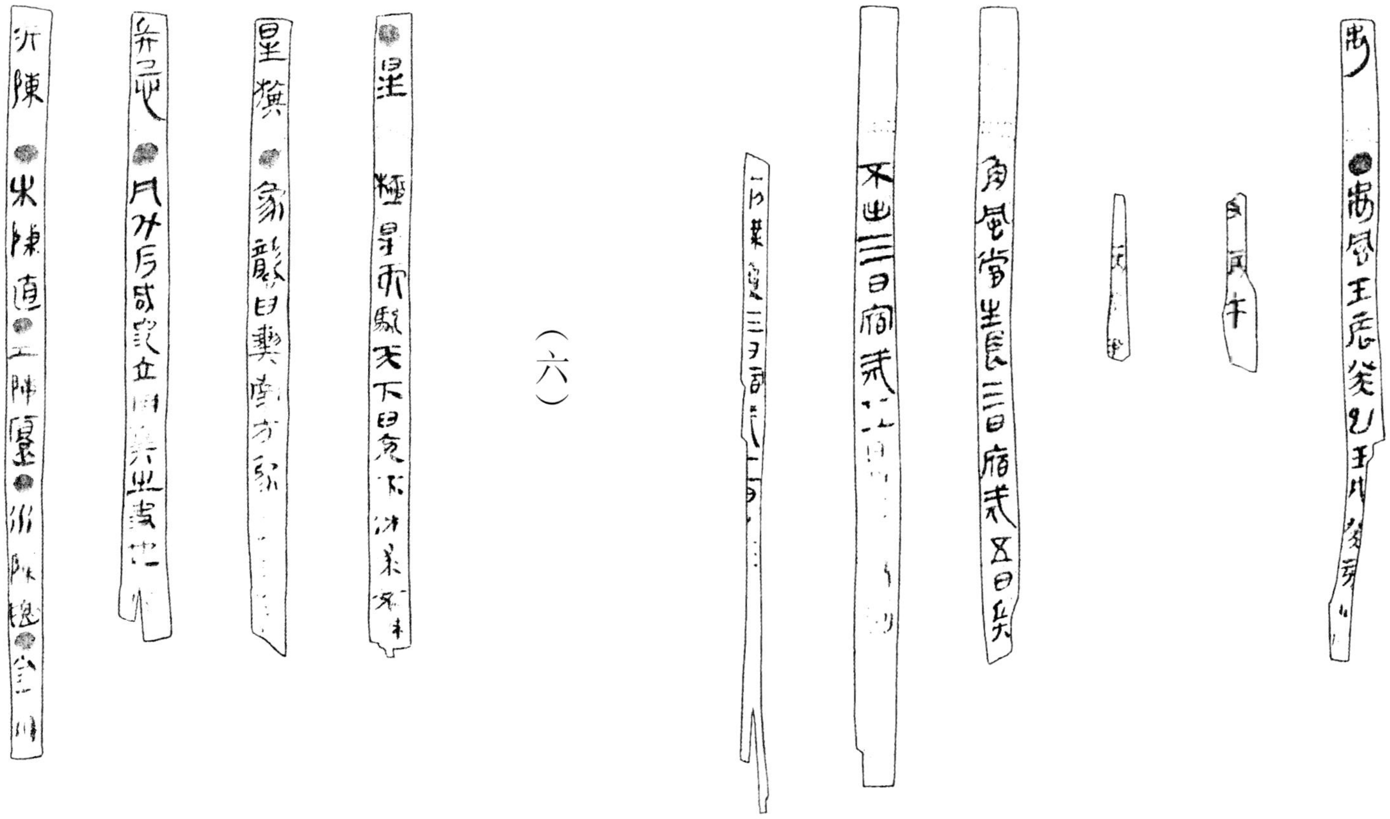

二〇〇七 二〇〇八 二〇〇九 二〇一〇 二〇一一 二〇一二 二〇一三 二〇一四 二〇一五 二〇一六

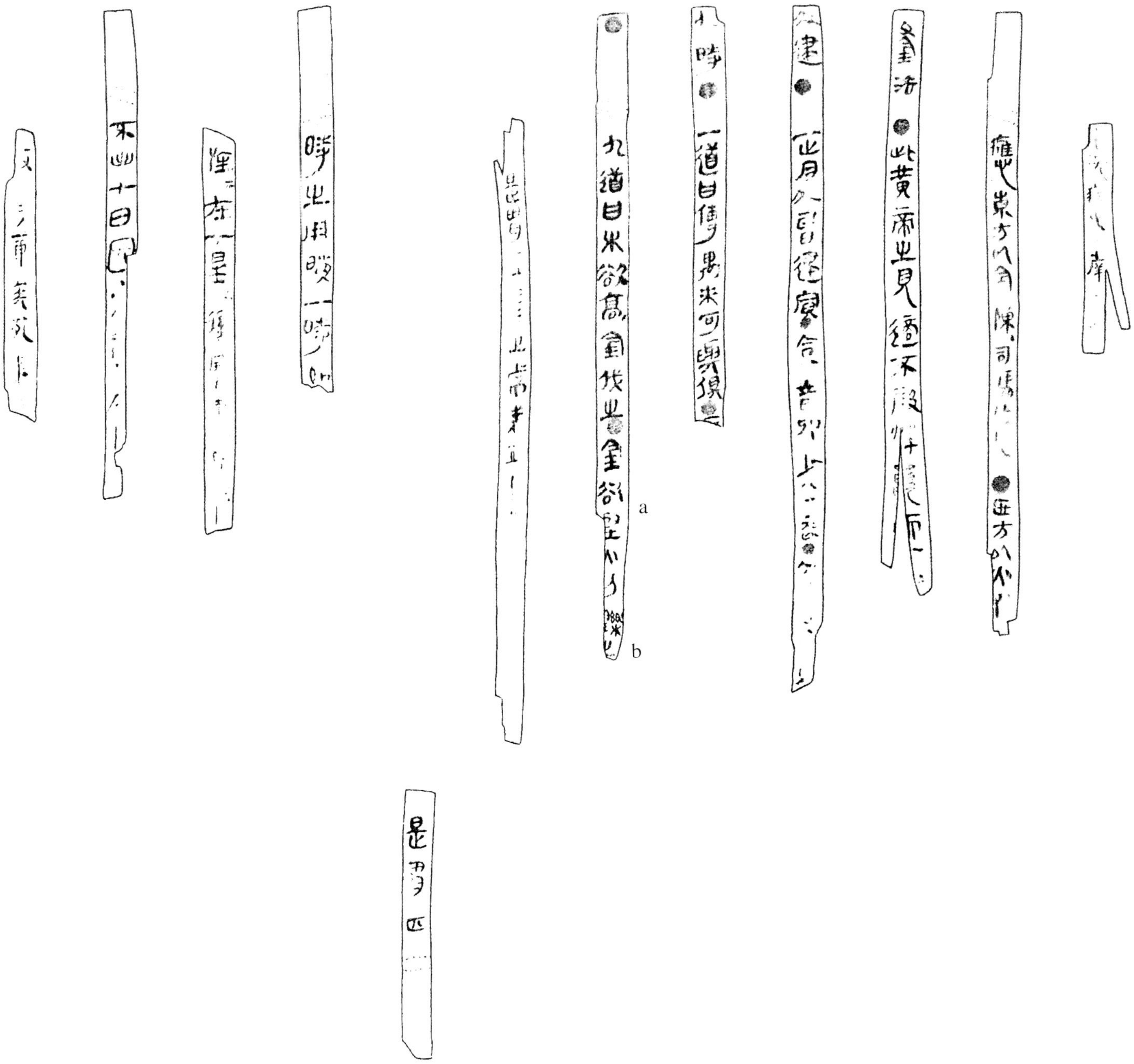

二〇一七　二〇一八　二〇一九　二〇二〇　二〇二一　二〇二二　二〇二三　二〇二四　二〇二五　二〇二六　二〇二七　二〇二八

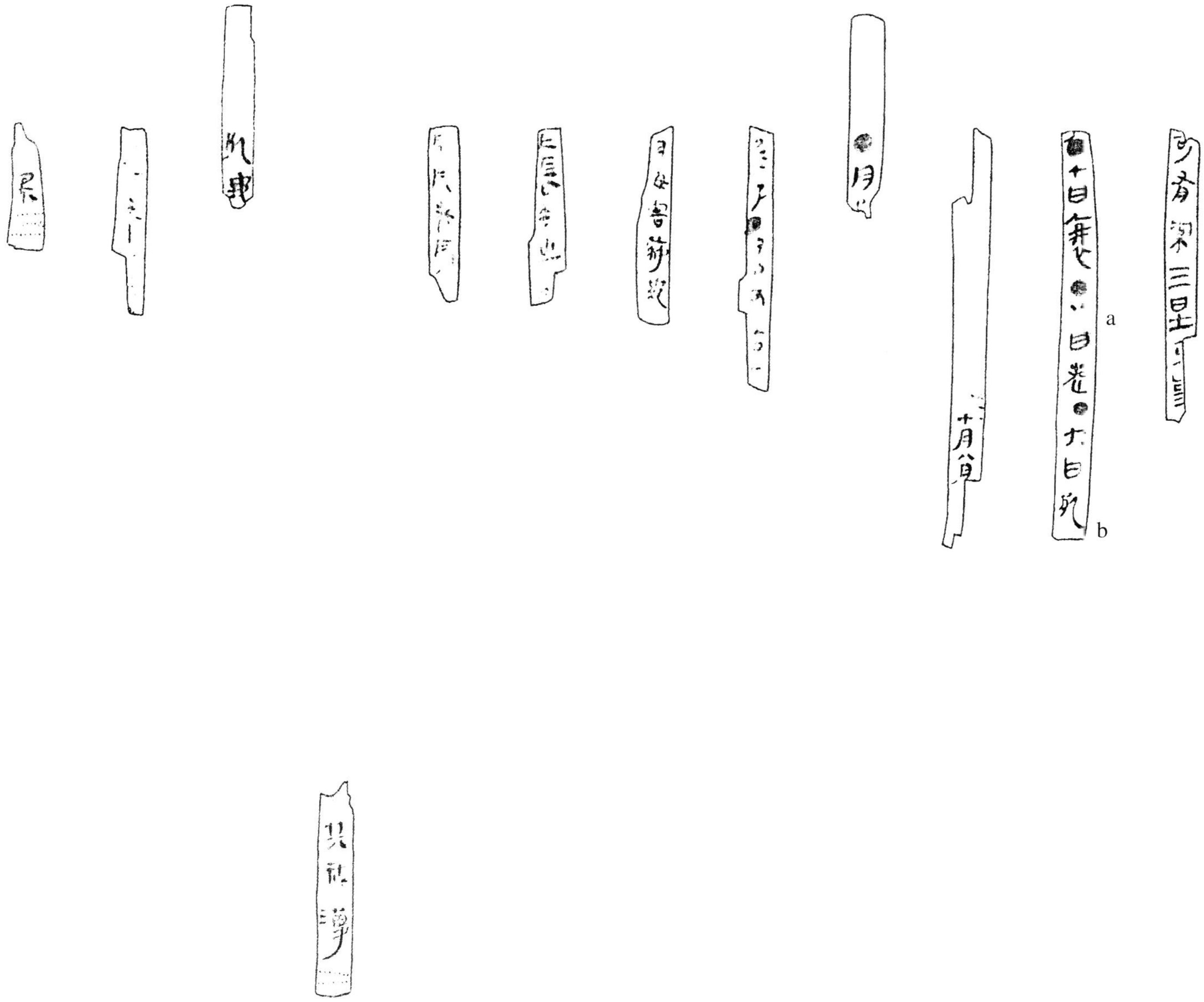

二〇二九 二〇三〇 二〇三一 二〇三二 二〇三三 二〇三四 二〇三五 二〇三六 二〇三七 二〇三八 二〇三九 二〇四〇

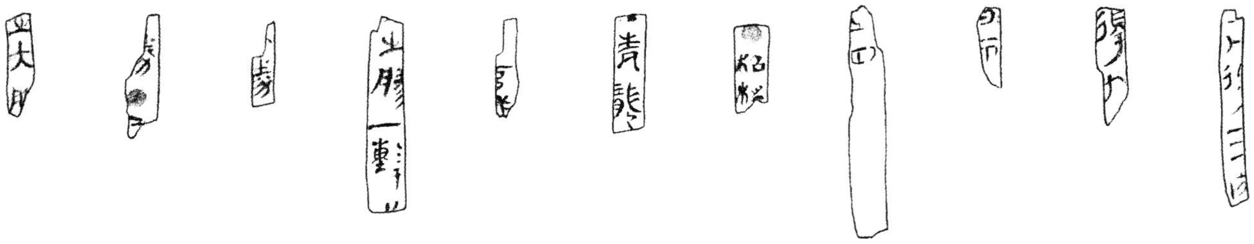

二〇四三 二〇四四 二〇四五 二〇四六 二〇四七 二〇四八 二〇四九 二〇五〇 二〇五一

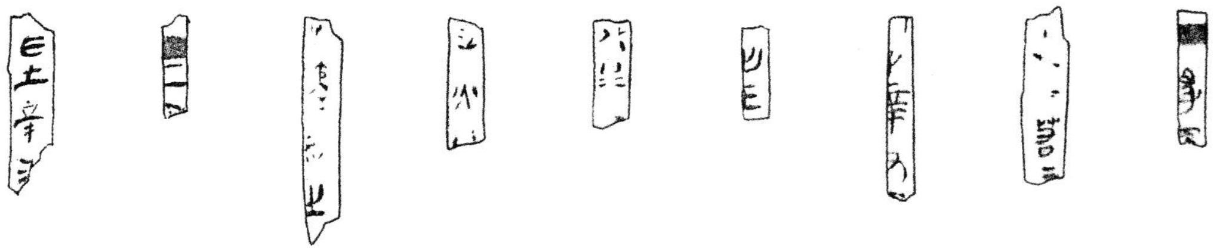

二〇五二 二〇五三 二〇五四 二〇五五 二〇五六 二〇五七 二〇五八 二〇五九 二〇六〇

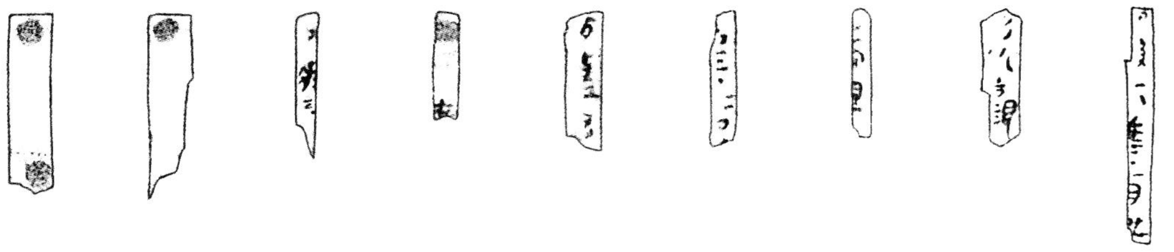

二〇四一 二〇四二 二〇六一 二〇六二 二〇六三 二〇六四 二〇六五 二〇六六 二〇六七 二〇六八 二〇六九

一二【占書】

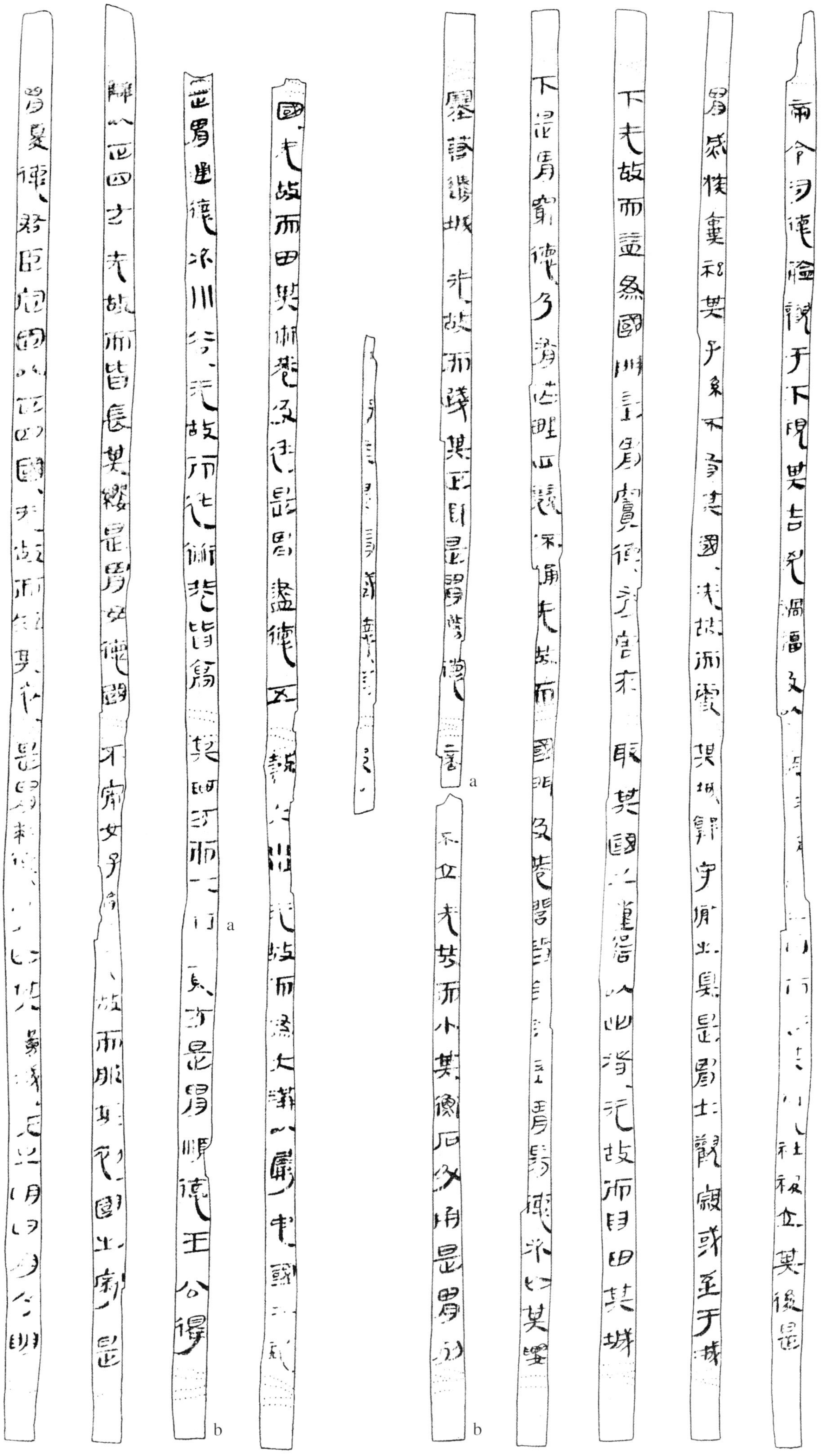

二〇七〇　二〇七一　二〇七二　二〇七三　二〇七四　二〇七五　二〇七六　二〇七七　二〇七八　二〇七九

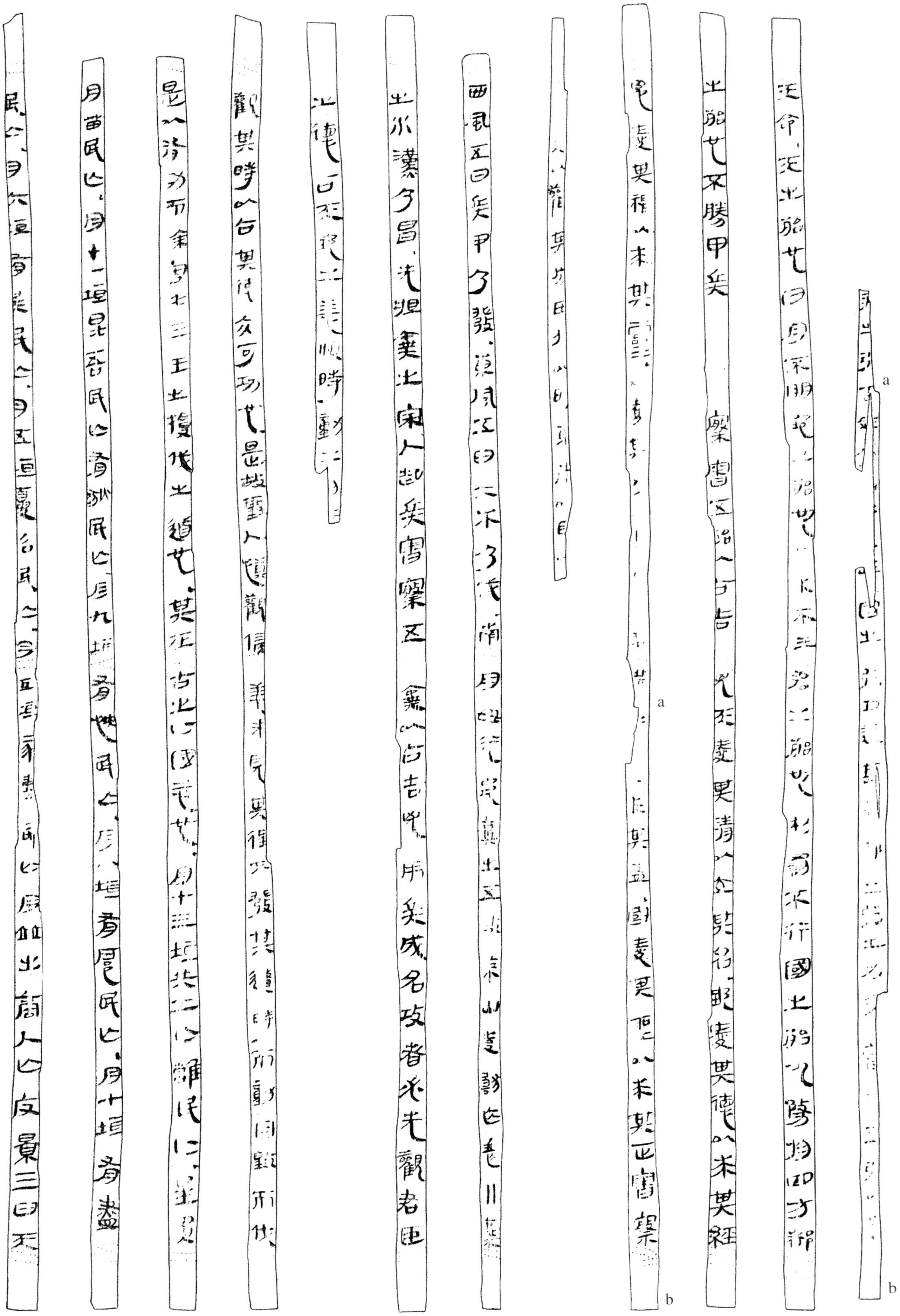

二〇八〇　二〇八一　二〇八二　二〇八三　二〇八四　二〇八五　二〇八六　二〇八七　二〇八八　二〇八九　二〇九〇　二〇九一

附：摹本 貳 陰陽時令、占候之類

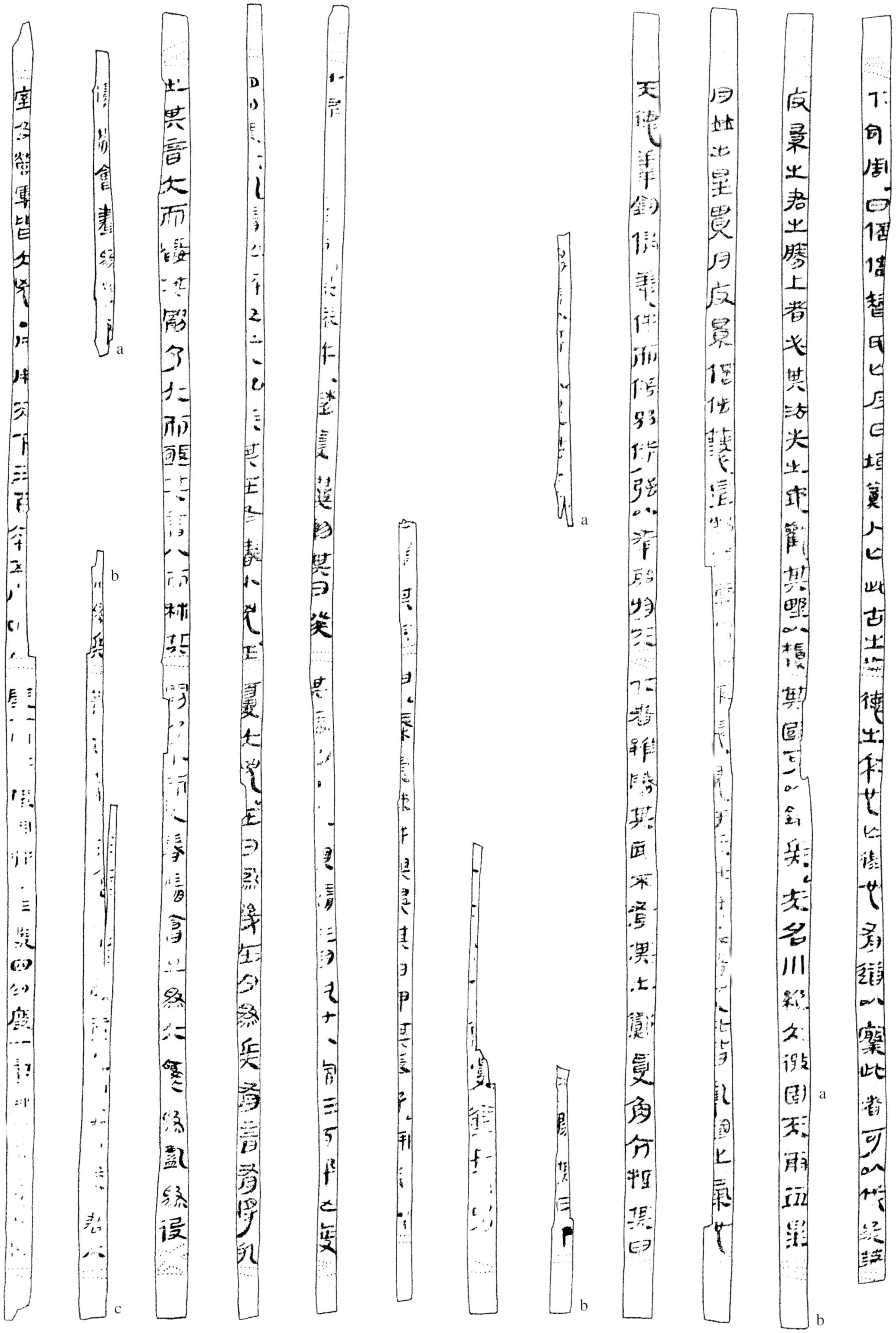

二〇九二 二〇九三 二〇九四 二〇九五 二〇九六 二〇九七 二〇九八 二〇九九 二一〇〇 二一〇一 二一〇二 二一〇三

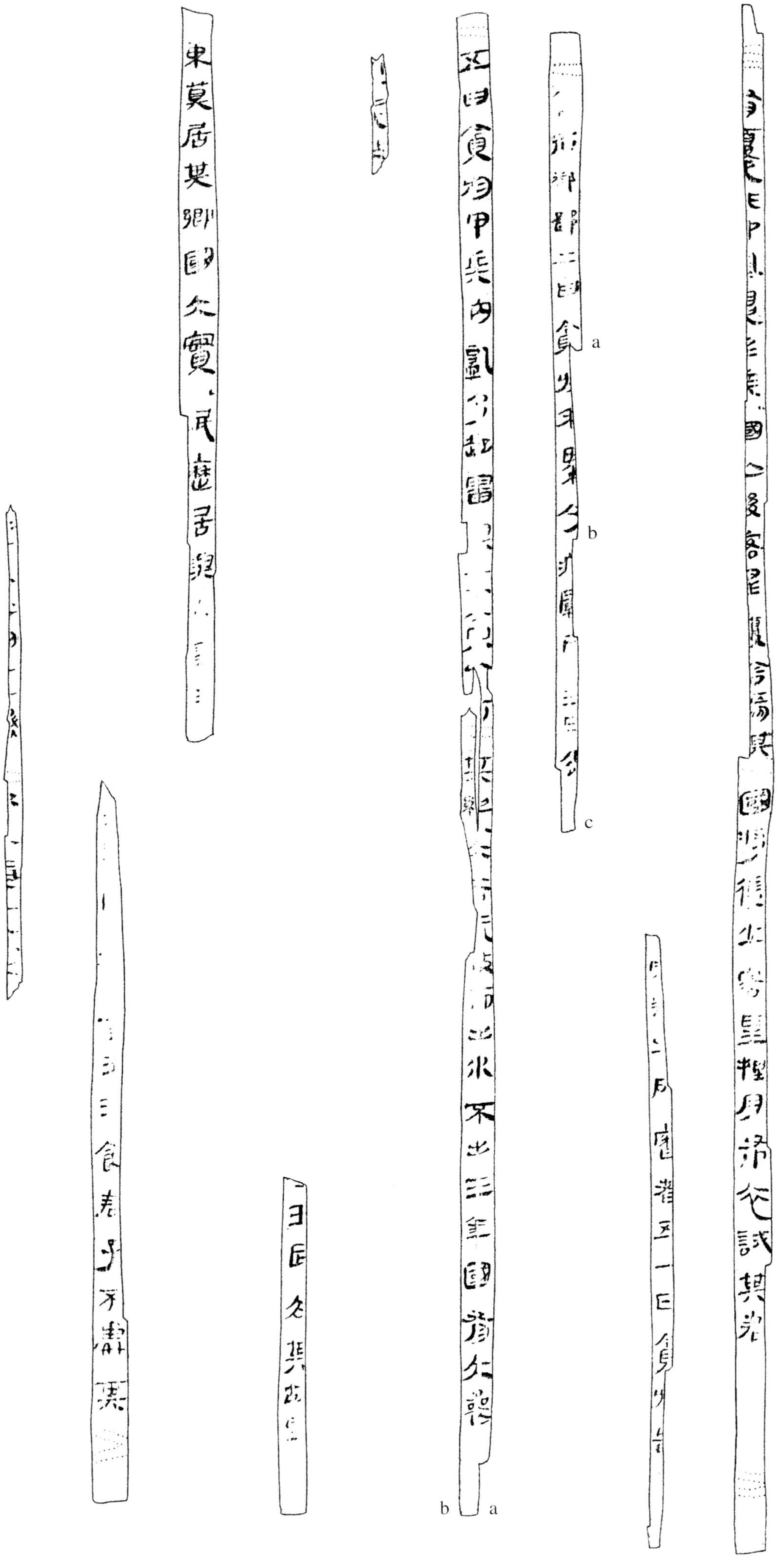

二〇四 二〇五 二〇六 二〇七 二〇八 二〇九 二一〇 二一一 二一二 二一三

叁其他

四　【作醬法】

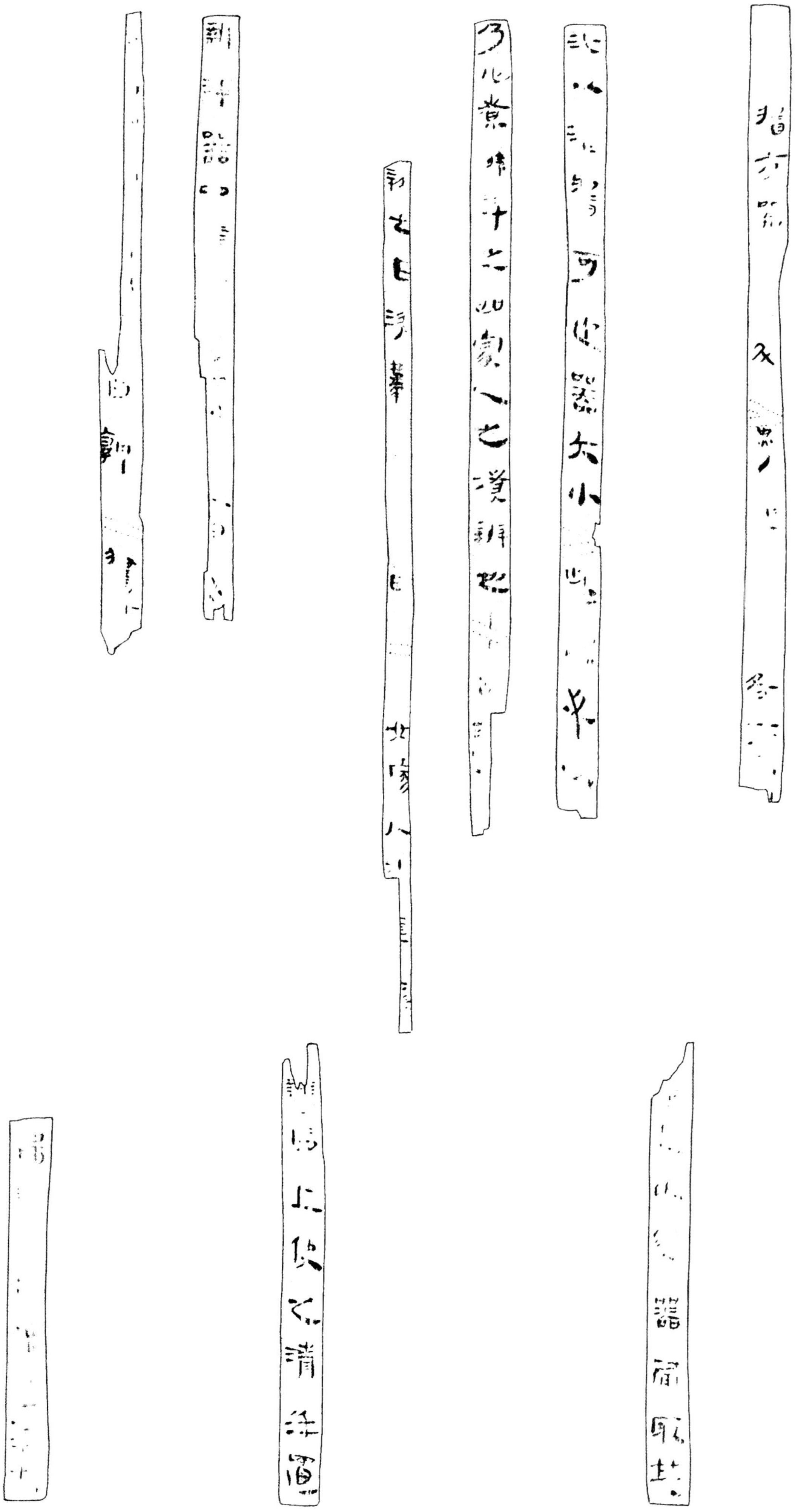

二五八　二五九　二六〇　二六一　二六二　二六三　二六四　二六五　二六六

二六七

五 【算書】

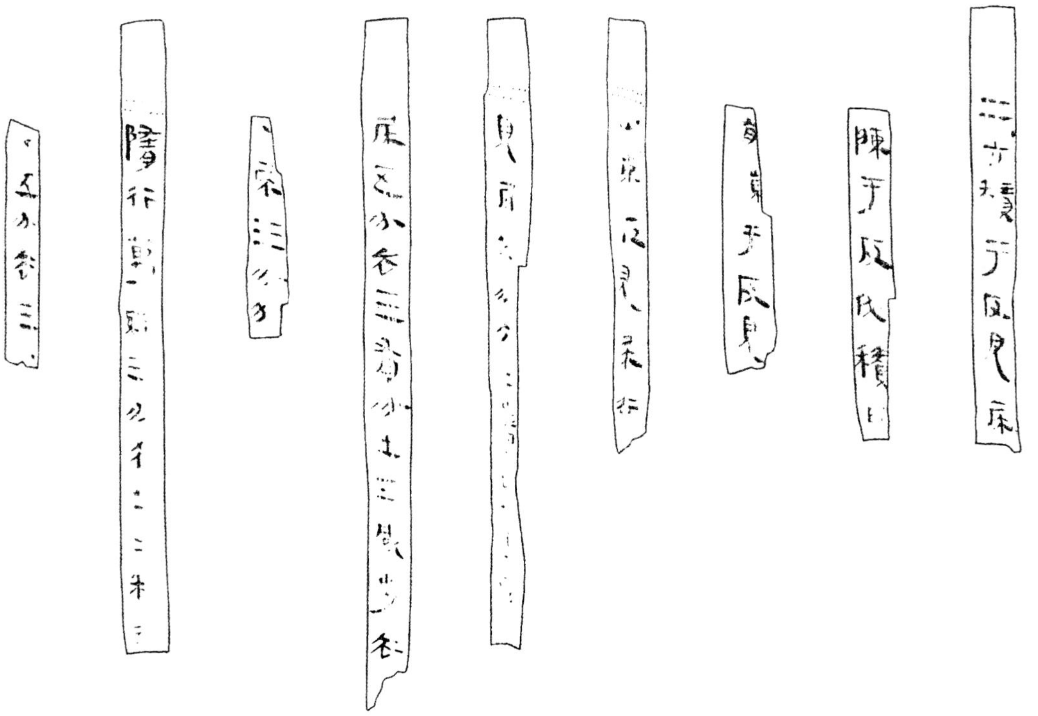

二六八 二六九 二七〇 二七一 二七二 二七三 二七四 二七五 二七六

七　許則……

二七八

一〇　□忌

二八一

一一　能……

二八二

二二　官……

二三　傳言

二八三

二八四

後記

《銀雀山漢墓竹簡》第二輯的書稿，早在一九八一年就已定稿，由於種種原因，一直未能出版。二〇〇一年以來，在原中國文物研究所和文物出版社的支持下，通過有關人員的努力，本書終於能够在近期出版了。作爲本書的整理者得知這一消息，既高興，又感慨。本書的出版，離竹簡出土時間已三十七年，離定稿時間已二十八年，離第一輯出版時間已二十四年，離本書整理者之一朱德熙先生逝世已十七年。這是一份遲到的成果，伴隨着無盡的感嘆。

一九八五年，銀雀山漢墓竹簡釋文曾按原始簡號順序全部發表，每簡釋文之下附有屬於整理後的篇名簡稱。有一些學者根據這樣的釋文進行研究，提出了許多好的見解。在這些好的見解中，有一些本書稿早已講過，有一些可補本書稿不足之處。爲了尊重歷史，本書的竹簡編排、竹簡釋文和註釋，一仍其舊（註釋中個別字的技術性校改除外）。特此説明，以免有剽竊之嫌。

最後，對於那些曾經幫助過本書出版的個人和單位，表示衷心感謝。

裘錫圭　李家浩

二〇〇九年十一月二十六日